Sowohl die Globalisierung der Märkte, die Deregulierung des Wettbewerbs und insbesondere die schnell wechselnden Präferenzen der Kunden, kennzeichnen heutzutage das unternehmerische Umfeld und folglich das unternehmerische Denken und Handeln. Das heutige Wirtschaftsleben ist dementsprechend branchenübergreifend geprägt durch stetig steigende Anforderungen an Unternehmen, das beschäftigte Personal und folglich an Personalbeschaffung und -entwicklung. Ebenfalls beeinflussen die demographische Entwicklung sowie der bestehende Fachkräftemangel das Personalmanagement erheblich.

Ein sehr gutes Instrument, das hilft, diese Herausforderungen erfolgreich anzunehmen, ist das Duale Studium. Es stellt ein geeignetes Instrument zur effektiven und effizienten Beschaffung, Auswahl und insbesondere Entwicklung von Personal dar und kann somit zur Erhaltung der Wettbewerbsfähigkeit und, bei optimalem Einsatz, sogar zu einem Wettbewerbsvorteil am Markt führen.

Die Autoren zeigen auf detaillierte Weise, wie sich dieses Instrument in den deutschen Bildungskontext einordnet. Darüber hinaus stellen Sie das Duale Studium am Beispiel der Fachhochschule Aachen dar, die in Kooperation mit namhaften und international operierenden Unternehmen aus der Region erfolgreich das Duale Studium durchführt und zeigen an einem Beispiel auf, wie eine Branche das Duale Studium zum eigenen Vorteil nutzen kann.

Die durch Literatur- und Onlinerecherche sowie durch persönliche Gespräche mit Unternehmen, Studieneinrichtungen und dual Studierenden fundierte, strukturierte Beschreibung des Dualen Studiums, ist die derzeit wohl ausführlichste und umfangreichste Darstellung dieser Studien- und Ausbildungsform, die insbesondere nach dem Bologna-Prozess, das Modell der Zukunft sein kann.

# DAS DUALE STUDIUM

**Eine Möglichkeit, sich vor dem kommenden Fach- und Führungskräftemangel wirkungsvoll zu wappnen**

Informationen für Unternehmen,
Studieneinrichtungen und zukünftige Studenten

Dipl.-Kfm. (FH) Dirk Bachem,
Prof. Dr. Bernd P. Pietschmann

**Impressum**

© 2011 Dipl.-Kfm. (FH) Dirk Bachem und Prof. Dr. Bernd P. Pietschmann

Verlag: VAWW Verlag für angewandte Wirtschaftswissenschaften UG
    www.vaww-verlag.de
Druck: ScandinavianBook
    www.scandinavianbook.de
ISBN: 978-3-942845-04-5
    Band 11
    Printed in Germany

Umschlagfoto: © Robert Kneschke / Fotolia.de

# GLIEDERUNG

| | | |
|---|---|---|
| 1 | **Einleitung** | 8 |
| 2 | **Definitionen** | 10 |
| | 2.1 Das „klassische" deutsche Bildungssystem | 10 |
| | 2.2 Definition: Berufsausbildung/Duales System der Berufsausbildung | 12 |
| | 2.3 Definition: Studium | 13 |
| | 2.4 Definition: Duales Studium | 14 |
| | 2.5 Definition: Fort- und Weiterbildung | 15 |
| | 2.6 Definition: Effektivität und Effizienz | 17 |
| | 2.7 Definition: Wettbewerbsfähigkeit | 17 |
| | 2.8 Definition: Wettbewerbsvorteil | 18 |
| | 2.9 Definition: Personalmanagement | 18 |
| | 2.10 Definition: Personalbeschaffung | 21 |
| | 2.11 Definition: Personalentwicklung | 24 |
| 3 | **Das Duale Studium** | 30 |
| | 3.1 Definition: Duales Studium | 30 |
| | 3.2 Geschichte des Dualen Studiums | 32 |
| | 3.3 Ziele/Ideen/Gründe | 34 |
| | 3.4 Modelltypen dualer Studiengänge | 37 |
| | 3.5 Studieneinrichtungen | 44 |
| | 3.6 Fachrichtungen | 49 |
| | 3.7 Abschlüsse dualer Studiengänge | 51 |
| | 3.8 Voraussetzungen | 56 |
| | 3.9 Ablauf bzw. Bewerbungsablauf | 63 |
| | 3.10 Möglichkeiten zur Information und Kontaktaufnahme | 64 |
| | 3.11 Kosten/finanzieller Aufwand | 67 |
| | 3.12 Vor- und Nachteile des Dualen Studiums | 68 |

| | | | |
|---|---|---|---|
| 3.13 | Der daraus entstehende Wettbewerbsvorteil | | 93 |
| 3.14 | Entscheidungsgrundlagen | | 110 |
| 3.15 | Kosten/Nutzen-Analyse | | 111 |
| 3.16 | Zwischenfazit | | 115 |
| **4** | **Dualer Studiengang Betriebswirtschaft PLuS an der Fachhochschule Aachen** | | **116** |
| 4.1 | Fachhochschule Aachen/Fachbereich Wirtschaft | | 117 |
| 4.2 | Betriebswirtschaft PLuS | | 122 |
| **5** | **Das Duale Studium im textilen Einzelhandel** | | **153** |
| | 5.1 | Definitionen | 153 |
| | 5.2 | Das unternehmerische Umfeld im Einzelhandel, speziell im textilen Einzelhandel | 156 |
| | 5.3 | Klassische Ausbildungen und klassische Fort- bzw. Weiterbildungsmaßnahmen im textilen Einzelhandel | 158 |
| | 5.4 | Exemplarisch: ANSON'S Herrenhaus KG | 166 |
| | 5.5 | Das Duale Studium (im textilen Einzelhandel) | 169 |
| | 5.6 | Vergleich Duales Studium mit einer klassischen Fort- bzw. Weiterbildungsmaßnahme | 178 |
| | 5.7 | Kurzfazit | 181 |
| **6** | **Fazit** | | **182** |
| **Literaturverzeichnis** | | | **189** |
| | Broschüren | | 190 |
| | Online-Medien | | 190 |
| | Internetadressen | | 191 |
| **Abbildungsverzeichnis** | | | **193** |
| **Abkürzungsverzeichnis** | | | **194** |

# 1 Einleitung

Das unternehmerische Denken und Handeln sowie das unternehmerische Umfeld ist heutzutage durch eine Globalisierung der Märkte, die Deregulierung des Wettbewerbs und schnell wechselnde Präferenzen der Kunden gekennzeichnet. Ebenfalls drängen kürzere Produktlebenszyklen und vielfältige Vernetzungsmöglichkeiten der Kunden und Mitbewerber die Unternehmen dazu immer effektiver und effizienter zu handeln.[1]

Das heutige Wirtschaftsleben ist dementsprechend branchenübergreifend geprägt durch stetig steigende Anforderungen an Unternehmen, das beschäftigte Personal und folglich an Personalbeschaffung und Personalentwicklung ergo an das Personalmanagement. Unternehmen können sich nur dann am Markt behaupten, wenn sie die gestiegenen Anforderungen erfüllen bzw. überbieten können. Dies ist aber nur mit Hilfe des „richtigen" Personals möglich.

„Personalmanagement ist ein Unternehmensbereich, der maßgeblich über die Schicksale eines Unternehmens bestimmt. Nur wer qualifiziertes Personal an den richtigen Stellen sitzen hat, der kann langfristig erfolgreich sein. Personal ist weit mehr als ein Kostenfaktor – es ist der entscheidende Faktor, der über Erfolg oder Misserfolg entscheidet."[2]

Neben den gestiegenen Anforderungen durch den dynamischen Wandel und der erhöhten Komplexität, beeinflussen auch die demographische Entwicklung und der Fachkräftemangel das Personalmanagement erheblich. Somit entsteht nämlich ein Wettstreit der Unternehmen um den „richtigen" Mitarbeiter, d.h. um Nachwuchskräfte und Fachkräfte, die ideal zur der ausgeschriebenen, zu besetzenden Stelle und folglich ideal zum Unternehmen passen. „Noch werden keine Ablöseprämien wie im Sport bezahlt. Aber das Angebot an guten Mitarbeitern wird zusehends knapper."[3]

Die geänderten Rahmenbedingungen sowie die gestiegenen Anforderungen führen dazu, dass das Personal heutzutage als eine erfolgskritische Ressource des Unternehmens angesehen werden muss. Die Qualität der Mitarbeiter hat direkten Einfluss auf den Unternehmenswert.

---

[1] Vgl. Osterloh, M.; Frost, J., Prozessmanagement als Kernkompetenz: Wie Sie Business Process Reengineering strategisch nutzen können, Gabler Verlag, 5. Aufl., Wiesbaden 2006, S. 17
[2] http://www.personal-wissen.de/
[3] http://www.business-wissen.de/handbuch/personalbeschaffung/personalbeschaffung-als-prozess/

# Einleitung

Nur mit dem „richtigen" Personal kann ein Unternehmen wettbewerbsfähig sein und bleiben. „Moderne Unternehmen haben erkannt, dass ihre „Human Resourcen" das wichtigste Kapital darstellen."[4]

Jedoch ist aus eben aufgezeigten Gründen geeignetes Personal nur schwer oder gar nicht zu bekommen. Dementsprechend steigt parallel die Bedeutung eines systematischen und strategischen Personalmanagements innerhalb eines Unternehmens. Nach Jung muss die strategische Ausrichtung der Personalarbeit schon bereits bei Personalbedarfsplanung und Personalbeschaffung ansetzen. Außerdem, so ergänzt Jung, spielt die Entwicklung des Personals im Sinne einer zukunftsorientierten Weiterbildung eine entscheidende Rolle.[5]

„Der Druck durch zunehmenden Wettbewerb und die damit verbundene erhöhte Dynamik und Komplexität machen es notwendig, die traditionellen Vorgehensweisen durch neue Lösungen zu ersetzen, um flexibel mit den schnell wechselnden Anforderungen und der permanenten Veränderung umgehen zu können und kontinuierlich neue Innovationspotenziale zu erkennen."[6]

In diesem Zusammenhang fällt derzeit immer häufiger der Begriff des Dualen Studiums als wirksames Instrument des Personalmanagements.

Diese Kombination von Ausbildung oder Praxis verbunden mit einem Hochschulstudium soll den Unternehmen dabei helfen, ihren zukünftigen Bedarf an Fach- und Führungskräften zu decken. Die Betriebe erhalten so hochqualifizierte und akademisch ausgebildete Beschäftigte, die direkt auf die Ansprüche des Unternehmens hin, praxisnah, ausgebildet worden sind und sparen zusätzlich die kosten- und zeitintensive Einarbeitung von qualifizierten, externen Mitarbeiterinnen und Mitarbeitern.

Das Duale Studium ist daher ein geeignetes, strategisches Instrument zur effektiven und effizienten Beschaffung, Auswahl und insbesondere Entwicklung von Personal und leistet einen nicht zu vernachlässigenden Beitrag zur Erhaltung der Wettbewerbsfähigkeit und zum Ausbau eines Wettbewerbsvorteils.

---

[4] Jung, H., Personalwirtschaft, Oldenbourg Verlag, 8. Aufl., München 2008, S. 1
[5] Vgl. Jung, H., Personalwirtschaft, Oldenbourg Verlag, 8. Aufl., München 2008, S. 1
[6] Jablonski, D., Sicherung der Wettbewerbsfähigkeit durch Nutzung der Mitarbeiterpotentiale, Diplomica Verlag, Hamburg Juni 2007

# 2 Definitionen

## 2.1 Das „klassische" deutsche Bildungssystem

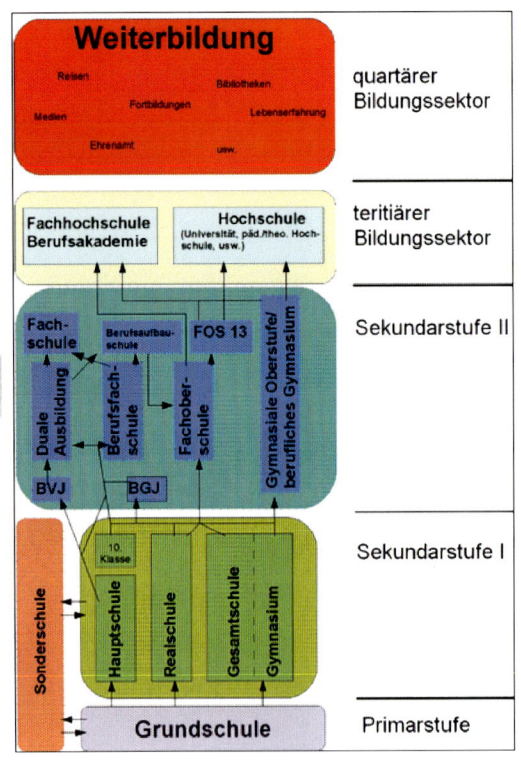

*Abbildung 1: Bildungsgänge im deutschen Bildungssystem*[7]

Der Begriff „Bildungssystem" „bezeichnet das Gefüge aller Einrichtungen und Möglichkeiten des Erwerbs von Bildung in einem Staat. Es umfasst das Schulsystem als solches, seine angegliederten Bereiche, das Hochschulwesen und den Bereich der persönlichen Weiterbildung."[8]

---

[7] http://wiki.bildungsserver.de/index.php/Datei:Deutsches_Bildungssystem.png
[8] http://de.wikipedia.org/wiki/Bildungssystem

Das deutsche Bildungssystem wird klassisch in vier Stufen gegliedert, beginnend mit der Primarstufe folgen Sekundarstufe I, Sekundarstufe II und der tertiäre Bereich.

Zum besseren Verständnis des vertikalen Ablaufs des Bildungssystems werden meistens die vorgelagerte Periode des Kindergartens bzw. der Vorschulzeit sowie die nachgelagerte Phase des quartären Bereichs mit aufgeführt und kurz erläutert:

- Vorschulbereich: umfasst den Kindergarten und eventuell den Besuch einer Vorschule

- Primarstufe: umfasst in NRW die ersten vier Schuljahre, also den Besuch einer Grundschule

- Sekundarstufe I: umfasst die nun folgenden Schuljahre fünf bis zehn an einer Hauptschule, Realschule und Gesamtschule und endet i.d.R. mit einem Haupt- oder Realschulabschluss oder die Schuljahre fünf bis neun eines Gymnasiums und endet i.d.R. mit der Versetzung in die gymnasiale Oberstufe (Seit dem Schuljahr 2005/2006 werden alle Gymnasien auf achtjährige Bildungsgänge bis zum Abitur umgestellt. Gemäß § 10 Abs. 3 SchulG endet die Sekundarstufe I des Gymnasiums künftig nach Klasse 9)

- Sekundarstufe II: umfasst die Schuljahre elf bis zwölf in der gymnasialen Oberstufe, den Besuch einer Fachschule, eines Berufskollegs, Fachoberschule oder einer Berufsaufbauschule sowie eine Duale Ausbildung

- Tertiärbereich: umfasst den Besuch einer Universität, Hochschule, Berufsakademie oder einer Fachakademie mit Voraussetzung des vorherigen Erwerbs der Hochschulberechtigung

- Quartärbereich: umfasst alle Formen von privater und beruflicher Weiterbildung

Entscheidungsträger und somit verantwortlich für Schul- und Hochschulwesen und das jeweilige Bildungssystem, sind die Bundesländer. Aufgrund der Länderhoheit im Schulwesen obliegt die primäre Zuständigkeit bezüglich der Gesetzgebung und Verwaltung für das Schul- und Hochschulwesen dem jeweiligen Bundesland. Der Bund muss sich bei bildungspolitischen Fragen auf seine Rahmenkompetenzen beschränken, die vor allem im Hochschulbereich und in der Berufsausbildung liegen.[9]

In diesem Buch werden speziell die Themen Ausbildung, Weiterbildung und Studium bzw. die Kombination von Ausbildung und Studium innerhalb eines ausbildungsintegrierten dualen

---

[9] Vgl. http://de.wikipedia.org/wiki/Bildungssystem_in_Deutschla

Studiengangs besprochen und somit insbesondere auf die Sekundarstufe II, den Tertiärbereich sowie den Quartärbereich eingegangen.

## 2.2 Definition: Berufsausbildung/Duales System der Berufsausbildung

„Die Berufsausbildung hat die für die Ausübung einer qualifizierten beruflichen Tätigkeit in einer sich wandelnden Arbeitswelt notwendigen beruflichen Fertigkeiten, Kenntnisse und Fähigkeiten (berufliche Handlungsfähigkeit) in einem geordneten Ausbildungsgang zu vermitteln. Sie hat ferner den Erwerb der erforderlichen Berufserfahrungen zu ermöglichen."[10]

Der Begriff Berufsausbildung kennzeichnet nach Becker den erstmaligen, systematischen Erwerb beruflicher Kenntnisse und Fähigkeiten in staatlich anerkannten Ausbildungsberufen. Die Ziele einer Ausbildung bestehen in der Vermittlung einer breit angelegten beruflichen Grundbildung sowie dem Erwerb von für diesen Beruf notwendigen fachlichen Fertigkeiten und Kenntnissen in einem geordneten Ausbildungsgang sowie der Gewährleistung erster Berufserfahrungen. Die Zuständigkeit für die Berufsausbildung teilen sich gleichermaßen Betrieb und Berufsschule, weshalb diese Art der Ausbildung auch als Duales (Ausbildungs-) System bezeichnet wird.[11]

Laut Becker bezeichnet das Duale System der Ausbildung folglich die Verbindung der berufspraktischen Ausbildung in einem Betrieb oder einer überbetrieblichen Ausbildungseinrichtung mit dem Unterricht in der Berufsschule (Berufskolleg).[12]

Die Berufsausbildung, im Deutschen Bildungssystem eingegliedert in den Sekundarbereich II, erfolgt in Deutschland also überwiegend mit Hilfe des dualen Ausbildungssystems, aufgeteilt auf die Lernorte: Berufsschule (Berufskolleg) und Ausbildungsbetrieb. Das duale System der Ausbildung bietet somit die Möglichkeit der Ausbildung an zwei Lernorten: im (Ausbildungs-) Betrieb und in der Berufsschule (Berufskolleg) mit dem Ziel eine breit angelegte berufliche Grundbildung und die für die Ausübung einer qualifizierten beruflichen

---

[10] §1(3) BBiG
[11] Vgl. Becker,M., Personalentwicklung, Schäffer-Poeschel Verlag, 5. Aufl., Stuttgart 2009, S. 759
[12] Vgl. Becker,M., Personalentwicklung, Schäffer-Poeschel Verlag, 5. Aufl., Stuttgart 2009, S. 761

Tätigkeit notwendigen fachlichen Fertigkeiten und Kenntnisse in einem geordneten Ausbildungsgang zu erlernen.

Die gesetzliche Grundlage für die Berufsausbildung in Deutschland bildet das Berufsbildungsgesetz (BBiG).

## 2.3 Definition: Studium

„Das Studium (lateinisch studere: „(nach etwas) streben, sich (um etwas) bemühen") ist das wissenschaftliche Lernen und Forschen an Hochschulen, also Universitäten und gleichgestellten Hochschulen, Dualen Hochschulen, Kunsthochschulen, Fachhochschulen sowie an Akademien, soweit diese den Hochschulen gleichgestellt sind. Außerhalb der Hochschulen wird die Aus- und Weiterbildung im tertiären Bildungsbereich an Berufsakademien, Verwaltungs- und Wirtschaftsakademien, Fachschulen bzw. Fachakademien als Studium bezeichnet."[13]

Ein Studium ist, wie in Kapitel 2.1 erläutert, dem Tertiärbereich des Bildungssystems zuzuordnen. Die Lehre und Forschung und somit auch das Studium an Hochschulen, werden als das höchste Bildungsgut in Deutschland angesehen. Dementsprechend anspruchsvoll und klar definiert sind auch die Voraussetzungen für ein Studium an einer Hochschule. Für ein Studium bzw. die Zulassung zum Studium sind in Deutschland allgemeingültige Voraussetzungen festgelegt, die jedoch abhängig von Studieneinrichtung und/oder Studienrichtung bzw. -fach zusätzliche Beschränkungen haben können.

Bei den Studieneinrichtungen unterscheidet man grundsätzlich zwischen Universitäten, Hochschulen und Fachhochschulen. Für das Studium an einer Universität ist die allgemeine bzw. fachgebundene Hochschulreife, das Abitur, die generelle Voraussetzung. Die allgemeine Hochschulreife berechtigt zum Studium aller angebotenen Studienfächer an Hochschulen, wohingegen die fachgebundene Hochschulreife nur ein Studium von Studienfächern aus bestimmten Fachbereichen erlaubt. Für den Besuch einer Fachhochschule ist die Fachhochschulreife, umgangssprachlich: Fachabitur, ausreichend. Zusätzlich, abhängig von

---

[13] http://de.wikipedia.org/wiki/Studium

Studieneinrichtung und/oder Studienrichtung, können u.a. Eignungstests, Praktika und ein lokaler Numerus Clausus als weitere Voraussetzung vorgegeben sein.

Des Weiteren besteht u.U. aber auch die Möglichkeit in Deutschland ohne den vorherigen Erwerb der eben genannten Studienvoraussetzungen, also ohne Abitur oder Fachhochschulreife, zu studieren. Für Berufstätige mit bestimmten Qualifikationen und Eignungen gibt es die Option eines fachgebundenen Studiums.

Wie gerade angesprochen gibt es nicht nur verschiedene Studieneinrichtungen sondern auch eine Vielzahl unterschiedlicher Studiengänge mit unterschiedlichen Abschlüssen.

Die traditionellen deutschen Abschlüsse eines Studiums sind Diplom, Magister und Staatsexamen. Jedoch stellen bzw. haben die meisten Studieneinrichtungen bereits ihre Studienabschlüsse im Rahmen des Bologna-Prozesses auf Bachelor und Master umgestellt. Der Begriff Bologna-Prozess bezeichnet ein politisches Vorhaben zur Schaffung eines einheitlichen europäischen Hochschulwesens mit den Hauptzielen der Förderung von Mobilität, von internationaler Wettbewerbsfähigkeit und von Beschäftigungsfähigkeit.[14] Dieses zweistufige System der Studienabschlüsse soll eine sehr gute internationale Vergleichbarkeit der Studienangebote und insbesondere der Studienabschlüsse bieten.

## 2.4 Definition: Duales Studium

„Als Duales Studium wird ein Studium an einer Hochschule oder Berufsakademie mit integrierter Berufsausbildung bzw. Praxisphasen in einem Unternehmen bezeichnet."[15]

In Anlehnung an das in Deutschland vorherrschende duale Ausbildungssystem werden somit Studiengänge mit stärkerem Praxisbezug, der Möglichkeit des Studiums parallel zur Berufstätigkeit oder sogar der Möglichkeit der gleichzeitigen Berufsausbildung als Duales Studium bezeichnet.

Im Allgemeinen lassen sich die dualen Studiengänge in vier verschiedene Grundtypen differenzieren:

---

[14] Vgl. http://de.wikipedia.org/wiki/Bologna-Prozess
[15] http://www.ausbildungplus.de/html/30.php

- Ausbildungsintegrierende duale Studiengänge
- Praxisintegrierende duale Studiengänge
- Berufsintegrierende duale Studiengänge
- Berufsbegleitende duale Studiengänge

In Kapitel 3 wird das Thema Duales Studium nochmals ausführlich behandelt und u.a. werden die Geschichte, Ziele und Gründe für die Einführung eines Dualen Studiums angesprochen und auf die unterschiedlichen Modelltypen dualer Studiengänge, die verschiedenen Studieneinrichtungen sowie die unterschiedlichen Fachrichtungen eingegangen.

## 2.5 Definition: Fort- und Weiterbildung

Nach Becker umfasst der Begriff Weiterbildung alle zielbezogenen, geplanten und in organisierter Form durchgeführten Maßnahmen der Qualifizierung von Personen und Gruppen, die auf eine Erstausbildung oder eine erste Tätigkeit aufbauen.[16] Alle Maßnahmen und Aktivitäten, die auf eine schon absolvierte Erstausbildung folgen und dem Zweck der Vertiefung, Erweiterung und/oder Erneuerung von Wissen, Fähigkeiten und Fertigkeiten dienen, werden dem Quartärbereich zugerechnet und mit dem Begriff Weiterbildung beschrieben.[17]

Der Internetauftritt www.bildungsatlas-mainz.de vom Zentrum für wissenschaftliche Weiterbildung der Johannes Gutenberg-Universität in Kooperation mit der VHS Bingen definiert den Begriff wie folgt: „Weiterbildung ist die Fortsetzung oder Wiederaufnahme organisierten Lernens nach Abschluss einer ersten Bildungsphase und nach Aufnahme einer Erwerbstätigkeit oder nach einer Familienphase. Weiterbildung ist der Oberbegriff für alle Lernprozesse, in denen Erwachsene ihre Fähigkeiten entfalten, ihr Wissen erweitern bzw. ihre fachlichen und beruflichen Qualifikationen verbessern oder neu ausrichten. Weil der Begriff der Weiterbildung so weit gefasst ist, fallen darunter Umschulungen und Meisterkurse

---

[16] Vgl. Becker, M., Personalentwicklung, Schäffer-Poeschel Verlag, 5. Aufl., Stuttgart 2009, S. 779
[17] Vgl. http://de.wikipedia.org/wiki/Weiterbildung

genauso wie Vorträge zur Tagespolitik, Rhetorikkurse, Sprachunterricht oder ein Kurs im Fotografieren."[18]

Folglich werden verschiedene Angebote und Maßnahmen dem Oberbegriff Weiterbildung zugerechnet, differenziert in allgemeine Weiterbildung, politische Weiterbildung und berufliche Weiterbildung. Während die allgemeine und die politische Weiterbildung nicht direkt berufsbezogen sind, stellt die berufliche Weiterbildung das klassische Feld zur Vertiefung oder Ergänzung beruflicher Kenntnisse dar.

Nach Becker wird die berufliche Weiterbildung, die vom Unternehmen durchgeführt und/oder veranlasst wird, als betriebliche Weiterbildung deklariert und gehört somit zur Personalentwicklung.[19]

So vielfältig wie das Angebot an Weiterbildungsmaßnahmen, so vielfältig und breitgefächert ist auch das Angebot an durchführenden Institutionen zur Weiterbildung. Je nach Art und Ziel der Maßnahmen kann diese u.a. an Volkshochschulen, Bildungswerken, Akademien, privaten Bildungseinrichtungen, Bildungszentren der Kammern (z.B. IHK), etc. erfolgen.

Im Zusammenhang mit dem Thema Fort- und Weiterbildung fällt häufig der Begriff des lebenslangen Lernens. „Lebensbegleitendes Lernen steht zunehmend im Mittelpunkt der Bildungspolitik. Weiterbildung ist ein zentrales Element lebensbegleitenden Lernens. Vor allem die berufliche Weiterbildung soll dazu beitragen, nicht nur den beschleunigten technischen und wirtschaftlichen Wandel zu bewältigen, sondern ebenso die gesellschaftlichen Veränderungen, die insbesondere aufgrund der demographischen Entwicklung eintreten."[20]

In Kapitel 5.3.2 „Klassische Fort- und Weiterbildungsmaßnahmen" werden nochmals verschiedene Möglichkeiten der Fort- und Weiterbildung speziell im Bezug auf den textilen Einzelhandel aufgezählt und erläutert.

---

[18] http://www.step-on.de/InfosBB/Weiterbildung/Def
[19] Vgl. Becker, M., Personalentwicklung, Schäffer-Poeschel Verlag, 3. Aufl., Stuttgart 2002, S. 529
[20] http://www.bibb.de/de/30130.htm

## 2.6 Definition: Effektivität und Effizienz

Im allgemeinen Sprachgebrauch werden die Begriffe Effektivität und Effizienz häufig, aber fälschlicherweise, synonym verwendet.

Laut Duden überschneiden sich die Begriffe effektiv und effizient in den Bedeutungen „wirksam, erfolgreich". „Eine Unterscheidung ist jedoch insofern möglich, als bei der Verwendung von effektiv das Hauptaugenmerk auf dem Ergebnis liegt, bei effizient hingegen bei der Methode. Effizient arbeiten heißt somit wirkungsvoll zu arbeiten, ohne unnötige Kosten zu verursachen, Ressourcen oder Zeit zu verbrauchen."[21]

In der Betriebswirtschaftslehre und im Wirtschaftsleben wird ebenfalls sinnvollerweise zwischen Effizienz und Effektivität dahingehend unterschieden, dass Effektivität bedeutet, „die richtigen Dinge zu tun", während Effizienz heißt, „die Dinge richtig zu tun".

Somit versteht man unter Effektivität innerhalb des Personalmanagements u.a., dass das benötigte Personal zum richtigen Zeitpunkt, am richtigen Ort, in der richtigen Qualität und in ausreichender Menge bereitgestellt wird, d.h. die Personalbeschaffung, Personalauswahl und Personalentwicklung, die an sie gestellten Ziele, Aufgaben und Vorgaben erfüllen.

Hingegen bedeutet Effizienz innerhalb des Personalmanagements, dass bei dem Ziel das benötigte Personal zum richtigen Zeitpunkt, am richtigen Ort, in der richtigen Qualität und in ausreichender Menge bereitzustellen der dafür entstehende Aufwand und die somit entstehenden Kosten ebenfalls berücksichtigt werden müssen. Die Maßnahmen der Personalbeschaffung, Personalauswahl und Personalentwicklung werden zusätzlich hinsichtlich Kosten und Nutzen, also auch hinsichtlich ihrer ökonomischen Kriterien und nicht nur nach dem Zielerreichungsgrad beurteilt.

## 2.7 Definition: Wettbewerbsfähigkeit

Laut Duden versteht man im wirtschaftlichen Sinne unter dem Begriff Wettbewerbsfähigkeit die Fähigkeit eines Unternehmens, sich in Konkurrenz mit anderen Anbietern am Markt zu

---

[21] http://www.duden.de/deutsche_sprache/sprachberatung/newsletter/archiv.php?id=58

behaupten.[22] Somit bedeutet Wettbewerbsfähigkeit im wirtschaftlichen Sinne, dass Unternehmen an den für sie relevanten Märkten ihre Waren bzw. Dienstleistungen mit Gewinn absetzen, sich also dem am Markt herrschenden Wettbewerb mit Erfolg stellen können.

## 2.8 Definition: Wettbewerbsvorteil

„In der Wirtschaftswissenschaft bezeichnet man mit dem Begriff Wettbewerbsvorteil den Vorsprung eines Akteurs auf dem Markt gegenüber seinen Konkurrenten im ökonomischen Wettbewerb."[23]

Dieser Vorsprung ist in den meisten Fällen in der Einzigartigkeit oder der Qualität (Qualitätsführerschaft) des Produktes oder den möglichen Kostenvorteilen des Unternehmens (Kostenführerschaft) begründet. Jedoch sind engagierte und vor allem qualifizierte Mitarbeiter und Mitarbeiterinnen die Basis jedes wirtschaftlichen Handelns und Voraussetzung für jegliche Innovation innerhalb einer Unternehmung. Nur mit dem „richtigen" Personal können überhaupt erst Wettbewerbsvorteile erreicht und am Markt realisiert werden. Somit kann und wird heutzutage neben dem Produkt auch das „richtige" Personal als Wettbewerbsvorteil angesehen.

Das „richtige" Personal bietet somit, durch eine gute Personalbeschaffung, Personalauswahl und Personalentwicklung begründet, die Möglichkeit echter Wettbewerbsvorteile und kann folglich zur Stärkung der Position des Unternehmens am Markt beitragen.

## 2.9 Definition: Personalmanagement

„Personalmanagement ist ein Unternehmensbereich, der maßgeblich über die Schicksale eines Unternehmens bestimmt. Nur wer qualifiziertes Personal an den richtigen Stellen sitzen hat,

---

[22] Vgl. http://www.bpb.de/popup/popup_lemmata.html?guid=ZUKJJM
[23] http://de.wikipedia.org/wiki/Wettbewerbsvorteil

der kann langfristig erfolgreich sein. Personal ist weit mehr als ein Kostenfaktor – es ist der entscheidende Faktor, der über Erfolg oder Misserfolg entscheidet."[24]

Der Bergriff Personalmanagement beschreibt die „Summe personeller Gestaltungsmaßnahmen zur Verwirklichung der Unternehmensziele. Der Begriff wird vielfach synonym mit Personalwesen oder Personalwirtschaft verwendet und im angelsächsischen Bereich mittlerweile durch den Begriff Human Ressource Management ersetzt."[25]

In der Fachliteratur werden die Begriffe Personalwesen, Personalmanagement und Personalwirtschaft je nach Autor teilweise synonym aber auch differenziert betrachtet. Hier werden die Begriffe jedoch, aufgrund der inhaltlichen Überschneidungen, synonym verwendet.

Das Personalmanagement/die Personalwirtschaft umfasst die Gesamtheit der personalbezogenen Funktionen im Unternehmen und bezeichnet somit den Unternehmensbereich, der sich mit dem Produktionsfaktor Arbeit, also mit dem Personal und dem dazugehörigen Themenbereich befasst.

Die Aufgaben des Personalmanagements umfassen somit die Personalbedarfsplanung, die Personalbeschaffung und -auswahl, den Personaleinsatz, die Personalentwicklung und auch die Personalfreisetzung. Weiterhin zählen auch die Personalführung und -entlohnung als auch die Personalbeurteilung und -verwaltung dazu.[26]

Als weitere wichtige Ziele und folglich als weitere wichtige Aufgaben des Personalmanagements sind heutzutage auch die Mitarbeitermotivation und die damit einhergehende Personalbindung anzusehen. Aufgrund der demographischen Entwicklung und des bestehenden Fachkräftemangels müssen Unternehmen der Fluktuation, insbesondere von Fach- und Führungskräften entgegen wirken.

---

[24] http://www.personal-wissen.de/
[25] http://wirtschaftslexikon.gabler.de/Definition/personalmanagement.html
[26] Vgl. Jung, H., Personalwirtschaft, Oldenbourg Verlag, 8. Aufl., München 2008, S. 5

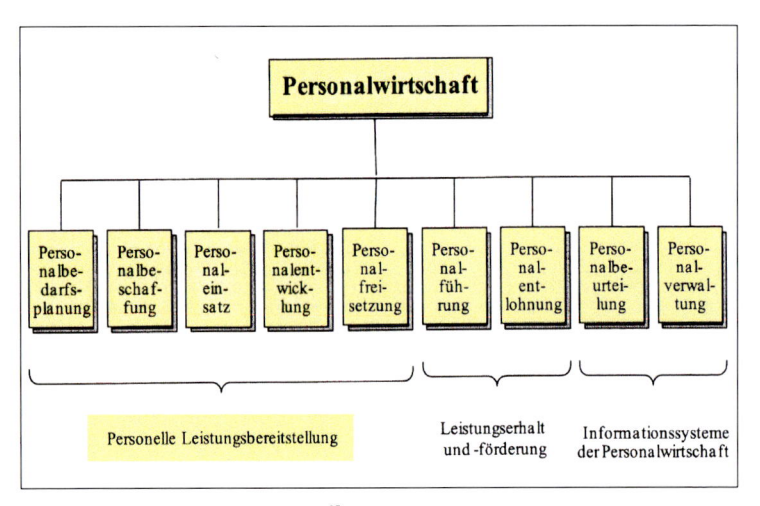

Abbildung 2: Hauptaufgaben der Personalwirtschaft[27]

Nach Jung lässt sich die Personalwirtschaft, wie in Abbildung 2 dargestellt, in folgende Hauptaufgaben gliedern:

- Personelle Leistungsbereitstellung
- Leistungserhalt und -förderung
- Informationssysteme der Personalwirtschaft

Für das behandelte Thema rückt der Bereich der personellen Leistungsbereitstellung insbesondere die Personalbeschaffung sowie Personalentwicklung in den Vordergrund, wobei den Bereichen Leistungserhalt und -förderung sowie Informationssysteme der Personalwirtschaft in der wirtschaftlichen Praxis ebenfalls eine hohe Bedeutung zufallen.

Im Folgenden werden die Begriffe Personalbeschaffung und Personalentwicklung gesondert definiert und im Bezug auf das Thema ‚Duales Studium' ausführlich erläutert.

---

[27] Jung, H., Personalwirtschaft, Oldenbourg Verlag, 8. Aufl., München 2008, S. 4

## 2.10 Definition: Personalbeschaffung

Sowohl die Personalbeschaffung als auch die nachfolgend definierte Personalentwicklung sind, wie gerade aufgezeigt, Elemente des Personalmanagements, die die Aufgabe verfolgen, Personal zum richtigen Zeitpunkt, am richtigen Ort, in der richtigen Qualität und in ausreichender Menge bereitzustellen.

„Die Personalbeschaffung im weiteren Sinn, oder die Personalgewinnung, umfasst die Aktivitäten eines Unternehmens, um den Personalbedarf in quantitativer, qualitativer, zeitlicher und räumlicher Hinsicht zu decken. Ziel der Personalbeschaffung ist es, die idealen und passenden Bewerber mit vertretbarem Aufwand zu finden, deren Eignung zu prüfen und beiderseitige Interessen und Vorstellungen zu vergleichen und abzustimmen."[28]

Das Ziel der Personalbeschaffung besteht somit darin, den in der vorher durchgeführten Personalbedarfsplanung festgestellten Bedarf an Personal quantitativ und qualitativ zu decken.

Hierfür stehen dem Unternehmen unterschiedliche Methoden der Bedarfsdeckung zur Verfügung. So kann die Beschaffung, wie in Abbildung 3 dargestellt, intern oder extern erfolgen.

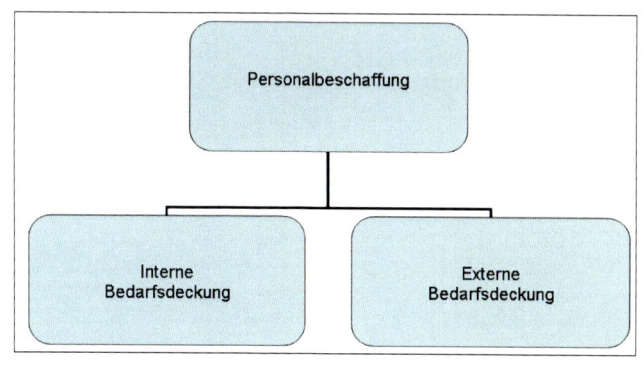

*Abbildung 3: Personalbeschaffung*[29]

---

[28] http://www.business-wissen.de/handbuch/personalbeschaffung/personalbeschaffung-als-prozess/
[29] Eigene Darstellung in Anlehnung an Jung, H., Personalwirtschaft, Oldenbourg Verlag, 8. Aufl., München 2008, S. 136

Bei einer internen Bedarfsdeckung/internen Personalbeschaffung wird eine freie Stelle mit einem Mitarbeiter besetzt, der bereits im Unternehmen tätig ist. Hingegen wird bei der externen Bedarfsdeckung/externen Personalbeschaffung die zu besetzende Stelle mit einem neuen Mitarbeiter besetzt, der vorher noch nicht im Unternehmen gearbeitet hat.

Die interne Bedarfsdeckung geschieht durch interne Stellenausschreibungen, Versetzungen durch Weisung oder Vorschlag eines Vorgesetzten, durch Übernahme eines Auszubildenden nach dessen Lehrzeit oder durch das Instrument der Personalentwicklung.

Personalentwicklung als Methode der internen Personalbeschaffung bedeutet, es werden schon im Unternehmen beschäftigte Mitarbeiter so weitergebildet, dass sie die zu besetzende Stelle qualitativ ausfüllen können.

Sind in einem Unternehmen jedoch nicht genügend oder ausreichend qualifizierte Mitarbeiter und somit auch nicht ausreichend Bewerber für eine offene, zu besetzende Stelle vorhanden, dann muss sich das Unternehmen auf dem externen Markt umsehen, also eine externe Personalbeschaffung durchführen.

Auch hier gibt es unterschiedliche Möglichkeiten, eine offene Stelle neu zu besetzen. Die häufigsten Methoden der externen Bedarfsdeckung sind Stellenanzeigen in Zeitungen sowie in Online-Jobbörsen im Internet. Andere Wege der externen Personalbeschaffung bestehen darin, sich an die Agentur für Arbeit zu wenden oder Headhunter, private Agenturen und Arbeitsvermittler mit der Suche nach Mitarbeitern zu beauftragen.

Die verschiedenen Möglichkeiten sowohl der internen wie auch der externen Personalbeschaffung verfügen, wie in der folgenden Abbildung aufgezeigt, jeweils über Vor- und Nachteile:

| Interne Personalbeschaffung | |
|---|---|
| Vorteile | Nachteile |
| <ul><li>Eröffnung von Aufstiegschancen</li><li>Erhöhung der Personalbindung</li><li>Geringe Beschaffungskosten</li><li>Betriebskenntnis</li><li>Kennen des Mitarbeiters und seines Könnens</li><li>Einhaltung des betrieblichen Entgeltniveaus</li><li>Schnellere Stellenbesetzungsmöglichkeit</li><li>Anfangsstellungen für Nachwuchskräfte werden frei</li><li>Transparente Personalpolitik</li></ul> | <ul><li>Weniger Auswahlmöglichkeiten</li><li>Ggf. hohe Fortbildungskosten</li><li>Mögliche Betriebsblindheit</li><li>Enttäuschung bei Kollegen, evtl. weniger Anerkennung bei Aufrücken in Vorgesetztenfunktion</li><li>Spannungen und Rivalitäten</li><li>Zu starke kollegiale Bindungen, Sachentscheidungen werden verkuppelt</li><li>Stellenbesetzung/Beförderung um des lieben Friedens willen</li><li>Nachlassende Mitarbeiterkreativität wegen Beförderungsautomatik</li><li>Versetzung löst Bedarf quantitativ nicht, qualitativ oft nur in Verbindung mit Fortbildung und bei vertikaler Beförderung mit Führungsschulung</li></ul> |
| Externe Personalbeschaffung | |
| Vorteile | Nachteile |
| <ul><li>Breite Auswahlmöglichkeit</li><li>Neue Impulse für den Betrieb</li><li>Der Externe wird leichter anerkannt</li><li>Einstellung löst Personalbedarf direkt</li><li>Eventuell Information über Konkurrenzverhalten</li></ul> | <ul><li>Größere Beschaffungskosten</li><li>Höhere externe Einstellungsquote wirkt fluktuations- und frustationsfördernd</li><li>Negative Auswirkungen auf das Betriebsklima</li><li>Höheres Risiko durch die Probezeit</li><li>Keine Betriebskenntnisse (allgemeine Einführung erforderlich = Zeit = Kosten)</li></ul> |

*Abbildung 4: Vor- und Nachteile interner und externer Personalbeschaffung* [30]

Die Vielzahl der jeweilig aufgelisteten Vor- und Nachteile zeigt, dass es keine generell bessere Methode der Personalbeschaffung gibt sondern führt dazu, dass die Beschaffungsstrategie, also die Entscheidung ob intern oder extern Personal beschafft wird, individuell und situativ für jede Stelle und unter Abwägung der maßgebenden Vor- und Nachteile getroffen werden muss.

Zum Aufgabengebiet der Personalbeschaffung gehört auch die Personalauswahl. Laut Becker bezeichnet der Begriff der Personalauswahl „die Beschaffung und Auswahl von

---

[30] Eigene Darstellung in Anlehnung an Jung, H., Personalwirtschaft, Oldenbourg Verlag, München 2008, 8. Aufl., S. 152

Mitarbeitern/innen."[31]. Somit kann man unter der Personalauswahl einen Entscheidungsprozess verstehen, der eine Wahl/Auslese unter den Bewerbern für eine offene Stelle zum Gegenstand hat, mit dem Ziel bzw. der Aufgabe den „richtigen" Bewerber herauszufinden. Sie unterliegt, abhängig von der zu besetzenden Stelle, einer Mehrzahl von Anforderungskriterien und kann mit Hilfe unterschiedlicher Methoden und Instrumenten durchgeführt werden. Diese reichen von der Kontrolle und Bewertung des Lebenslaufes, des Bewerbungsschreibens, der Schul- und Arbeitszeugnisse über Einstellungsgespräche und -tests bis hin zur Durchführung von Assessment-Centern. Die Methoden und somit der Aufwand der Personalauswahl orientieren sich am Anforderungsprofil der zu besetzenden Stelle.

Wie schon in der Einleitung angesprochen, ist das heutige Wirtschaftsleben geprägt durch immer weiter steigende Anforderungen an das Unternehmen, das Personal und folglich an die Personalbeschaffung. Dies bedeutet, um heutzutage wettbewerbsfähig zu sein und auch zu bleiben oder gegebenenfalls einen Wettbewerbsvorteil zu erreichen, muss ein Unternehmen über das „richtige" Personal und folglich über eine effektive und effiziente Personalbeschaffung verfügen.

## 2.11 Definition: Personalentwicklung

Der Begriff der Personalentwicklung ist nach Becker von Heterogenität und Unschärfe gekennzeichnet.[32] Zum besseren Verständnis und als Grundlage, wie der Begriff der Personalentwicklung hier aufgefasst und behandelt wird, folgen einige Definitionen und Erläuterungen zu den Zielen, Gründen, Inhalten, Methoden sowie verschiedene Arten und Instrumenten der Personalentwicklung.

„Personalentwicklung umfasst alle Maßnahmen der Bildung und Förderung und der Organisationsentwicklung, die von einer Person oder Organisation zur Erreichung spezieller Zwecke zielgerichtet, systematisch und methodisch geplant, realisiert und evaluiert werden."[33]

---

[31] Becker, M., Personalentwicklung, Schäffer-Poeschel Verlag, 5. Aufl., Stuttgart 2009, S. 771
[32] Vgl. Becker, M., Personalentwicklung, Schäffer-Poeschel Verlag, 5. Aufl., Stuttgart 2009, S. 3
[33] Becker, M., Personalentwicklung, Schäffer-Poeschel Verlag, 5. Aufl., Stuttgart 2009, S. 4

Martin Tschumi versteht unter dem Begriff der Personalentwicklung „ ... sämtliche Maßnahmen zur Erhaltung, Entwicklung und Verbesserung der Arbeitsleistung bzw. des Qualifikationsprofils von Mitarbeiten, um die Ansprüche des Unternehmens an die Qualität seiner Arbeitskräfte sicherzustellen."[34]

Hans Jung definiert Personalentwicklung wie folgt: „ Die Personalentwicklung umfasst die Maßnahmen, die sich mit der Förderung sowie der Aus-, Fort- und Weiterbildung von Mitarbeitern im Unternehmen beschäftigen."[35]

Eine gute und schlüssige Definition, die auch zeitgleich auf die Gründe und Notwendigkeit der Personalentwicklung eingeht, wurde von Horst-J. Rahn im Haufeindex veröffentlicht:

„Die Personalentwicklung betrifft alle Maßnahmen zur Erhaltung und Verbesserung der Qualifikation von Mitarbeitern. Die wirtschaftlichen und technischen Wandlungen machen es erforderlich, das Personal frühzeitig und umfassend auf diese Entwicklungen einzustellen. Unternehmen, die nicht in hinreichendem Umfang in die Entwicklung ihrer Mitarbeiter investieren, laufen Gefahr, ihre Wettbewerbsfähigkeit zu verlieren."[36]

Durch den dynamischen Wandel im Wirtschafts- und Technologiebereich, die sich ständig ändernden Marktbedingungen und wechselnden Präferenzen der Kunden, werden die Anforderungen an die Produkte und somit an das Unternehmen immer weiter vorangetrieben. Parallel dazu muss auch das Personal an die zukünftigen Erwartungen herangeführt werden, d.h. es besteht in der heutigen Zeit die zwingende unternehmerische Notwendigkeit zur Personalentwicklung.

Weitere Stichworte, die immer wieder im Zusammenhang mit der Notwendigkeit der Personaltentwicklung fallen, sind u.a. die Halbwertzeit des Wissens, der Wandel in der Aufgabenstellung, neue Führungsmethoden und insbesondere der Fachkräftemangel am externen Personalmarkt. Als wichtigster ökonomischer Grund, und somit Überziel aller Personalmaßnahmen, ist die Sicherung und Steigerung der Wettbewerbsfähigkeit des Unternehmens zu verstehen.

---

[34] Tschumi, M., Praxisratgeber zur Personalentwicklung, Praxium-Verlag, 1. Aufl., Zürich 2005, S. 1
[35] Jung, H., Personalwirtschaft, Oldenbourg Verlag, 8. Aufl., München 2008, S. 5
[36] Rahn, H.-J., Dipl.-Kfm., Dipl.-Betrw., Grünstadt, Personalentwicklung, Haufelndex 952942

Die Ziele der Personalenwicklung lassen sich deshalb am treffendsten mit einem Zitat von Jung beschreiben: „Personalentwicklung ist zur Schlüsselfunktion im Bemühen um Sicherung der Existenz der Unternehmen und die Erhaltung der Beschäftigungsfähigkeit der arbeitenden Menschen geworden."[37]

Zusammengefasst kann man die Ziele der Personalentwicklung demzufolge mit der Sicherung der Existenz, also der Erhaltung der Wettbewerbsfähigkeit des Unternehmens durch die Erhaltung der Beschäftigungsfähigkeit der Mitarbeiter umschreiben.

Folglich besteht die Zielsetzung der Personalentwicklung darin, die Kenntnisse, Fähigkeiten, Fertigkeiten und Kompetenzen der Mitarbeiter auf die aktuellen und künftigen Anforderungen des Unternehmens vorzubereiten.

Nach Becker, siehe Abbildung 5, umfasst das Aufgabenspektrum der Personalentwicklung, abgekürzt PE, alle Maßnahmen der Bildung, der Förderung und der Organisationsentwicklung.[38]

| Bildung | Förderung | Organisationsentwicklung |
|---|---|---|
| <ul><li>Berufsausbildung</li><li>Hochschulbildung</li><li>Weiterbildung</li><li>Führungsbildung</li><li>Systematisches Anlernen</li><li>Umschulung</li><li>Bildung im Funktionszyklus</li><li>Modularisierung und Segmentierung der Bildung</li></ul> | <ul><li>Auswahl und Einarbeitung</li><li>Arbeitsplatzwechsel</li><li>Auslandseinsatz</li><li>Nachfolge- und Karriereplanung</li><li>Strukturiertes Mitarbeitergespräch mit Leistungsbeurteilung</li><li>Coaching, Mentoring</li><li>Stellenbündel</li></ul> | <ul><li>Teamentwicklung</li><li>Projektarbeit</li><li>sozio-technische Systemgestaltung</li><li>Gruppenarbeit</li><li>Change Management</li><li>Großgruppenveranstaltungen</li><li>Vernetzende und vernetzte Personalentwicklung</li></ul> |
| **PE im engen Sinn** | **PE im erweiterten Sinn** | **PE im weiten Sinn** |
| = Bildung | = Bildung + Förderung | = Bildung + Förderung + Organisationsentwicklung |

Abbildung 5: Inhalte der Personalentwicklung[39]

---

[37] Jung, H., Personalwirtschaft, Oldenbourg Verlag, 8. Aufl., München 2008, S. 1
[38] Vgl. Becker, M., Personalentwicklung, Schäffer-Poeschel Verlag, 5. Aufl., Stuttgart, 2009, S. 4
[39] In Anlehnung an Becker, M., Personalentwicklung, Schäffer-Poeschel Verlag, 5. Aufl., Stuttgart 2009, S. 5

Die Funktionsbereiche der Bildung, zu denen u.a. die Berufsausbildung, die Weiterbildung und die Führungsbildung gehören, werden laut Becker als Personalentwicklung im engen Sinne verstanden.

Die PE im weiteren Sinne umfasst zusätzlich zur Bildung auch die Förderung. „Dabei umfasst der Begriff Förderung vorwiegend diejenigen Aktivitäten, die auf die Position im Betrieb und die berufliche Entwicklung des einzelnen gerichtet sind, während der Begriff Bildung auf die Vermittlung der zur Wahrnehmung der jeweiligen Aufgaben erforderlichen Qualifikationen abstellt."[40] Zum Bereich der Förderung zählen beispielsweise Auswahl und Einarbeitung sowie Nachfolge- und Karriereplanung.

Bildung, Förderung und Organisationsentwicklung werden zusammen als PE im weiten Sinne beschrieben, wobei Organisationsentwicklung als eine Form des geplanten und systematischen organisatorischen Wandel anzusehen ist.

Die Personalentwicklung kann mit unterschiedlichsten Methoden durchgeführt werden. Nach Jung hängt der Erfolg der Qualifikationsvermittlung von der Wahl der richtigen Personalentwicklungsmaßnahme ab.

„Die Vielzahl der möglichen Methoden lässt folgende Systematisierung zu:
- Aktive oder passive Methoden
- Methoden der Einzel- oder Gruppenbildung
- Interne oder externe Methoden
- Methoden der Aus- und Weiterbildung am Arbeitsplatz oder außerhalb des Arbeitsplatzes"[41]

Die Unterscheidung zwischen aktiven und passiven Methoden der Personalentwicklung richtet sich nach dem Grad der Beteiligung der Lernenden an der Erarbeitung des Lernstoffes. Die Zahl der Teilnehmer an einer Maßnahme ermöglicht die Differenzierung in die Methoden der Einzel- oder Gruppenbildung. Hingegen werden interne oder externe Methoden nach dem Träger der Maßnahmen und die Methoden der Aus- und Weiterbildung am Arbeitsplatz oder außerhalb des Arbeitsplatzes nach dem jeweiligen Lernort unterschieden.[42]

---

[40] Mentzel, W., Unternehmenssicherung durch Personalentwicklung, Mitarbeiter motivieren, fördern und weiterbilden, Haufe Verlag, 7. Aufl., Freiburg et al. 1997, S. 16
[41] Jung, H., Personalwirtschaft, Oldenbourg Verlag, 8. Aufl., München 2008, S. 281
[42] Vgl. Jung, H., Personalwirtschaft, Oldenbourg Verlag, 8. Aufl., München 2008, S. 281

Da zwischen den verschiedenen Einteilungskriterien zahlreiche Interdependenzen bestehen und sich die Methoden in der Praxis vermischen, kann und muss in der praktischen Anwendung keine klare Abgrenzung erfolgen.[43] Z.B. kann eine Personalentwicklungsmethode aktiv, als Gruppenbildung extern durchgeführt werden.

Die Unterscheidung der Personalentwicklungsmethoden anhand des jeweiligen Lernortes wird meist in „On-the-Job"- Maßnahmen und „Off-the-Job"-Maßnahmen durchgeführt. Jedoch findet man in der Literatur auch immer wieder weitere Differenzierungsmöglichkeiten.

Im Bezug auf das Thema ‚Duales Studium' wird neben den beiden eben genannten Maßnahmen nun folgend auch noch der Begriff „Near-the-Job" erläutert:

- On-the-Job-Maßnahmen:
"Im Grunde bedeutet die Förderung "On-the-Job" nur eine gewisse Systematisierung des schon immer gültigen Prinzips des "Lernens durch Tun" (Learning by doing), des alltäglichen Lernens im Arbeitsprozess."[44] Somit werden mit diesem Begriff Methoden der Aus- und Weiterbildung am täglichen Arbeitsplatz umschrieben, die i.d.R. auf aktuelle sachliche und personelle Problemstellungen des betrieblichen Alltags abzielen. Ziel ist also die Vermittlung und Erprobung praktischer Kenntnisse und Fähigkeiten.

- Off-the-Job-Maßnahmen:
„Nur ein geringer Teil der Entwicklungsmaßnahmen findet außerhalb des Arbeitsplatzes und außerhalb des Unternehmens statt. Gerade dieser Teil findet aber oft die größte Beachtung, weil die Teilnehmer bei solchen Maßnahmen an ihren Arbeitsplätzen fehlen und weil für diese Maßnahmen gesonderte Kosten anfallen. Off-the-Job-Maßnahmen können für einzelne Mitarbeiter (z. B. individueller Sprachkurs; Teilnahme an einem Fachkurs) wie auch für Gruppen (z. B. Führungsseminare) durchgeführt werden."[45]

- Near-the-Job-Maßnahmen:
„Personalentwicklung "On the Job" kann unterstützt werden durch Aktivitäten und Maßnahmen, die nicht unmittelbar mit den Tätigkeiten und dem Lernen am Arbeitsplatz zusammenhängen. Es besteht jedoch eine mehr oder weniger enge Verbindung zur ausgeübten Tätigkeit. Daher spricht man hier von Personalentwicklung "Near-the-Job.""[46]

---

[43] Vgl. Jung, H., Personalwirtschaft, Oldenbourg Verlag, 8. Aufl., München 2008, S. 281
[44] Möhl, W., Dipl.-Kfm., Röttenbach, Instrumente der Personalentwicklung, Haufelndex 583294
[45] Möhl, W., Dipl.-Kfm., Röttenbach, Instrumente der Personalentwicklung, Haufelndex 583311
[46] Möhl, W., Dipl.-Kfm., Röttenbach, Instrumente der Personalentwicklung, Haufelndex 583305

„Der absolute Schwerpunkt der Nachwuchsförderung und der Qualifizierung der Mitarbeiter liegt bei On-the-Job-Maßnahmen (ca. 80 %). Begleitende interne und externe Trainingsmaßnahmen und Off-the-Job-Maßnahmen haben in der Regel nur ergänzende Funktion."[47]

Die Bedeutung der Personalentwicklung hat zugenommen und wird in den kommenden Jahren weiter zunehmen. Nach Jung verfolgt die Personalentwicklung das Ziel, Mitarbeiter für die Bewältigung der gegenwärtigen und insbesondere der zukünftigen Anforderungen zu qualifizieren.[48] Mit den schon mehrfach erwähnten gestiegenen Anforderungen an das Unternehmen und folglich an das Personal, steigen auch parallel die Herausforderungen an eine effektive, effiziente und systematische Personalentwicklung.

„Unternehmen, die nicht in hinreichendem Umfang in die Entwicklung ihrer Mitarbeiter investieren, laufen Gefahr, ihre Wettbewerbsfähigkeit zu verlieren."[49]

---

[47] Möhl, W., Dipl.-Kfm., Röttenbach, Instrumente der Personalentwicklung, Haufelndex 583294
[48] Vgl. Jung, H., Personalwirtschaft, Oldenbourg Verlag, 8. Aufl., München 2008, S. 250
[49] Rahn, H.-J., Dipl.-Kfm., Dipl.-Betrw., Grünstadt, Personalentwicklung, Haufelndex 952952

# 3 Das Duale Studium

Im nun folgenden Kapitel werden die Geschichte, Ziele und Gründe für die Einführung eines Dualen Studiums angesprochen und auf die unterschiedlichen Modelltypen dualer Studiengänge, die verschiedenen Studieneinrichtungen sowie die unterschiedlichen Fachrichtungen eingegangen. Ebenfalls werden in diesem Abschnitt mögliche Abschlüsse sowie allgemeine Informationen und Voraussetzungen der beteiligten Parteien aufgezeigt. Anschließend erfolgen eine Aufzählung der Vor- und Nachteile und eine allgemeine Bewertung im Bezug auf mögliche Wettbewerbsvorteile durch das Duale Studium.

Dieses Kapitel ist in Struktur und Ablauf an www.ausbildungplus.de angelehnt. AusbildungPlus, ein Projekt des Bundesinstituts für Berufsbildung (BIBB), gefördert vom Bundesministerium für Bildung und Forschung (BMBF), bietet online einen Überblick über Ausbildungsangebote mit Zusatzqualifikation, Informationen rund um die Berufsausbildung sowie Informationen über duale Studiengänge. Hilfreich für die Recherche ist das Kernstück von www.ausbildungplus.de, eine informative und umfangreiche Datenbank. Dort sind u.a. rund 700 duale Studiengänge aufgeführt, die ein Studium mit einer betrieblichen Ausbildung an Berufsakademien, Fachhochschulen, Universitäten und Verwaltungs- und Wirtschaftsakademien verknüpfen.[50]

## 3.1 Definition: Duales Studium

Nach AusbildungPlus wird ein Studium an einer Hochschule oder Berufsakademie mit integrierter Berufsausbildung bzw. Praxisphasen in einem Unternehmen mit dem Bergriff Duales Studium bezeichnet.[51]

„Von klassischen Studiengängen unterscheidet sich ein dualer Studiengang durch einen höheren Praxisbezug, der abhängig von Studiengang und Hochschule variiert. Bei dualen Studiengängen gibt es demnach immer die beiden Lernorte Hochschule bzw. Akademie und Betrieb. Am Lernort Betrieb wird in Form von Arbeitsprozessen gelernt. Berufspraxis und

---

[50] Vgl. http://www.ausbildungplus.de/html/149.php
[51] Vgl. htttp://www-ausbildungplus.de/html/30.php

Studium sind organisatorisch und curricular miteinander verzahnt. Zwischen den Studierenden und dem Unternehmen besteht eine vertragliche Bindung in Form eines Ausbildungs-, Praktikanten- oder Arbeitsvertrags."[52]

In Anlehnung an das in Deutschland vorherrschende duale Ausbildungssystem werden somit Studiengänge mit stärkerem Praxisbezug, der Möglichkeit des Studiums parallel zur Berufstätigkeit oder sogar der Möglichkeit der gleichzeitigen Berufsausbildung als Duales Studium bezeichnet. „Ein Duales Studium verbindet die umfassende wissenschaftliche Lehre der Hochschule mit der frühen Praxiserfahrung oder gar einer Ausbildung in einem Betrieb."[53]

Duale Studiengänge zeichnen sich folglich durch eine duale also zweigleisige Ausbildung aus, d.h. der dual Studierende wird im Rahmen dieses Studiums sowohl theoretisch als auch praktisch ausgebildet. Das herkömmliche theoretische Wissen erlangt der Student, wie bisher, weiterhin im Rahmen eines Studiums an einer Universität, Hochschule bzw. Fachhochschule oder an für duale Studiengänge spezialisierten Berufsakademien. Den zweiten Lernort, verantwortlich für die praktische Ausbildung, bildet das kooperierende Unternehmen. In diesem Betrieb erfolgt, in Anlehnung an das Duale System der Berufsausbildung, somit dann die Vermittlung des praktischen und praxisbezogenen Wissens an die dual Studierenden.

Im Allgemeinen lassen sich die dualen Studiengänge in vier verschiedene Grundtypen differenzieren:

- Ausbildungsintegrierende duale Studiengänge
- Praxisintegrierende duale Studiengänge
- Berufsintegrierende duale Studiengänge
- Berufsbegleitende duale Studiengänge

Je nach Studiengang reicht der Umfang der praktischen Aus- und Weiterbildung, wie schon angesprochen, von Praxisphasen im Unternehmen bis hin zu einer klassischen Berufsausbildung mit abschließender IHK-Prüfung. Im Vergleich zu einem herkömmlichen Studium, zeichnen sich duale Studiengänge durch den Wechsel zwischen Theorie- und Praxisphasen aus, mit dem Ergebnis, dass der praktische Anteil der Ausbildung ein deutlich größeres Gewicht erhält.

---

[52] htttp://www-ausbildungplus.de/html/30.php
[53] http://www.duales-studium.de/allgemein/das-duale-studium/

## 3.2 Geschichte des Dualen Studiums

Zum besseren Verständnis im Bezug auf die Geschichte des Dualen Studiums folgen zunächst Definitionen der Begriffe Universität, Hochschule und Fachhochschule.

- Die Universität ist die „älteste Form der Hochschule, auf der die Gesamtheit der Wissenschaften, „universitas literarum", gelehrt wird."[54]

- Hochschulen sind allgemein als „Stätte für wissenschaftliche Forschung und Lehre definiert, d.h. Weitergabe praktischer und theoretischer Kenntnisse in wissenschaftlicher Form an die Studierenden, an die bei Nachweis der erworbenen Kenntnisse und Fähigkeiten durch die vorgesehene Abschlussprüfung akademische Würden erteilt werden können."[55]

- Fachhochschulen sind „selbstständige oder integrierte Einrichtungen des Hochschulbereichs, hervorgegangen aus den früheren höheren Fachschulen (Ingenieurschulen, höhere Wirtschaftsfachschulen etc.). I.d.R. umfassen sie Einrichtungen des ingenieurwissenschaftlichen, wirtschaftswissenschaftlichen, sozialpädagogischen und künstlerischen Studienbereichs."[56]

- „Die Hochschulen dienen entsprechend ihrer Aufgabenstellung der Pflege und der Entwicklung der Wissenschaften und der Künste durch Forschung, Kunstausübung, Lehre und Studium. Sie bereiten auf berufliche Tätigkeiten vor, die die Anwendung wissenschaftlicher Erkenntnisse und wissenschaftlicher Methoden oder die Fähigkeit zu künstlerischer Gestaltung erfordern. Die Fachhochschulen erfüllen diese Aufgaben durch anwendungsbezogene Lehre; sie betreiben angewandte Forschung und können Entwicklungsvorhaben durchführen. Die Universitäten fördern den wissenschaftlichen und künstlerischen Nachwuchs."[57]

Die Entwicklung bzw. Entwicklungsgeschichte des Dualen Studiums wird anhand von Zitaten und einer anschließend kurzen Zusammenfassung angesprochen und kurz beschrieben.

- „Im Oktober 1968 wurde auf der Konferenz der Ministerpräsidenten die Gründung der Fachhochschulen beschlossen. Hierdurch sollten Einrichtungen des tertiären Bereichs geschaffen werden, die Studierende auf wissenschaftlicher Grundlage praxis- und berufsorientiert ausbilden und zu selbständiger Tätigkeit im Beruf befähigen."[58]

---

[54] http://wirtschaftslexikon.gabler.de/Archiv/8700/universitaet-v5.html
[55] http://wirtschaftslexikon.gabler.de/Archiv/8699/hochschule-v8.html
[56] http://wirtschaftslexikon.gabler.de/Archiv/5884/fachhochschulen-fh-v4.html
[57] §2(1) HoschSchG
[58] Wissenschaftsrat, Empfehlungen zur Entwicklung der Fachhochschulen, 2002, S. 8

- „Das Studium an den deutschen Universitäten und Fachhochschulen ist traditionellerweise als fachtheoretisches Vollzeitstudium organisiert. Die überwiegende Zahl der Länder ist dabei den Empfehlungen des Wissenschaftsrates von 1981 zur Einführung von Praxissemestern an den Fachhochschulen gefolgt, so dass diese inzwischen ein profilbildender Bestandteil des Fachhochschulstudiums geworden sind."[59]

- „Daneben sind seit Mitte der 70er Jahre – zunächst vereinzelte – Ansätze entwickelt worden, berufspraktische Ausbildung und theoretisches Studium zu verbinden. Sie entstanden teilweise aus der Befürchtung heraus, dass sich die traditionellen Studiengänge an Universitäten und Fachhochschulen zu theorielastig und praxisfern entwickeln könnten. Dies hat zu verschiedenen Ausprägungen dualer Studienangebote geführt, die bisweilen eine institutionelle Konkurrenz zu den bestehenden Hochschulen mit sich brachten. So hat z.B. Baden-Württemberg 1974 als Alternative zu den Hochschulen Berufsakademien gegründet und an 8 Standorten staatliche Studienakademien eingerichtet."[60]

- „Duale Studiengänge gibt es in Deutschland seit Mitte der 70er Jahre. Sie sind aus dem konkreten Bedarf heraus in regionaler Kooperation zwischen Betrieben und Hochschulen, teilweise unter Mitwirkung der IHK, entstanden. Diesen Trend erkennend, hat auch die Bund-Länder-Kommission für Bildungsplanung und Forschungsförderung 1975 in ihrem Stufenplan für die berufliche Bildung neben den klassischen Hochschulgängen alternative Ausbildungsmöglichkeiten vorgeschlagen."[61]

Mit dem Hintergrund, Studierende auf wissenschaftlicher Grundlage praxisnäher und berufsorientierter auszubilden und somit den Unternehmen in Bezug auf die gestiegenen Anforderungen durch den dynamischen Wandel und der erhöhten Komplexität gerecht zu werden, hat sich das Hochschulwesen in den letzten Jahrzehnten radikal verändert.

Diese Veränderung infolge des Ziels eines stärkeren Praxis- und Anwendungsbezuges, hatte zuerst im Jahre 1968 die Einführung von Fachhochschulen als Einrichtung eines praxis- und berufsorientierten Studiums zur Folge.

Da die Studiengänge an den deutschen Universitäten und Fachhochschulen traditionellerweise als fachtheoretisches Vollzeitstudium organisiert waren und auch heutzutage immer noch sind, wurde 1981, mit dem Ziel der Steigerung der Praxisorientierung, die Einführung von Praxissemestern an den Fachhochschulen beschlossen und auf den Weg gebracht.

---

[59] Wissenschaftsrat, Duale Studiengänge an Fachhochschulen, 1997, S. 8
[60] Wissenschaftsrat, Duale Studiengänge an Fachhochschulen, 1997, S. 8
[61] Leuthold, D., Duale Studiengänge, Schriftenreihe des BIBB, Bertelsmann, Bonn 2005, S. 148

Parallel dazu, aus der Befürchtung heraus, dass sich die traditionellen Studiengänge an Universitäten und Fachhochschulen weiterhin zu theorielastig und praxisfern entwickeln könnten, erfolgten in den 70er Jahren, in Kooperationen mit großen Industrieunternehmen, die ersten Gründungen von Berufsakademien mit dualen Studiengängen in Baden-Württemberg. Grundlage und Kennzeichen eines dualen Studiengangs an einer Berufsakademie ist die enge Kooperation von Unternehmen und Akademie sowie die Möglichkeit für dual Studierende ein Studium mit einer Berufsausbildung zu verbinden.

Mit ihrem Erfolg setzte sich das Ausbildungskonzept des Dualen Studiums nach und nach auch in anderen Bundesländern sowie auch an anderen Studieneinrichtungen durch.

Im Jahr 2009 wurden die acht Berufsakademien des Landes Baden-Württemberg unter dem Dach der Dualen Hochschule Baden-Württemberg vereint und erlangten den Status einer Hochschule. Somit ist die Duale Hochschule Baden-Württemberg die erste duale, praxisintegrierende Hochschule Deutschlands.

Heutzutage bieten, zusätzlich zu den Berufakademien und der Dualen Hochschule Baden-Württemberg, eine Vielzahl an Studieneinrichtungen, darunter auch sehr viele Fachhochschulen und sogar Universitäten, die Möglichkeit dualer Studiengänge im Rahmen eines Dualen Studiums an.

## 3.3 Ziele/Ideen/Gründe

Im folgenden Abschnitt werden die Ziele der Einführung, die dahinter stehenden Ideen und die ausschlaggebenden Gründe für die Einführung dualer Studiengänge aufgezeigt und erläutert.

Nach Ansicht des Wissenschaftsrats müssen auch heutzutage Anwendungsorientierung und Praxisbezug des deutschen Wissenschaftssystems in Forschung und Lehre weiter gestärkt werden.[62] Wie im vorherigen Kapitel angesprochen, entstanden Mitte der 70er Jahre, aus der Befürchtung heraus, dass sich die traditionellen Studiengänge an Universitäten und Fachhochschulen zu theorielastig und praxisfern entwickeln könnten, erste vereinzelte

---

[62] Vgl. Wissenschaftsrat, Thesen zur künftigen Entwicklung des Wissenschaftssystem in Deutschland, 2000, S. 11

Ansätze eines Dualen Studiums, also die Verbindung einer berufspraktischen Ausbildung mit einem theoretischen Studium.[63]

Der ausschlaggebende Grund für die Einführung dualer Studiengänge ist folglich das Ziel, den Studierenden einen höheren Praxisbezug innerhalb ihres Studiums zu bieten und so zu verhindern, dass sich Studiengänge, wie schon angesprochen, zu theorielastig und praxisfern entwickeln. Duale Studiengänge sollen als Möglichkeit der Personalentwicklung dazu dienen, den Anforderungen der Unternehmen in Bezug auf die gestiegenen Anforderungen durch den dynamischen Wandel und der erhöhten Komplexität gerecht zu werden. Die Idee bzw. das Ziel des Dualen Studiums besteht somit darin, Studierende parallel zweigleisig d.h. theoretisch als auch praktisch, siehe Abbildung 6, und somit praxisnäher und berufsorientierter auszubilden. Einerseits an einer Hochschule oder Berufsakademie und andererseits in einem Unternehmen. Im Gegensatz zu einem herkömmlichen Studium bekommt der praktische Anteil der Ausbildung damit ein deutlich größeres Gewicht.

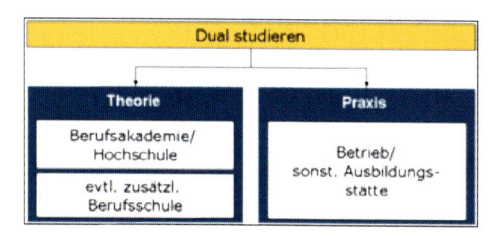

```
                    Dual studieren
                   /              \
              Theorie            Praxis
          Berufsakademie/      Betrieb/
            Hochschule       sonst. Ausbildungs-
                                 stätte
          evtl. zusätzl.
          Berufsschule
```

*Abbildung 6: Dual studieren*[64]

Auch die Tatsache, dass Betriebe heute mehr denn je nach hochqualifizierten Fachkräften suchen, dieser Bedarf jedoch aufgrund der demographischen Entwicklung und des Fachkräftemangels am externen Personalmarkt nicht ausreichend gedeckt werden kann, führt zu einer Aufwertung und folglich zu einer stärkeren Nachfrage nach dualen Studiengängen. Denn diese bieten den Unternehmen eine gute Möglichkeit, in Kooperation mit diversen Studieneinrichtungen, in relativ kurzer Zeit topausgebildetes Personal zu erhalten. Das Duale Studium kann folglich als Instrument zur Sicherung qualifizierten Nachwuchses dienen.

---

[63] Vgl. Wissenschaftsrat, Duale Studiengänge an Fachhochschulen, 1997, S. 8
[64] http://www.studis-online.de/StudInfo/duales_studium.php

Bei einem ausbildungsintegrierten Dualen Studium erwerben die Studierenden darüber hinaus den Abschluss in einem anerkannten Ausbildungsberuf.[65] Ausbildungsintegrierte duale Studiengänge verkürzen, durch die organisatorische, zeitliche und inhaltliche Abstimmung von Ausbildungs- und Studieninhalten, sogar die gesamte Ausbildungsdauer, so dass die Nachwuchskräfte den Unternehmen früher als voll einsetzbare Mitarbeiter/-innen und ohne umfangreiche Einführung zur Verfügung stehen.[66]

So kann und muss, siehe auch Kapitel 3.12, das Duale Studium heute als effektives und effizientes Instrument der Personalplanung, der Personalbeschaffung als auch der Personalentwicklung angesehen werden.

In Abbildung 7 werden abschließend nochmals stichwortartig die Ziele, Ideen und Gründe für die Einführung dualer Studiengänge aufgezeigt:

**Ziele:**
- Stärkere Anwendungsorientierung des Studiums
- Stärkerer Praxisbezug des Studiums
- Verkürzung der kompletten Ausbildungs- und Studienzeit
- Sicherung qualifizierten Nachwuchses

**Ideen:**
- Verbindung einer berufspraktischen Ausbildung mit einem theoretischen Studium
- Organisatorische und inhaltliche Abstimmung von Ausbildungs- und Studieninhalten
- parallele zweigleisige Ausbildung

**Gründe:**
- Vermeidung, dass sich Studiengänge zu theorielastig und praxisfern entwickeln

*Abbildung 7: Ziele/Ideen/Gründe*[67]

---

[65] Vgl. http://www.studis-online.de/StudInfo/duales_studium.php
[66] Vgl. http://www.ausbildungplus.de/html/63.php
[67] Eigene Darstellung

## 3.4 Modelltypen dualer Studiengänge

„Die Dualen Studiengänge unterscheiden sich von den klassischen Studienangeboten durch ihren hohen Praxisanteil. Besonders in den 90er Jahren kam eine Vielzahl von Dualen Studienangeboten auf den Markt, die sich stark daran unterscheiden auf welche Art und in welchem Umfang die Praxis eingebunden wurde."[68]

Im Folgenden werden nun Möglichkeiten der Unterscheidung dualer Studiengänge sowie die verschieden Arten und Typen von dualen Studiengängen aufgezeigt und erläutert.

Auf Grund der Tatsache, dass es viele verschiedene duale Studienangebote von den unterschiedlichsten Studieneinrichtungen am Markt gibt, findet man in der Literatur und in der Praxis auch folglich keine einheitliche Unterteilung bzw. Definition der unterschiedlichen dualen Studientypen.

Das Hochschul-Informationszentrum (HIS) in Hannover hat sich mit der Vereinheitlichung und Systematisierung der verschiedenen dualen Studienangebote in Deutschland befasst. Nachdem zunächst drei verschieden Typen von dualen Studiengängen unterschieden worden sind, erfolgt heutzutage eine weithin akzeptierte Unterteilung in vier Grundtypen dualer Studiengänge.[69]

Duale Studiengänge werden heute grundsätzlich in die vier folgenden dualen Studiengangstypen unterteilt:

- Ausbildungsintegrierende duale Studiengänge
- Praxisintegrierende duale Studiengänge
- Berufsintegrierende duale Studiengänge
- Berufsbegleitende duale Studiengänge

Auch eine zusätzliche Differenzierung der verschiedenen Studiengänge nach der Zielgruppe ist möglich:

- Studiengänge zur beruflichen Erstausbildung
- Studiengängen zur beruflichen Weiterbildung

---

[68] Leuthold, D., Duale Studiengänge, Schriftenreihe des BIBB, Bertelsmann, Bonn 2005, S. 149
[69] Vgl. Leuthold, D., Duale Studiengänge, Schriftenreihe des BIBB, Bertelsmann, Bonn 2005, S. 149

Die folgende Abbildung zeigt eine Kombination aus beiden Differenzierungsmöglichkeiten:

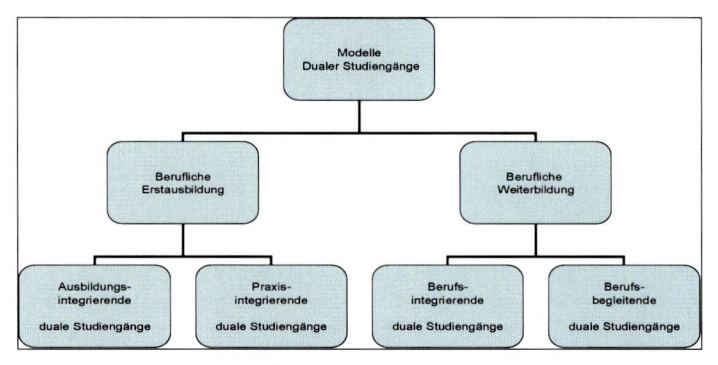

*Abbildung 8: Modelle dualer Studiengänge*[70]

„Ausbildungs- und praxisorientierte duale Studiengänge sind Angebote der beruflichen Erstausbildung und bieten sich für Abiturienten bzw. Interessenten mit Fachhochschulreife an. Berufsintegrierende und berufsbegleitende duale Studiengänge sind auf die berufliche Weiterbildung ausgerichtet und richten sich an Studieninteressenten mit abgeschlossener Berufsausbildung, die neben ihrer beruflichen Tätigkeit ein Studium absolvieren möchten."[71]

Im Anschluss erfolgen Definitionen und Erläuterungen der vier unterschiedlichen Studientypen dualer Studiengänge, wobei die Unterscheidung, wie in Praxis und Literatur üblich, nach Art und Intensität des Praxisbezuges des dualen Studiums geschieht.

### 3.4.1 Ausbildungsintegrierende duale Studiengänge

„Ausbildungsintegrierende duale Studiengänge sind Studiengänge für die berufliche Erstausbildung. Zugangsvoraussetzung ist nahezu immer die Fachhochschul- oder Hochschulreife. Ausbildungsintegrierende duale Studiengänge verbinden das Studium mit einer Ausbildung in einem anerkannten Ausbildungsberuf. Dabei werden die Studienphasen

---

[70] Eigene Darstellung
[71] http://www.ausbildungplus.de/html/63.php

und die Berufsausbildung sowohl zeitlich als auch inhaltlich miteinander verzahnt. Der Berufsschulunterricht wird entweder gestrafft oder teilweise auch komplett durch die Hochschule mit abgedeckt. Es wird also neben dem Studienabschluss, mittlerweile ist das im Regelfall der Bachelor, noch ein zweiter anerkannter Abschluss, ein Abschluss in einem Ausbildungsberuf erworben. Daher ist bei einem ausbildungsintegrierenden dualen Studiengang immer auch ein abgeschlossener Ausbildungsvertrag mit einem Unternehmen Voraussetzung."[72]

```
          Berufsabschluss plus Hochschulabschluss
              ⇧                      ⇧
    ┌──────────────────┐    ┌──────────────────┐
    │ Abschlussprüfung │ +  │ Diplom oder      │
    │ im Ausbildungsberuf│   │ Bachelor         │
    └──────────────────┘    └──────────────────┘
              ⇧                      ⇧
    ┌──────────────────┐    ┌──────────────────┐
    │ praktische       │ +  │ Studium an einer │
    │ Ausbildung       │    │ Hochschule oder  │
    │ im Betrieb       │    │ Akademie         │
    └──────────────────┘    └──────────────────┘
              ⇧                      ⇧
    ┌──────────────────┐    ┌──────────────────┐
    │ Duale Berufsausbildung│+│ Dualer Studiengang│
    └──────────────────┘    └──────────────────┘
              └──────────┬──────────┘
            ┌────────────────────────┐
            │ Fachhochschulreife oder Abitur │
            └────────────────────────┘
```

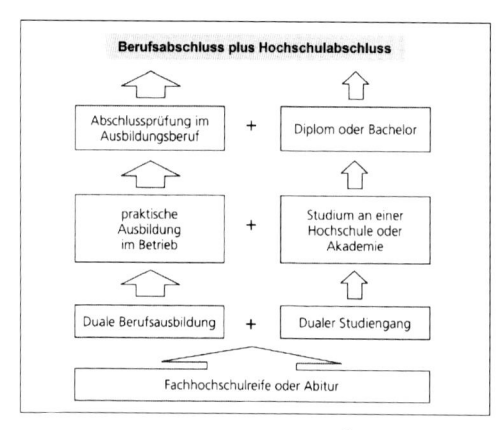

*Abbildung 9: Berufsabschluss plus Hochschulabschluss*[73]

Bei ausbildungsintegrierten dualen Studiengängen wird das Studium, wie in Abbildung 9 aufgezeigt, mit einer beruflichen Ausbildung verbunden. So erhält der dual Studierende zusätzlich zu seinem Studienabschluss an einer Hochschule oder Berufsakademie auch parallel einen zweiten Abschluss in einem anerkannten Ausbildungsberuf. Dadurch wird der dual Studierende zweigleisig d.h. sowohl theoretisch als auch praktisch und somit praxisnah und berufsorientiert ausgebildet.

Es handelt sich hierbei um eine berufliche Erstausbildung mit der Zielgruppe Schulabgänger mit Hoch- oder Fachhochschulreife, die zeitgleich Ausbildung und Studium absolvieren wollen.

---

[72] http://www.ausbildungplus.de/html/63.php
[73] Leuthold, D., Duale Studiengänge, Schriftenreihe des BIBB, Bertelsmann, Bonn 2005, S. 147

Neben der geforderten Qualifikation der Studierenden, der bestehenden Kooperation von Unternehmen und Studieneinrichtung ist auch ein Ausbildungsvertrag mit einem kooperierenden Unternehmen Voraussetzung. Der ausbildende Betrieb zahlt dem Studierenden/Auszubildenden, dem dual Studierenden, während der gesamten Ausbildungsdauer eine Ausbildungsvergütung und übernimmt i.d.R. auch die Studiengebühren.

Bei ausbildungsintegrierten Studiengängen führt die Kooperation zwischen Studieneinrichtung und ausbildenden Betrieb, durch die inhaltliche und organisatorische Kombination von Ausbildung und Studium, zu einer deutlichen Reduzierung der Gesamtausbildungszeit.

### 3.4.2 Praxisintegrierende duale Studiengänge

„Praxisintegrierende duale Studiengänge richten sich an Interessenten mit Fachhochschul- oder Hochschulreife. Sie verbinden das Studium mit längeren Praxisphasen im Unternehmen oder einer beruflichen Teilzeittätigkeit. Diese Praxisphasen bzw. die Teilzeittätigkeit wird entweder tageweise oder in längeren Blöcken absolviert. Zwischen den Lehrveranstaltungen an der Hochschule und der praktischen Ausbildung besteht ein inhaltlicher Bezug. Voraussetzung für eine Immatrikulation in einen praxisintegrierenden Studiengang ist eine vertragliche Bindung an ein Unternehmen, häufig in Form eines Arbeitsvertrags oder auch Praktikanten- oder Volontariatsvertrags."[74]

Praxisintegrierte duale Studiengänge weisen einen hohen Anteil berufspraktischer Phasen auf, sie verbinden ein Studium an einer Hochschule mit längeren Praxisphasen oder sogar einer Teilzeittätigkeit in einem kooperierenden Unternehmen. Hierbei sind die Praxisphasen im Betrieb im Idealfall inhaltlich und zeitlich mit der theoretischen Ausbildung der Hochschule verknüpft.

Bei dieser Form des Dualen Studiums gibt es mehrere Formen der Durchführung. Entweder werden die Praxisphasen abwechselnd in Blöcken oder tageweise absolviert.

---

[74] http://www.ausbildungplus.de/html/63.php

Auch bei praxisintegrierenden Studiengängen handelt es sich um eine berufliche Erstausbildung mit der Zielgruppe Schulabgänger mit Hoch- oder Fachhochschulreife, die jedoch im Gegensatz zu den ausbildungsintegrierenden dualen Studiengängen hierbei keinen weiteren Abschluss erwerben.

Neben der geforderten Qualifikation der Studierenden, der bestehenden Kooperation von Unternehmen und Studieneinrichtung, ist bei diesem Studientyp ein Arbeits- oder Praktikantenvertrag mit einem kooperierenden Unternehmen Voraussetzung. Der kooperierende Betrieb zahlt dem dual Studierenden während der gesamten Ausbildungsdauer eine Arbeits- oder Praktikantenvergütung und übernimmt i.d.R. auch die Studiengebühren.

### 3.4.3 Berufsintegrierende duale Studiengänge

„Berufsintegrierende duale Studiengänge sind Studiengänge für die berufliche Weiterbildung. Sie richten sich an Studieninteressenten/-innen mit abgeschlossener Berufsausbildung und Berufserfahrung. Der Zugang ist auch ohne Fachhochschul- oder allgemeine Hochschulreife möglich. Das Studium wird mit einer beruflichen Teilzeittätigkeit kombiniert. Ein wechselseitiger inhaltlicher Bezug zwischen der beruflichen Tätigkeit und dem Studium ist auch bei diesem Modell vorgesehen."[75]

„Berufsintegrierte duale Studiengänge sind darüber hinaus ein besonders geeignetes Mittel, um beruflich qualifizierten Berufstätigen ohne Unterbrechung der Erwerbstätigkeit eine Weiterqualifikation zu ermöglichen, die zu einem Hochschulabschluss führt."[76]

Im Gegensatz zu den schon behandelten ausbildungs- und praxisintegrierenden Studiengängen, handelt es sich bei den berufsintegrierenden nicht um eine Form der beruflichen Erstausbildung sondern um eine berufliche Weiterbildung.

Zielgruppe hierbei sind Studieninteressenten mit abgeschlossener Berufsausbildung, die neben ihrer beruflichen Tätigkeit eine praxisnahe Weiterbildung in Form eines Studiums absolvieren möchten.

---

[75] http://www.ausbildungplus.de/html/63.php
[76] Wissenschaftsrat, Empfehlungen zur Entwicklung der Fachhochschulen, 2002, S. 113

Voraussetzung für ein solches Studium ist eine bereits abgeschlossene Berufsausbildung des Bewerbers. Eine Fachhochschul- oder Hochschulreife der Interessenten ist jedoch nicht zwingend erforderlich.

Das berufsintegrierende Studium wird parallel zu einer beruflichen Teilzeittätigkeit ausgeübt, wobei im Idealfall ein inhaltlicher Bezug zwischen den beruflichen Tätigkeiten und den Studieninhalten besteht.

### *3.4.4 Berufsbegleitende duale Studiengänge*

„Berufsbegleitende duale Studiengänge ähneln Fernstudiengängen. Das Studium wird neben einer Vollzeitberufstätigkeit, hauptsächlich im Selbststudium mit Begleitseminaren absolviert. Im Unterschied zu normalen Fernstudiengängen, bei denen das Studium zumeist Privatsache der Studierenden ist, leistet bei diesem Modell der Betrieb einen spezifischen, dem Studium förderlichen Beitrag. Das kann z. B. die Freistellung von der Arbeit für die Präsenzphasen oder das Bereitstellen von betrieblichen Arbeitsmitteln sein."[77]

Bei berufsbegleitenden dualen Studiengängen handelt es sich, wie bei den berufsintegrierenden Studiengängen, um ein Angebot der beruflichen Weiterbildung.

Zielgruppe hierbei sind Studieninteressenten, die neben ihrer beruflichen Vollzeittätigkeit eine praxisnahe Weiterbildung in Form eines Studiums absolvieren möchten. Diese Form erinnert sehr stark an das „klassische" Fernstudium, jedoch wird bei einem berufsbegleitenden Dualen Studium das Unternehmen in das Studium mit einbezogen.

„Diese Form des Studiums kann, je nach Angebot von Interessenten mit als auch ohne Fachhochschulreife oder Abitur gewählt werden."[78] Eine Fachhochschul- oder Hochschulreife der Interessenten ist somit, wie bei den berufsintegrierenden Studiengängen, nicht zwingend erforderlich.

---

[77] http://www.ausbildungplus.de/html/63.php
[78] Leuthold, D., Duale Studiengänge, Schriftenreihe des BIBB, Bertelsmann, Bonn 2005, S. 151

Das Duale Studium 43

## 3.4.5 Verteilung der dual Studierenden auf die unterschiedlichen Studientypen

Da die gerade beschriebenen unterschiedlichen Studientypen dualer Studiengänge, wie anschließend in Kapitel 3.5 noch erläutert, an verschiedenen Studieneinrichtungen angeboten werden, ist eine genaue Verteilung der Studierenden von dualen Studiengängen auf die vier Studientypen, aufgrund fehlender einrichtungsübergreifender Erhebungen, nicht möglich.

Exemplarisch wird nun folgend, in Abbildung 10, die Verteilung der Studierenden in Bezug auf den Studientypus an Fachhochschulen aufgezeigt:

**Verteilung**

- 50% Ausbildungsintegrierende duale Studiengänge
- 30% Praxisintegrierende duale Studiengänge
- 14% Berufsintegrierende duale Studiengänge
- 6% Berufsbegleitende duale Studiengänge

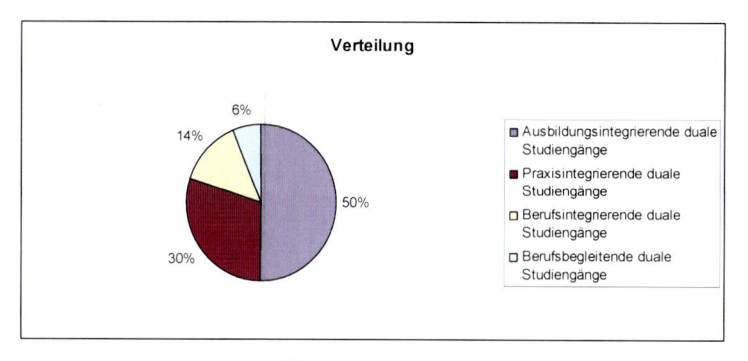

*Abbildung 10: Verteilung an Fachhochschulen* [79]

Die für diese beispielhafte Verteilung zugrunde gelegten Daten sind dem Kapitel von Dieter Leuthold „Duale Studiengänge: Ein Modell für die Hochschule?" aus der Schriftenreihe des BIBB, Bertelsmann, Bonn 2005, S.149ff entnommen.

Anhand dieser Daten ist eindrucksvoll festzustellen, dass folglich die Hälfte aller dualen Studiengänge an Fachhochschulen derzeit in Form eines ausbildungsintegrierenden dualen Studiums absolviert wird. Also in der Studienform, die ein Studium mit einer beruflichen Ausbildung verbindet und somit dem Studierenden die Möglichkeit des zeitgleichen Erwerbs zweier Abschlüsse, eines Hochschul- und eines Berufsausbildungsabschlusses bietet.

---

[79] In Anlehnung an Leuthold, D., Duale Studiengänge, Schriftenreihe des BIBB, Bertelsmann, Bonn 2005, S. 149ff

## 3.5 Studieneinrichtungen

Duale Studiengänge werden an unterschiedlichen Studieneinrichtungen angeboten:

- Fachhochschulen
- Berufsakademien
- Universitäten
- Duale Hochschule Baden-Württemberg
- Verwaltungs- und Wirtschaftsakademien

Nun folgend werden die verschiedenen Studieneinrichtungen definiert und im Bezug auf das Duale Studium nochmals näher erläutert.

### 3.5.1 Fachhochschulen

Fachhochschulen sind „selbstständige oder integrierte Einrichtungen des Hochschulbereichs, hervorgegangen aus den früheren höheren Fachschulen (Ingenieurschulen, höhere Wirtschaftsfachschulen etc.). I.d.R. umfassen sie Einrichtungen des ingenieurwissenschaftlichen, wirtschaftswissenschaftlichen, sozialpädagogischen und künstlerischen Studienbereichs."[80]

„Die Fachhochschule (Abkürzung: FH) ist eine Hochschulform, die Lehre und Forschung auf wissenschaftlicher Grundlage mit anwendungsorientiertem Schwerpunkt betreibt."[81]

Folglich zeichnen sich Fachhochschulen durch eine starke Verknüpfung von Theorie und Praxis aus. Die Lehrinhalte der dort angebotenen Studiengänge sind anwendungsorientiert gestaltet, also auf die Anforderungen und Bedürfnisse des späteren Berufslebens zugeschnitten. Heutzutage tragen die meisten Fachhochschulen zusätzlich die Bezeichnung „University of Applied Sciences", was mit „Universität für angewandte Wissenschaften" übersetzt werden kann und nochmals den hohen Anwendungs- und Praxisbezug der Fachhochschulen hervorhebt.

---

[80] http://wirtschaftslexikon.gabler.de/Archiv/5884/fachhochschulen-fh-v4.html
[81] http://de.wikipedia.org/wiki/Fachhochschule

Ein erfolgreiches (Duales) Studium an einer Fachhochschule wird i.d.R. mit einem akademischen Grad abgeschlossen. Im Zuge des Bologna-Prozesses wurde der Abschluss vom Diplom-Abschluss auf Bachelor- und Master-Abschlüsse umgestellt.

Nach Angaben von AusbildungPlus werden gegenwärtig mehr als 300 duale Studiengänge an Fachhochschulen angeboten, wobei die meisten Angebote hierbei duale Studiengänge an staatlichen und seltener an privaten Fachhochschulen sind.[82]

„Der Studienablauf ist an den einzelnen Hochschulen zum Teil sehr unterschiedlich geregelt, die Studiendauer variiert zwischen drei und fünf Jahren. Inhaltlich decken Studiengänge an Fachhochschulen ein breites Spektrum ab."[83]

Neben einem Dualen Studium an einer staatlichen Hochschule besteht auch die Möglichkeit ein Duales Studium an einer privaten Fachhochschule zu absolvieren. Im Gegensatz zu staatlich finanzierten Fachhochschulen, sogenannten staatlichen Fachhochschulen, gibt es Fachhochschulen, die sich in privater Trägerschaft befinden, also sogenannte private Fachhochschulen. Obwohl immer noch die überwiegende Anzahl staatliche Fachhochschulen sind, haben sich private Fachhochschulen in den letzten Jahren in der deutschen Hochschullandschaft etabliert und ihre Anzahl ist stetig angestiegen. Als Gründe hierfür können u.a. Vorlesungen in kleinen Studiengruppen, eine starke Anbindung an die Wirtschaft, ein sehr hoher Praxisbezug, eine starke internationale Ausrichtung, kurze Studienzeiten sowie gute Berufsaussichten für die Absolventen angeführt werden. Die markantesten Unterschiede zwischen staatlichen und privaten Fachhochschulen und auch die größten Kritikpunkte für die Privaten, sind sicher die hohen Studiengebühren und die sehr unterschiedlichen Bewerbungskriterien, also Zulassungsbedingungen für die Studienbewerber. Wobei die Qualität der Lehre an beiden Hochschultypen jedoch meistens als vergleichbar gut angesehen wird. Bei privaten Fachhochschulen ist die staatliche Anerkennung der Studieneinrichtung und somit der Studienabschlüsse von elementarer Bedeutung, denn ohne staatliche Anerkennung der Studieneinrichtung gelten auch die dort erworbenen Studienabschlüsse nicht als staatlich anerkannt.

---

[82] Vgl. http://www.ausbildungplus.de/html/2169.php
[83] http://www.ausbildungplus.de/html/2169.php

Als Beispiele für staatlich anerkannte private Hochschulen, die auch duale Studiengänge anbieten, werden hier exemplarisch die FOM, die Hochschule für Oekonomie & Management und die EUFH, die Europäische Fachhochschule genannt.

### 3.5.2 Berufsakademien

Nach dem Online-Wirtschaftslexikon von Gabler, ist der Bergriff Berufsakademie wie folgt definiert: „Einrichtung des tertiären Bildungsbereichs außerhalb der Hochschule. Die für Abiturienten gedachten Ausbildungsgänge finden im Wechsel in betrieblichen Ausbildungsstätten und hochschulähnlichen Lehreinrichtungen (Studienakademien, Verwaltungs- und Wirtschafts-akademien) statt und sind auf sechs Studiensemester angelegt. Die wissenschafts- und berufsorientierte Ausbildung führt zu einem dem Hochschulabschluss vergleichbaren Abschluss. Voraussetzung für die Aufnahme an einer Berufsakademie ist der Abschluss eines Berufsausbildungsvertrages."[84]

„Im Jahr 1974 öffneten in Baden-Württemberg die ersten Berufsakademien (BA) auf Initiative namhafter Unternehmen. Besonderes Kennzeichen eines dualen Studienganges an einer Berufsakademie ist die enge Kooperation von Unternehmen und Akademie. Diese dualen Studiengänge werden zumeist nach drei Jahren mit der Bachelor-Prüfung abgeschlossen. In der Datenbank von AusbildungPlus sind circa 170 duale Studiengänge an Berufsakademien in Deutschland dokumentiert."[85]

Berufsakademien sind Studieneinrichtungen des tertiären Bildungsbereichs. Die ersten Berufakademien, gegründet auf Initiative namhafter Unternehmen, wie z.B.: Daimler Benz AG in den 70er Jahren in Baden-Württemberg, waren Vorreiter im Bezug auf das Duale Studium. Mit ihrem Erfolg setzte sich das Ausbildungskonzept des dualen Studiums nach und nach auch an anderen Studieneinrichtungen in ganz Deutschland durch.

Duale Studiengänge an Berufsakademien zeichnen sich durch einen extremen Praxisbezug infolge der engen Kooperation von Berufakademie und Unternehmen aus.

---

[84] http://wirtschaftslexikon.gabler.de/Archiv/5329/berufsakademie-v5.html
[85] http://www.ausbildungplus.de/html/2169.php

Dual Studierende erhalten bei erfolgreichem Abschluss eines dualen Studiums an einer Berufsakademie die Bezeichnung Bachelor (BA). Hierbei handelt es sich jedoch nicht um einen akademischen Grad, sondern um eine gleichgestellte staatliche Abschlussbezeichnung.

### 3.5.3 Universitäten

Die Universität ist die „älteste Form der Hochschule, auf der die Gesamtheit der Wissenschaften, „universitas literarum", gelehrt wird."[86]

Ein Universitätsstudium vermittelt per Definition vor allem methodisches und theoretisches Wissen. Dieses vorgegebene Lernziel steht somit im Widerspruch zu einem praxisnahen und anwendungsorientierten dualen Studium. Demzufolge wurden bislang auch nur vereinzelnd duale Studiengänge an Universitäten und Gesamthochschulen angeboten.

Jedoch kann heute ein Anstieg des Angebotes von dualen Studiengängen auch an diesen Studieneinrichtungen festgestellt werden, der aufgrund der gesteigerten Nachfrage der Unternehmen nach praxisorientiert ausgebildeten Absolventen und der immer weiter steigenden Nachfrage von Studienanfänger nach dualen Studiengängen auch in Zukunft kontinuierlich weiter zunehmen wird. Somit werden immer mehr Universitäten und Gesamthochschulen diesem Trend zu einem stärkeren Praxisbezug in Form eines Dualen Studiums folgen und ihr Lehrangebot dementsprechend weiter ausbauen.

„Bislang bieten erst wenige Universitäten und Gesamthochschulen duale Studiengänge an, aber das Angebot nimmt allmählich zu. Derzeit sind in der Datenbank AusbildungPlus 27 solcher Angebot erfasst."[87]

Ein erfolgreiches (Duales) Studium an einer Universität oder einer Gesamthochschule wird i.d.R. mit einem akademischen Grad abgeschlossen. Im Zuge des Bologna-Prozesses wurden auch hier die meisten möglichen Abschlüsse auf Bachelor und Master umgestellt.

---

[86] http://wirtschaftslexikon.gabler.de/Archiv/8700/universitaet-v5.html
[87] http://www.ausbildungplus.de/html/2169.php

### 3.5.4 Duale Hochschule Baden-Württemberg (DHBW)

„Die Duale Hochschule Baden-Württemberg ist die erste duale, praxisintegrierende Hochschule in Deutschland. Hervorgegangen aus dem Zusammenschluss der acht ehemaligen Berufsakademien in Baden-Württemberg blickt die DHBW bereits auf eine über 35-jährige Erfolgsgeschichte zurück. Mit ihren derzeit rund 25.300 Studierenden an den acht Standorten und vier Campus zählt die Duale Hochschule Baden-Württemberg zu den größten Hochschulen des Landes."[88]

Zum 01.03.2009 führte das Bundesland Baden-Württemberg die Duale Hochschule ein. Unter ihrem Dach wurden die acht Berufsakademien Baden-Württembergs vereint und erlangten den Status einer Hochschule. Die DHBW ist somit die erste speziell auf duale Studiengänge ausgerichtete und praxisintegrierende Hochschule Deutschlands.

Laut Datenbank AusbildungPlus werden dementsprechend dort aktuell auch mehr als 150 duale Studienangebote angeboten.[89]

Die Duale Hochschule verleiht, aufgrund ihres neuen Status, akademische Grade und nicht, wie bei klassischen Berufsakademien, staatliche Abschlussbezeichnungen. Je nach Studiengang erwerben die Studierenden den Bachelor of Arts, Bachelor of Engineering oder Bachelor of Science.

### 3.5.5 Verwaltungs- und Wirtschaftsakademien (VWAs)

„Deutschlandweit bieten die Berufs-, Verwaltungs- und Wirtschaftsakademien der VWA-Organisation Fach- und Führungskräften berufsbegleitend oder Abiturienten parallel zu ihrer kaufmännischen Ausbildung ein wissenschaftliches Studium auf universitärem Niveau an. Dozenten dafür sind Hochschulprofessoren und erfahrene Praktiker."[90]

---

[88] http://www.dhbw.de/die-duale-hochschule/wir-ueber-uns/
[89] Vgl. http://www.ausbildungplus.de/html/2169.php
[90] http://www.vwa.de/studienangebote

Verwaltungs- und Wirtschaftsakademien sind privatrechtliche Bildungseinrichtungen, i.d.R. getragen von Kommunen, Verbänden der Wirtschaft sowie Industrie- und Handelskammern.[91]
„Die Studiengänge der VWA richten sich an Berufstätige mit und ohne Abitur, die parallel zur Berufstätigkeit ein Studium auf Universitätsniveau absolvieren wollen und dabei auf einen praxisnahen Lehrstil Wert legen."[92]

Im Rahmen verschiedener Aus- und Weiterbildungsgänge bieten die VWAs für Berufstätige die Möglichkeit ohne Abitur auf universitärem Niveau zu studieren. Zugangsvoraussetzung hierfür sind eine abgeschlossene Berufsausbildung sowie eine mindestens einjährige Berufspraxis. Ebenfalls werden dort duale Abiturientenausbildungen, ergo duale Studiengänge, angeboten. Viele Unternehmen nutzen so die Möglichkeit, vielversprechenden Abiturienten schon parallel zur Ausbildung ein Studium zu ermöglichen, es findet eine Verzahnung der klassischen Berufsausbildung mit einem betriebswirtschaftlichen Studium an einer VWA statt.[93]

Bei diesen Abschlüssen handelt es sich jedoch nicht um akademische Grade oder ihnen gleichgestellte Abschlüsse sondern „lediglich" um Weiterbildungsabschlüsse, z.B.: Betriebswirt/-in (VWA) oder Verwaltungs-Betriebswirt/-in (VWA). Aufgrund dessen kooperieren viele Verwaltungs- und Wirtschaftsakademien mit Berufsakademien, Fachhochschulen und Hochschulen, so dass parallel zum VWA-Studium ein Bachelor-Abschluss erworben werden kann.

## 3.6 Fachrichtungen

Wie „herkömmliche" Studiengänge werden auch duale Studiengänge in unterschiedlichen Fachrichtungen angeboten. Das Angebot hierbei ist in den letzten Jahren, genau wie das Angebot an anbietenden Studieneinrichtungen für duale Studiengänge, stetig gestiegen.

Im Anschluss erfolgt eine tabellarische Aufzählung möglicher Fachrichtungen, sortiert in der Reihefolge nach Anzahl dualer Studiengänge, Anzahl der beteiligten Unternehmen und

---

[91] Vgl. http://www.ausbildungplus.de/html/2169.php
[92] http://www.vwa-gruppe-bcw.de/
[93] Vgl. http://www.ausbildungplus.de/html/2169.php

Anzahl der dual Studierenden sowie die Aufzählungen der hierbei vorkommenden Kombinationen von Fachrichtung und entsprechendem Praxisbezug bzw. Berufsbereichen.

| Fachrichtungen | Duale Studiengänge | Beteiligte Unternehmen | Studierende |
|---|---|---|---|
| Wirtschaftswissenschaften | 300 | 14.168 | 26.964 |
| Informatik | 108 | 3.412 | 5.603 |
| Maschinenbau/Verfahrenstechnik | 106 | 3.191 | 6.602 |
| Elektrotechnik | 65 | 1.826 | 3.312 |
| Ingenieurwesen | 34 | 670 | 1.607 |
| Bauingenieurwesen | 25 | 900 | 880 |
| Wirtschaftsingenieurwesen | 26 | 847 | 1.415 |
| Sozialwesen | 23 | 774 | 1.718 |
| Wirtschafts- und Gesellschaftslehre | 13 | 268 | 200 |
| Verkehrstechnik/Nautik | 10 | 57 | 283 |
| Sonstige | 2 | 5 | 212 |
| Gesamt | 712 | 26.121 | 48.796 |

Abbildung 11: Fachrichtungen[94]

Die Aufteilung sowie die Zahlen für Abbildung 11 „Fachrichtungen" sowie die Zahlen, als Grundlage, für Abbildung 12 „Anteil der Fachrichtung Wirtschaft" sind der Internetseite AusbidungPlus des BiBB entnommen.

Wie Abbildung 12 verdeutlicht, nimmt, egal nach welchem Kriterium, der Anzahl dualer Studiengänge, der Anzahl der beteiligten Unternehmen oder der Anzahl der dual Studierenden, gemessen, die Fachrichtung Wirtschaftswissenschaften bei dualen Studiengängen die Vorreiterrolle ein.

---

[94] In Anlehnung an http://www.ausbildungplus.de/html/76.php

Das Duale Studium

|  | Duale Studiengänge | Beteiligte Unternehmen | Studierende |
|---|---|---|---|
| Gesamt | 712 | 26.121 | 48.796 |
| Wirtschaftswissenschaften | 300 | 14.168 | 26.964 |
| Anteil der Fachrichtung Wirtschaftswissenschaften | ca. 42% | ca. 54% | ca. 55% |

Abbildung 12: Anteil der Fachrichtung Wirtschaftswissenschaften [95]

In Bezug auf die Anzahl der dualen Studiengänge liegt der Anteil der Fachrichtung Wirtschaftswissenschaften bei mehr als 42%, nach Anzahl der beteiligten Unternehmen bei mehr als 54% und nach Anzahl der dual Studierenden sogar bei mehr als 55%.

Die häufigste Kombination von Fachrichtung und entsprechendem Praxisbezug ist laut AusbildungPlus ein BWL-Studium in Verbindung mit einer kaufmännischen Ausbildung. Als zweit- bzw. dritthäufigste Fachrichtungen von dualen Studiengängen folgen Informatik sowie Maschinenbau/Verfahrenstechnik. Diese beiden Fachrichtungen werden oftmals mit einer Berufsausbildung oder beruflichen Tätigkeit im technischen Bereich kombiniert. Das Studienangebot in der Elektrotechnik kann laut AusbildungPlus noch als groß, die Studienangebote in den Ingenieurswissenschaften sowie im Sozialwesen noch als recht groß bezeichnet werden. Zusätzlich gibt es auch duale Studiengänge in den Bereichen Wirtschafts- und Gesellschaftslehre und Verkehrstechnik/Nautik sowie jeweils einen dualen Studiengang in den Fachrichtungen Architektur und Mathematik.[96]

## 3.7 Abschlüsse dualer Studiengänge

In diesem Kapitel werden die verschiedenen möglichen Studienabschlüsse und anschließend die bei einem ausbildungsintegrierenden Studiengang zusätzlichen parallel möglichen Ausbildungsabschlüsse aufgezeigt und erläutert.

---

Eigene Darstellung in Anlehnung an http://www.ausbildungplus.de/html/76.php
Vgl. http://www.ausbildungplus.de/html/2169.php

### 3.7.1 Mögliche Studienabschlüsse

Die eben aufgezeigte Vielzahl an möglichen Studieneinrichtungen für duale Studiengänge hat auch eine Vielzahl von möglichen Studienabschlüssen zur Folge.

In Bezug auf die möglichen Abschlüsse ist es hierfür sinnvoll die Studieneinrichtungen in folgende drei Kategorien einzuteilen:

- Universitäten, Fachhochschulen, Duale Fachhochschule Baden-Württemberg
- Berufsakademien
- Verwaltungs- und Wirtschaftsakademien

Möglicher dualer Studienabschluss an einer Universität, einer Fachhochschule oder an der Dualen Fachhochschule Baden-Württemberg:

Bei einem erfolgreich abgeschlossenen Dualen Studium an einer Universität, einer Fachhochschule oder der Dualen Fachhochschule Baden-Württemberg erwirbt der Absolvent einen Hochschulabschluss in Form eines akademischen Grades. Im Zuge des Bologna-Prozesses wurden die Abschlüsse von Diplom-Abschlüssen auf Bachelor- und Master-Abschlüsse umgestellt. „Auch im Bereich der dualen Studiengänge werden die Studienabschlüsse im Rahmen des Bologna-Prozesses nach und nach auf die neuen Studiengrade Bachelor und Master umgestellt. Sie lösen damit die Diplom- und Magisterstudiengänge ab."[97]

Der Bachelor als Abschluss an einer Universität, einer Fachhochschule oder der Dualen Fachhochschule Baden-Württemberg bezeichnet den untersten akademischen Grad. Er wurde im Zusammenhang mit dem Bologna-Prozess in Deutschland und anderen europäischen Ländern eingeführt und gilt als berufsqualifizierender Abschluss.[98] Ein erworbener Bachelorabschluss berechtigt den Absolventen zu einem anschließenden Masterstudium. „Der Master ist der zweite akademische Grad im mehrstufigen Studiensystem und ebenfalls berufsqualifizierend. Im Gegensatz zum Bachelor berechtigt er auch zur Promotion. Ein Masterstudium dauert zwei bis vier Semester und ergänzt ein grundständiges Studium."[99]

---

[97] http://www.ausbildungplus.de/html/82.php
[98] Vgl. http://wirtschaftslexikon.gabler.de/Archiv/17998/bachelor-v4.html
[99] http://www.ausbildungplus.de/html/82.php

„Über 90% der in AusbildungPlus erfassten Studiengänge bieten bereits den Bachelor als Abschluss an."[100]

„Um die Qualität der Lehre und des Studiums zu sichern, begutachten unabhängige Akkreditierungsagenturen alle Bachelor- und Masterstudiengänge. Erst dann werden sie öffentlich zugelassen. Zur Begutachtung der Studiengänge hat der Akkreditierungsrat in Deutschland international anerkannte Kriterien festgelegt."[101]

Die folgende Abbildung 13 zeigt die in Deutschland zu verwendenden Bachelor-Abschlussbezeichnungen sowie die von der Kultusministerkonferenz zugelassenen Master-Abschlüsse:

| In Deutschland zu verwendende Bachelor- Abschlussbezeichnungen: | Von der Kultusministerkonferenz zugelassene Abschlüsse für die konsekutiven Masterstudiengänge: |
|---|---|
| • Bachelor of Arts (B.A.)<br>• Bachelor of Science (B.Sc.)<br>• Bachelor of Engineering (B.Eng.)<br>• Bachelor of Laws (LL.B.)<br>• Bachelor of Education (B.Ed.)<br>• Bachelor of Fine Arts (B.F.A.)<br>• Bachelor of Music (B.Mus.) | • Master of Arts (M.A.)<br>• Master of Science (M.Sc.)<br>• Master of Engineering (M.Eng.)<br>• Master of Laws (LL.M.)<br>• Master of Fine Arts (M.F.A.)<br>• Master of Music (M.Mus.)<br>• Master of Education (M.Ed.) |

*Abbildung 13: Bachelor- und Masterabschlüsse*[102]

Möglicher dualer Studienabschluss an einer Berufsakademie:

Dual Studierende an einer Berufsakademie erhalten bei erfolgreichem Abschluss eines Dualen Studiums die Bezeichnung Bachelor (BA). Hierbei handelt es sich jedoch nicht um einen akademischen Grad, sondern um eine gleichgestellte staatliche Abschlussbezeichnung.

„Jedoch wurden mit einem Beschluss der Kultusministerkonferenz im Jahr 2004 die Abschlüsse von akkreditierten Bachelorausbildungsgängen an Berufsakademien hochschulrechtlich den Bachelorabschlüssen von Hochschulen gleichgestellt. Somit ist auch mit einem Bachelor, der an einer Berufsakademie erworben wurde, ein weiterführendes Masterstudium möglich."[103]

---

[100] http://www.ausbildungplus.de/html/82.php
[101] http://www.ausbildungplus.de/html/82.php
[102] In Anlehnung an http://www.ausbildungplus.de/html/82.php
[103] http://www.ausbildungplus.de/html/82.php

Möglicher dualer Studienabschluss an einer Verwaltungs- und Wirtschaftsakademie:

„Anders sieht das bei den Verwaltungs- und Wirtschaftsakademien aus. Interessenten sollten sich hier umfassend über die zu erreichenden Abschlüsse der jeweiligen Angebote informieren, da VWA-Abschlüsse nicht als akademische oder ihnen gleichgestellte Abschlüsse anerkannt werden. Daher haben etliche VWAs Kooperationsverträge mit Hochschulen abgeschlossen, um den staatlich anerkannten Bachelor vergeben zu können."[104]

Bei Abschlüssen an Verwaltungs- und Wirtschaftsakademien handelt es sich folglich nicht um akademische Grade oder ihnen gleichgestellte Abschlüsse sondern „lediglich" um Weiterbildungsabschlüsse, z.B.: Betriebswirt/-in (VWA) und Verwaltungs-Betriebswirt/-in (VWA). Aufgrund dessen kooperieren viele Verwaltungs- und Wirtschaftsakademien mit Berufsakademien, Fachhochschulen und Hochschulen, so dass parallel zum VWA-Studium ein Bachelor-Abschluss erworben werden kann.

### 3.7.2  Mögliche Ausbildungsabschlüsse

Wie in Kapitel 3.4.1 erläutert, wird das Studium bei ausbildungsintegrierten dualen Studiengängen mit einer beruflichen Ausbildung verbunden. So erhält der dual Studierende bei erfolgreichem Abschluss zusätzlich zu seinem Studienabschluss an einer Universität, Fachhochschule, Berufsakademie oder Verwaltungs- und Wirtschaftsakademie auch parallel einen zweiten Abschluss in einem anerkannten Ausbildungsberuf.

„Die Berufsausbildung hat die für die Ausübung einer qualifizierten beruflichen Tätigkeit in einer sich wandelnden Arbeitswelt notwendigen beruflichen Fertigkeiten, Kenntnisse und Fähigkeiten (berufliche Handlungsfähigkeit) in einem geordneten Ausbildungsgang zu vermitteln. Sie hat ferner den Erwerb der erforderlichen Berufserfahrungen zu ermöglichen."[105]

Nicht alle Ausbildungsberufe eignen sich jedoch für die Kombination innerhalb eines ausbildungsintegrierenden dualen Studiengangs. Voraussetzung ist die Möglichkeit einer

---

[104] http://www.ausbildungplus.de/html/82.php
[105] §1(3) BBiG

organisatorischen und insbesondere inhaltlichen Verknüpfung von Berufsausbildung und Studium.

Laut AusbildungPlus ist die häufigste Kombination ein BWL-Studium in Verbindung mit einer kaufmännischen Ausbildung. Die zweit- bzw. dritthäufigsten Fachrichtungen von dualen Studiengängen Informatik sowie Maschinenbau/Verfahrenstechnik werden oft mit einer Berufsausbildung im technischen Bereich kombiniert.[106]

Jedoch gibt es aufgrund der hohen Zahl an Fachrichtungen und der inhaltlichen Breite innerhalb der verschiedenen Fachrichtungen etliche korrespondierende Ausbildungsberufe.

In Abbildung 14 werden nun folgend exemplarisch einige duale Studiengänge an verschiedenen Studieneinrichtungen mit ihren jeweils korrespondierenden Ausbildungsberufen aufgezeigt:

| Studieneinrichtung | Dualer Studiengang | Möglicher Abschluss | Kombinierbare Ausbildungsberufe |
|---|---|---|---|
| Fachhochschule der Wirtschaft Bergisch Gladbach (FHDW) | Betriebswirtschaft/ Business Administration (B.A.) | Bachelor of Arts | <ul><li>Automobilkaufmann/frau</li><li>Bürokaufmann/frau</li><li>Industriekaufmann/frau</li><li>Kaufmann/frau - im Groß- und Außenhandel (Außenhandel)</li><li>Kaufmann/frau - im Groß- und Außenhandel (Großhandel)</li><li>Steuerfachangestellte(r)</li></ul> |
| Fachhochschule Münster | Angewandte Informatik | Bachelor of Science | <ul><li>Fachinformatiker/in (Anwendungs-entwicklung)</li><li>Fachinformatiker/in (Systemintegration)</li></ul> |
| Verwaltungs- und Wirtschafts-Akademie Südöstliches Westfalen | Betriebswirt/in (VWA) | Betriebswirt/in (VWA) | <ul><li>Bürokaufmann/frau</li><li>Industriekaufmann/frau</li><li>Kaufmann/frau - im Groß- und Außenhandel (Außenhandel)</li><li>Kaufmann/frau - im Groß- und Außenhandel (Großhandel)</li><li>Kaufmann/frau im Einzelhandel</li></ul> |

*Abbildung 14: Beispiel für kombinierbare Ausbildungsberufe*[107]

Als Fazit bleibt hierbei festzuhalten, dass bei einem Dualen Studium bei der Mehrzahl der Studienrichtungen jeweils eine Vielzahl an korrespondierenden Ausbildungsberufen möglich ist.

---

[106] Vgl. http://www.ausbildungplus.de/html/76.php
[107] Eigene Darstellung in Anlehnung http://www.ausbildungplus.de/webapp/index.php/suchedualstud/ergebnisseDualstud

## 3.8 Voraussetzungen

Im Vorfeld eines Dualen Studiums müssen Grundvoraussetzungen erfüllt werden. Die gestellten Anforderungen an die beteiligten Parteien dualer Studiengänge sind sehr umfangreich und vielfältig. Sowohl die möglichen Studenten, die anbietenden Studieneinrichtungen als auch die kooperierenden Unternehmen müssen vorab eine Vielzahl an Voraussetzungen erfüllen.

Im Anschluss folgt eine Aufzählung und Beschreibung der wichtigsten Voraussetzungen für die möglichen Studenten, die anbietenden Studieneinrichtungen und auch für die kooperierenden Unternehmen.

### 3.8.1 Voraussetzungen für Studierende

Um ein Duales Studium aufnehmen zu können, müssen die Bewerber bestimmte, je nach Studieneinrichtung unterschiedliche, Voraussetzungen erfüllen und vorweisen können.

Die Voraussetzungen für die Studierenden werden nun folgend in fachliche, vertragliche und personelle Voraussetzungen unterschieden.

Fachliche Voraussetzungen für dual Studierende:

Die fachlichen Voraussetzungen für Bewerber eines Dualen Studiums richten sich in erster Linie nach der gewählten bzw. anbietenden Studieneinrichtung.

Während für ein Duales Studium an einer Universität oder Hochschule die allgemeine bzw. fachgebundene Hochschulreife, das Abitur als generelle Voraussetzung gilt, genügt für ein Duales Studium an einer Fachhochschule auch die Fachhochschulreife. Bei einem dualen Studiengang an einer Berufsakademie gelten die gleichen Zugangsvoraussetzungen wie im Hochschulbereich.[108] Die dualen Studiengänge an Verwaltungs- und Wirtschaftsakademien

---

[108] Vgl. Wissenschaftsrat, Duale Studiengänge an Fachhochschulen, 1997, S. 25f

richten sich an Berufstätige mit und ohne Abitur, die parallel zur Berufstätigkeit ein Studium auf Universitätsniveau absolvieren wollen. Zusätzliche weitere Voraussetzungen sind speziell von der jeweiligen Studieneinrichtung abhängig.

Vertragliche Voraussetzungen für dual Studierende:

Abhängig vom Studientyp sind verschiedene vertragliche Voraussetzungen zu erfüllen. So erfordert ein ausbildungsintegrierender dualer Studiengang einen abgeschlossenen Ausbildungsvertrag mit einem kooperierenden Unternehmen. Bei praxisintegrierenden dualen Studiengängen ist eine vertragliche Bindung an ein Unternehmen in Form eines Arbeits- oder Praktikantenvertrages Voraussetzung. Berufsintegrierende und berufsbegleitende duale Studiengänge haben per Definition entweder einen Teilzeit- bzw. Vollzeitarbeitsvertrag als Grundlage.

Personelle Voraussetzungen für dual Studierende:

Im Rahmen eines Dualen Studiums werden natürlich auch an den zukünftigen dual Studierenden personelle Voraussetzungen gestellt.

Da ein Duales Studium hohe Anforderungen und eine hohe Leistungsbereitschaft der dual Studierenden erfordert, sind dementsprechend auch die Anforderungen von Seiten der anbietenden Unternehmen an die Bewerber für einen solchen Studienplatz sehr hoch. Meistens wird ein gutes bis sehr gutes Abitur bzw. eine gute bis sehr gute Fachhochschulreife mit besonderem Augenmerk auf studiumsrelevante Fächer erwartet sowie hohes Engagement, Leistungsbereitschaft und Teamfähigkeit der Bewerber vorausgesetzt. So legen die Unternehmen laut AusbildungPlus nicht nur Wert auf gute Zeugnisnoten sondern auch großen Wert auf Sozialkompetenzen wie Engagement, Selbständigkeit, Flexibilität und Lernbereitschaft.[109]

---

[109] Vgl. http://www.ausbildungplus.de/html/2230.php

Zusätzlich können kooperierende Unternehmen weitere Anforderungen an die Bewerber stellen. Diese sind speziell auf die Betriebe abgestimmt und folglich individuell von Unternehmen zu Unternehmen verschieden, wie z.b.: Fremdsprachenkenntnisse, etc.

### 3.8.2 Voraussetzungen für kooperierende Unternehmen

Die Voraussetzungen für die kooperierenden Unternehmen werden nun folgend in inhaltliche Voraussetzungen, Anforderungen im Bezug auf die Kooperation und dem Kooperationsvertrag unterschieden.

Inhaltliche Voraussetzungen:

Laut AusbildungPlus bestehen inhaltliche Voraussetzungen in der personellen und sachlichen Eignung der Unternehmen bzw. der Mitarbeiter der Unternehmen für die inhaltliche Übermittlung der Ausbildungsinhalte. Des Weiteren muss das kooperierende Unternehmen eine verantwortliche Person, mit der entsprechenden Qualifikation, benennen und abstellen, die die Studierenden während des Studiums begleitet und den Kontakt zu der Studieneinrichtung hält. Außerdem ist Vermittlung der vereinbarten (praktischen) Studieninhalte innerhalb der vorgesehenen Ausbildungszeit eine Grundvoraussetzung. Diese werden in den einzelnen Studienordnungen der jeweiligen Hochschule/Akademie sowie in den im Bundesgesetzblatt enthaltenen Ausbildungsordnungen präzise benannt. Wenn nicht alle gerade aufgeführten geforderten Kriterien vom Unternehmen erfüllt werden können, so ist eine Zusammenarbeit mit geeigneten Partnerunternehmen i.d.R. möglich und von den kooperierenden Studieneinrichtungen erwünscht.[110]

Ein Duales Studium stellt somit nicht nur, wie schon beschrieben, hohe Anforderungen und eine hohe Leistungsbereitschaft an die dual Studierenden, sondern auch an die kooperierenden Unternehmen. So hat der Betrieb eine qualifizierte Kontaktperson zu benennen, die sowohl für die dual Studierenden als auch für die Studieneinrichtung als Ansprechpartner zur Verfügung steht. Des Weiteren muss ein reibungsloser Ablauf der Vermittlung der praktischen Studieninhalte gewährleistet werden, was eine inhaltliche Abstimmung zwischen

---

[110] Vgl. http://www.ausbildungplus.de/html/90.php

Unternehmen und Studieneinrichtung erfordert. Zusätzlich ist der Betrieb bei ausbildungsintegrierenden Studiengängen auch für die Vermittlung der Ausbildungsinhalte bzw. für den betrieblichen Teil der Berufsausbildung verantwortlich. „Die kooperierenden Unternehmen ihrerseits müssen z.b. trotz der kürzeren Ausbildungszeiten eine überzeugende betriebliche Ausbildung für den Teilnehmer gewährleisten."[111]

Anforderungen in Bezug auf die Kooperation mit den Studieneinrichtungen:

Laut AusbildungPlus ist z.B. die Feststellung der Eignung des Betriebes durch eine Kommission der Hochschule/Akademie eine Grund-voraussetzung für die mögliche Kooperation zwischen Unternehmen und Studieneinrichtung. Des Weiteren muss die Freistellung der Studierenden während der Vorlesungszeit gewährleistet werden. Somit ist nicht nur eine inhaltliche sondern auch eine zeitliche Abstimmung zwischen Unternehmen und Studieneinrichtung erforderlich. Ziel hierbei ist ein für den dual Studierenden harmonischer Arbeits- und Studienplan. Auch eine Beteiligung an der Bewertung einzelner Prüfungsleistungen des kooperierenden Unternehmens im Rahmen der Möglichkeiten steigert die Verknüpfung von theoretischer und praktischer Ausbildung sowie die Kooperation mit der Studieneinrichtung.[112]

Voraussetzung: Kooperationsvertrag:

Ein Duales Studium stellt viele unterschiedliche Voraussetzungen an die kooperierenden Unternehmen. Sowohl die inhaltlichen Voraussetzungen als auch die Anforderungen im Bezug auf die Kooperation mit den Studieneinrichtungen können nur durch eine enge Zusammenarbeit und Absprachen zwischen Unternehmen und Studieneinrichtung erfüllt werden.

„Die Kooperation zwischen Unternehmen und Hochschule bzw. Berufsakademie regelt üblicherweise ein Kooperationsvertrag. Dieser beschreibt im Wesentlichen den Gegenstand des Vertrages, die Vertragsdauer, die Durchführung des Studiums, die Pflichten des Unternehmens und des Studierenden, die Ausbildungszeit, die Vergütung und sonstige

---

[111] Leuthold, D., Duale Studiengänge, Schriftenreihe des BIBB, Bertelsmann, Bonn 2005, S. 153
[112] Vgl. http://www.ausbildungplus.de/html/90.php

Leistungen. In der Regel stellen die Hochschulen bzw. Akademien zu jedem dualen Studiengang einen entsprechenden Kooperationsvertrag zur Verfügung."[113]

Der Kooperationsvertrag zwischen Unternehmen und Studieneinrichtung bildet somit die rechtliche Basis der Kooperation bei dualen Studiengängen und ist somit auch als Grundvoraussetzung anzusehen. Ein Beispiel eines solches Kooperationsvertrages findet man u.a. auf der Internetseite der Dualen Hochschule Baden-Württemberg.

### 3.8.3 Voraussetzungen für Studieneinrichtungen

Wie schon bei den Voraussetzungen der Unternehmen beschrieben, regelt üblicherweise ein sogenannter Kooperationsvertrag zwischen Unternehmen und Studieneinrichtung die Zusammenarbeit der beiden Parteien in Bezug auf ein Duales Studium. Folglich bildet dieser die Basis der Kooperation bei dualen Studiengängen und ist somit auch als Grundvoraussetzung für die anbietenden Studieneinrichtungen anzusehen.

„Duale Studiengänge sollen auf Grundlage von Verträgen im Kooperationsverbund von Hochschule und Betrieb gemeinsam getragen werden. Dies erfordert sowohl eine strukturell-organisatorische als auch eine fachlich-inhaltliche Abstimmung zwischen den Kooperationspartnern."[114]

Unter strukturell-organisatorischer und fachlich-inhaltlicher Abstimmung zwischen den Kooperationspartnern ist eine sowohl inhaltliche, als auch eine zeitliche Abstimmung zwischen Unternehmen und Studieneinrichtung zu verstehen.

Hierbei muss u.a. eine Aufgabenverteilung der Wissensvermittlung erfolgen, wobei i.d.R. die Vermittlung des theoretischen Wissens von den Studieneinrichtungen und die Weitergabe des praktischen Wissens von den kooperierenden Unternehmen übernommen werden. Des Weiteren ist bei berufsintegrierenden und berufsbeleitenden Studiengängen die Berufstätigkeit (Vollzeit oder Teilzeit), bei praxisintegrierenden Studiengängen die Praxisphasen und bei ausbildungsintegrierenden Studiengängen die Berufsausbildung der Studierenden auch zeitlich und inhaltlich abzustimmen und somit in ein duales Studium zu

---

[113] http://www.ausbildungplus.de/html/90.php
[114] Wissenschaftsrat, Duale Studiengängen an Fachhochschulen, 1997, S. 33

integrieren. Ebenfalls ist auf die Qualität der Lehre zu achten. Die Qualität des Studiums darf aufgrund des dualen Ablaufs nicht schlechter werden als bei einem vergleichbaren Standard-Studiengang.

„Die Fachhochschulen und Akademien müssen z.B. einen anerkannten Studienabschluss anbieten, der auch im Vergleich mit den „normalen" Fachhochschulabschlüssen bestehen kann."[115]

Sowohl die inhaltlichen Voraussetzungen als auch die Anforderungen in Bezug auf die Kooperation mit den Studieneinrichtungen können nur durch eine enge Zusammenarbeit und Absprachen zwischen Unternehmen und Studieneinrichtung erfüllt werden. So bietet sich auch in den Studieneinrichtungen die Implementierung einer qualifizierten Kontaktperson an, die sowohl für die dual Studierenden, das Lehrpersonal als auch für die kooperierenden Unternehmen als Ansprechpartner und Informationsstelle zur Verfügung steht.

### 3.8.4 Die vertraglichen Voraussetzungen

Im folgenden Kapitel werden die wichtigsten vertraglichen Voraussetzungen nochmals aufgegriffen und die Kooperation bzw. das Zusammenspiel zwischen den beteiligten Parteien anhand von Abbildung 15 anschaulich dargestellt und anschließend erläutert.

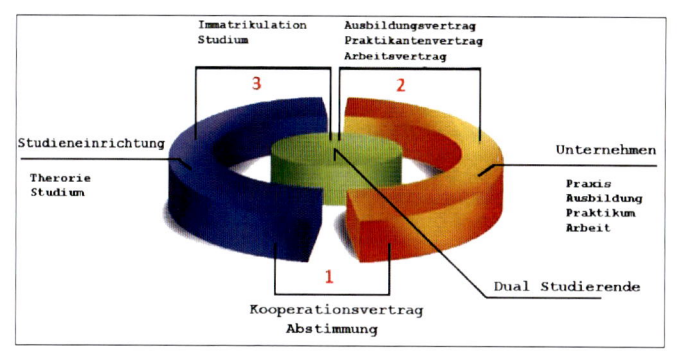

*Abbildung 15: Grafische Darstellung der Kooperation*[116]

---

[115] Leuthold, D., Duale Studiengänge, Schriftenreihe des BIBB, Bertelsmann, Bonn 2005, S. 153
[116] In Anlehnung an http://www.fhwt.de/front_content.php?idcat=22

Kooperationsvertrag: (1)

Grundlage bildet bei dualen Studiengängen die Kooperation von Unternehmen mit Studieneinrichtungen mit dem Ziel die Studierenden praxisnah und berufsorientiert auszubilden. „Die Kooperation zwischen Unternehmen und Hochschule bzw. Berufsakademie regelt üblicherweise ein Kooperationsvertrag. Dieser beschreibt im Wesentlichen den Gegenstand des Vertrages, die Vertragsdauer, die Durchführung des Studiums, die Pflichten des Unternehmens und des Studierenden, die Ausbildungszeit, die Vergütung und sonstige Leistungen."[117]

Ausbildungsvertrag, Praktikantenvertrag, Arbeitsvertrag: (2)

„Wo Löhne gezahlt und Arbeit geleistet wird, müssen die rechtlichen Beziehungen zwischen den Parteien eindeutig geregelt werden. Deswegen ist das wichtigste Element eines dualen Studiums auch nicht die Immatrikulation, sondern der Arbeitsvertrag mit einem Unternehmen. Darin vereinbaren Student und Firma die Dauer der Ausbildung, ihre Inhalte, die Vergütung usw. An den meisten Hochschulen ist ein Ausbildungsvertrag eine Zulassungsvoraussetzung für ein Duales Studium."[118]

Die Vertragsarten variieren je nach gewähltem dualem Studiengangstyp. Ein ausbildungsintegrierender dualer Studiengang erfordert einen abgeschlossenen Ausbildungsvertrag mit einem kooperierenden Unternehmen. Bei praxisintegrierenden dualen Studiengängen ist eine vertragliche Bindung an ein Unternehmen in Form eines Arbeits- oder Praktikantenvertrages Voraussetzung. Berufsintegrierende und berufsbegleitende duale Studiengänge haben per Definition entweder einen Teilzeit- bzw. Vollzeitarbeitsvertrag als Grundlage.

---

[117] http://www.ausbildungplus.de/html/90.php
[118] http://www.studium-ratgeber.de/duales-studium-allgemein.php#5

Immatrikulation: (3)

„Die Einschreibung oder Immatrikulation an einer Hochschule ist ein Verwaltungsvorgang, bei dem eine Person als Student an der Hochschule aufgenommen und damit Mitglied dieser Hochschule wird."[119]

Immatrikulation bedeutet die Einschreibung eines Studienbewerbers in einen bestimmten Studiengang an einer Studieneinrichtung. Durch die Immatrikulation bestätigt die Studieneinrichtung die Aufnahme des Bewerbers und dieser erlangt dadurch den Studierendenstatus. Somit ist diese Voraussetzung weniger als ein Vertrag, sondern, wie angesprochen, als ein notwendiger Verwaltungsvorgang anzusehen.

## 3.9 Ablauf bzw. Bewerbungsablauf

„Wer sich für ein duales Studium interessiert, muss zunächst ein Unternehmen finden, dass ihn während der Praxisphasen ausbildet. Die Bewerbung für einen dualen Studienplatz erfolgt deshalb bei den Ausbildungsbetrieben, die im gewünschten Studiengang mit der Akademie oder Hochschule zusammen arbeiten."[120]

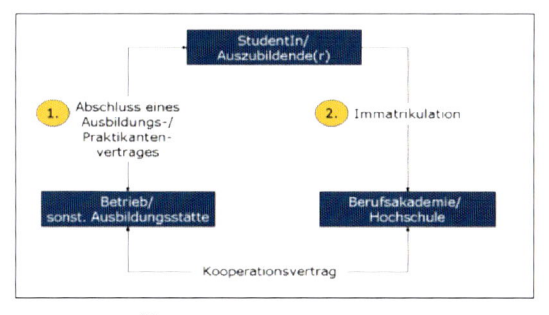

*Abbildung 16: Ablauf*[121]

---

[119] http://de.wikipedia.org/wiki/Immatrikulation
[120] http://www.ausbildungplus.de/html/2230.php
[121] http://www.studis-online.de/StudInfo/duales_studium.php?seite=3

Während die Bewerbung für ein „normales" Studium direkt über die Universität, Hochschule oder Fachhochschule läuft, stellt sich der Ablauf der Bewerbung für einen dualen Studiengang komplexer dar.

Wie in Abbildung 16 „Ablauf" dargestellt, muss sich der Studienanwärter für einen dualen Studiengang nach dem Erreichen seiner fachlichen Qualifikation, zunächst bei einem Unternehmen bewerben, das duale Studiengänge in Kooperation mit einer entsprechenden Studieneinrichtung anbietet. Nachdem ein Ausbildungs- oder Praktikantenvertrag zwischen dem zukünftig dual Studierenden und dem kooperierenden Betrieb (1) zustande gekommen ist, kann die Einschreibung/Immatrikulation (2) an einer Hochschule oder Berufsakademie erfolgen.

## 3.10 Möglichkeiten zur Information und Kontaktaufnahme

Im folgenden Kapitel werden Optionen zur Informationsgewinnung der potentiell beteiligten Parteien und mögliche Wege der Kontaktaufnahme zwischen ihnen aufgezeigt.

Zum besseren Verständnis wird hierbei die Informationsgewinnung und Kontaktaufnahme

- zwischen Schulabgängern und Studieneinrichtungen bzw. Unternehmen
- und zwischen Unternehmen und Studieneinrichtungen

differenziert betrachtet.

Informationsgewinnung und Kontaktaufnahme zwischen Schulabgängern und Studieneinrichtungen/Unternehmen:

Zuerst wird folgend die Informationsgewinnung und Kontaktaufnahme von Schulabgängern und Studieneinrichtungen/Unternehmen betrachtet und ein Versuch unternommen, folgende Fragen zu beantworten:

- Wie bzw. wodurch erfährt der Schulabsolvent von der Möglichkeit eines Dualen Studiums?
- Wie erhält er Informationen über Voraussetzungen, Ablauf, etc. von dualen Studiengängen?
- Und wie bekommt er Kontakt zu anbietenden, kooperierenden Unternehmen?

Für Schüler, also die potentiellen dual Studierenden von morgen, gibt es eine Vielzahl von Möglichkeiten zur Informationsgewinnung und Kontaktaufnahme:

Eine bedeutende Rolle bei der Informations- und Kontaktvermittlung spielt hierbei die Agentur für Arbeit. „Die Bundesagentur für Arbeit (BA) erfüllt für die Bürgerinnen und Bürger sowie für Unternehmen und Institutionen umfassende Dienstleistungsaufgaben für den Arbeits- und Ausbildungsmarkt."[122]

Als Informationsquelle für duale Studiengänge sind die Berufsinformationszentren der jeweiligen Arbeitsagentur, kurz BiZ, sehr hilfreich. In jeder Agentur für Arbeit gibt es eine derartige Informationsstelle, dort können sich Schüler über alles, was mit Ausbildung, Studium, Beruf, Weiterbildung und Existenzgründung zu tun hat, folglich auch über duale Studiengänge sowie anbietende Unternehmen und kooperierende Studieneinrichtungen, selbst informieren und nach passenden Ausbildungs- und Arbeitsplätzen suchen. Eine Übersicht über die Standorte der Arbeitsagenturen und somit der Berufsinformationszentren kann man der Internetseite der Arbeitsagentur oder der entsprechenden BiZ-Adressenliste entnehmen. Zusätzlich sind auch mobile Berufsinformationszentren (BiZ-MOBIL) zum Beispiel in Schulen (im Rahmen der Berufsorientierung an Schulen) oder auf Berufswahlmessen unterwegs. Wann und wo ein BiZ-MOBIL eingesetzt wird, kann man bei der Agentur für Arbeit erfahren.[123]

Eine weitere tragende Rolle in Bezug auf die Informations- und Kontaktvermittlung kommt den Schulen zu. Diese bieten oftmals für ihre Abgangsjahrgänge eine Berufs- und Studiumsberatung an. Diese kann durch Kooperationen mit den BiZ, durch den Besuch von Ausbildungs- und Weiterbildungsmessen oder von verschieden Studieneinrichtung erfolgen.

Die eben erwähnten Ausbildungs- und Weiterbildungsmessen bieten eine hervorragende Option zur Informationsgewinnung und Kontaktaufnahme. Denn dort präsentieren Unternehmen und Hochschulen ihre Ausbildungsberufe und Studiengänge mit der Möglichkeit der direkten Kontaktaufnahme. Informationen und Termine hierfür sind den entsprechenden Internetseiten der jeweiligen Messe zu entnehmen z.B.: http://www.einstieg.com.

---

[122] http://www.arbeitsagentur.de/nn_27298/Navigation/zentral/Servicebereich/Ueber-Uns/Ueber-Uns-Nav.htm
[123] Vgl. http://www.arbeitsagentur.de/nn_26266/Navigation/zentral/Buerger/Zwischenzeit/BIZ/BIZ-Nav.html#d1.2

Eine besondere Form der Ausbildungs- und Weiterbildungsmesse ist die Webmesse. Unter http://www.einstieg.com/webmesse findet man eine virtuelle Messe zur Berufsorientierung. Dies ist die erste virtuelle Berufsorientierungsmesse in Deutschland und ermöglicht den Interessenten rund um die Uhr Informationen, Kontakte zu den Unternehmen und Hochschulen sowie Vorträge und eine Übersicht über freie Ausbildungsplätze.

Auch „Tage der offenen Tür" an Hochschulen oder anderen Studieneinrichtungen dienen zur Informationsgewinnung und Kontaktherstellung. Termine hierfür findet man auf den Internetseiten der jeweiligen Studieneinrichtung.

Des Weiteren bieten dem interessierten Schüler diverse Internetseiten die Möglichkeit Informationen und Kontakte zu erhalten. Im Anschluss erfolgt eine Aufzählung einiger informativer Internetseiten:

- http://www.ausbildung-plus.de
- http://www.abi.de
- http://www.studienwahl.de
- http://www.hochschulkompass.de
- http://www.studienrichtung.de
- http://www.studienwahl.de
- http://www.studieren.de

Als Möglichkeiten zur Informationsgewinnung und Kontaktaufnahme zählen natürlich auch die Internetseiten der Studieneinrichtungen und der potentiellen Unternehmen.

Informationsgewinnung und Kontaktaufnahme zwischen Unternehmen und Studieneinrichtungen:

Wie in Kapitel 3.8 „Voraussetzungen" schon angesprochen, bildet die Kooperation und somit ein Kooperationsvertrag die Basis zwischen Studieneinrichtung und kooperierenden Unternehmen. Bleibt also folglich noch zu klären, wie dieser Kontakt zustande kommt und welche Möglichkeiten der Informationsgewinnung diesen beiden Parteien zur Verfügung stehen.

Im Normalfall geht die Kontaktaufnahme von den anbietenden Studieneinrichtungen aus. Diese Suche nach potentiellen Kooperationsunternehmen geschieht im Rahmen des Ausbaus und der Optimierung des Angebotes an dualen Studiengängen. Ein kooperierendes

Unternehmen ist eine der Grundvoraussetzungen für ein duales Studium und somit die Suche, die Kontaktherstellung bis hin zum Kooperationsvertrag für die Studieneinrichtung von elementarer Bedeutung.

Die Kontaktaufnahme geschieht i.d.R. nach eingehender Recherche über einen persönlichen Kontakt zwischen dem Verantwortlichen für duale Studiengänge der Studieneinrichtung und den Unternehmensverantwortlichen. Dementsprechend seltener geht die Kontaktaufnahme von interessierten Unternehmen aus. Eine Hilfestellung bei Informationsgewinnung sowie bei der Kontaktaufnahme bietet hierbei oftmals, sowohl für die Studieneinrichtungen als auch für potentielle Unternehmen, die IHK.

## 3.11 Kosten/finanzieller Aufwand

Hinsichtlich der Kosten ist es ebenfalls sinnvoll zwischen den einzelnen am Dualen Studium beteiligten Parteien zu unterscheiden. Denn während duale Studiengänge für die anbietenden Studieneinrichtungen einen zeit- und kostenintensiven Arbeitsaufwand in Bezug auf Planung, Koordination und Durchführung erforderlich machen und folglich Kosten verursachen, bietet ein Duales Studium für den Studierenden sogar eine finanzielle Erleichterung bzw. die Möglichkeit ohne finanziellen Aufwand zu studieren, da die anfallenden Studiengebühren i.d.R. von den kooperierenden Unternehmen getragen werden.

„Eine Studiengebühr oder ein Studienbeitrag ist ein Beitrag, den Studenten regelmäßig entrichten müssen, um am Studium teilnehmen zu dürfen."[124] Die Höhe der Studiengebühren variiert je nach Träger der Studieneinrichtung, während staatliche Hochschulen, je nach Bundesland, bis zu 500 Euro pro Semester verlangen, auch die in Kapitel 4 noch angesprochene Fachhochschule Aachen, sind die Gebühren bei privaten Studieneinrichtungen erheblich höher, laut Profiling - Institut zwischen 3.000 Euro bis 10.000 Euro pro Jahr z.B. an privaten Fachhochschulen, angesiedelt.[125]

Zusätzlich zur Übernahme der Studiengebühren fallen für die kooperierenden Unternehmen aber noch weitere Kosten an. Zum einen zahlen die Unternehmen, abhängig vom Studientyp

---

[124] http://de.wikipedia.org/wiki/Studiengeb%C3%BChr
[125] Vgl. http://www.private-hochschulen24.de/kontakt.html

den dual Studierenden entweder ein Vollzeit- oder Teilzeitgehalt bzw. eine Ausbildungs- oder Praktikantenvergütung und zum anderen verursacht der zeit- und kostenintensive Arbeitsaufwand in Bezug auf Planung, Koordination und Durchführung nicht zu unterschätzende Kosten. Als weiterer zeitintensiver Aufwand und folglich als weiterer Kostenfaktor ist die, durch die lange Dauer und die intensive Zusammenarbeit innerhalb eines Dualen Studiums, vorab notwendige Personalauswahl anzusehen.

Die möglichen anfallenden Kosten für die kooperierenden Unternehmen werden im Rahmen einer Kosten/Nutzen – Analyse in Kapitel 3.15 nochmals ausführlicher aufgeführt und beschrieben.

## 3.12 Vor- und Nachteile des Dualen Studiums

Im folgenden Kapitel werden die Vor- und Nachteile eines Dualen Studiums einzeln, jeweils für die dual Studierenden, die anbietenden Studieneinrichtungen und insbesondere für die kooperierenden Unternehmen herausgearbeitet, aufgezählt und erläutert. Die nachfolgend aufgeführten Vor- und Nachteile sind das Resultat eingehender und ausführlicher Literatur- und Onlinerecherche sowie persönlicher Gespräche mit Unternehmen, Studieneinrichtungen und dual Studierenden. Zuerst werden die jeweiligen allgemeinen Vor- und Nachteile anhand von Zitaten und Erläuterungen auf Basis und in Reihenfolge der gerade angesprochenen Recherchemethoden aufgezeigt und beschrieben. Abschließend erfolgt jeweils eine stichwortartige Zusammenfassung bzw. Gegenüberstellung der bestehenden Vor- und Nachteile in tabellarischer Form.

*3.12.1 Vor- und Nachteile für dual Studierende*

### 3.12.1.1 Vorteile für dual Studierende

Dieter Leuthold zeigt in seinem Artikel: Duale Studiengänge: Ein Modell für die Hochschule?, erschienen in der Schriftenreihe des BIBB, folgende Vorteile eines Dualen Studiums für die Studierenden auf:

> „Das Studium ist durch inhaltliche Verzahnung und Organisation von Ausbildung und Studium effektiv und effizient durchstrukturiert. Die Studierenden erhalten somit eher einen Abschluss als auf dem herkömmlichen Bildungsweg. Des Weiteren profitieren Teilnehmer dualer Studiengänge von einem doppelten Abschluss. Sie erhalten das Diplom und einen Abschluss in einem anerkannten Ausbildungsberuf."[126]

Der Autor geht hier speziell auf die Vorzüge und die möglichen Vorteile eines ausbildungsintegrierenden dualen Studiengangs ein. Da bei dieser Studienform ein Studium mit einer beruflichen Ausbildung verbunden wird und der dual Studierende somit zusätzlich zu seinem Studienabschluss auch parallel einen zweiten Abschluss in einem anerkannten Ausbildungsberuf erhält, verweist Dieter Leuthold explizit auf die, in der Parallelität der Ausbildung begründete, mögliche Zeitersparnis hin.

> „Die Studienbedingungen sind sehr gut, da Studierende Dualer Studiengänge meist in kleinen Lerngruppen studieren. Ihr theoretisches Wissen können sie sofort in ihrem Ausbildungsbetrieb anwenden."[127]

Allgemein bieten duale Studiengänge den Studierenden aufgrund der inhaltlichen und organisatorischen Abstimmung sowie aufgrund der meist kleinen Lerngruppen innerhalb der Studieneinrichtung folglich sehr gute Studienbedingungen. Ebenfalls durch die enge Kooperation begründet, besticht ein Duales Studium durch einen hohen Praxisbezug und der Möglichkeit eines Theorie-Praxis-Transfers, in dem das in der Studieneinrichtung erlernte theoretische Wissen direkt im praktischen beruflichen Alltag ein- und umgesetzt werden kann. So verhindern duale Studiengänge, dass sich Studiengänge, wie schon eingangs angesprochen, zu theorielastig und praxisfern entwickeln.

---

[126] Leuthold, D., Duale Studiengänge, Schriftenreihe des BIBB, Bertelsmann, Bonn 2005, S. 155
[127] Leuthold, D., Duale Studiengänge, Schriftenreihe des BIBB, Bertelsmann, Bonn 2005, S. 155

Der Wissenschaftsrat zeigt in seiner Veröffentlichung: Duale Studiengänge an Fachhochschulen folgende Vorteile für die Studierenden auf:

> „Studieninteressenten und Studierende, die in besonderem Maße eine stark praxisorientierte, gleichwohl wissenschaftsbasierte Ausbildung anstreben, finden in dualen Studienangeboten entsprechende, mit unterschiedlichen Zertifikaten abschließende Alternative zu herkömmlichen Studiengängen, die ihnen schon früh intensive Erfahrungen in der Praxis eröffnen."[128]

Ein Duales Studium bietet die Möglichkeit die wissenschaftliche Lehre einer entsprechenden Studieneinrichtung mit Praxiserfahrung oder sogar einer Ausbildung in einem Unternehmen zu verknüpfen. Dadurch wird der dual Studierende zweigleisig d.h. sowohl theoretisch als auch praktisch und somit praxisnah und berufsorientiert ausgebildet. Diese Verbindung einer berufspraktischen Ausbildung mit einem theoretischen Studium hat einen hohen, und auf die Bedürfnisse der Unternehmen ausgerichteten Praxisbezug zur Folge, was die Übernahme- und Karrierechancen der Absolventen extrem erhöht.

> „Es darf nicht verschwiegen werden, dass die finanzielle Absicherung durch Ausbildungs-, Praktikanten-/Volontariats- oder Teilzeitverträgen den Studierenden vielfach eine finanzielle Unabhängigkeit von ihren Eltern ermöglicht."[129]

Bei dualen Studiengängen zahlt das Unternehmen dem Studierenden/Auszubildenden, während der gesamten Studien- bzw. Ausbildungsdauer je nach dualem Studientyp ein Vollzeit- bzw. Teilzeitgehalt oder eine Ausbildungs- bzw. Praktikantenvergütung und übernimmt i.d.R. auch die anfallenden Studiengebühren.

Der Wissenschaftsrat zeigt zusätzlich folgende spezielle Vorteile der unterschiedlichen dualen Studientypen auf:

> „So ermöglichen ausbildungsintegrierende Studiengänge einen deutlichen Zeitgewinn gegenüber dem konsekutiven Durchlaufen von Lehre und Studium."[130]

---

[128] Wissenschaftsrat, Duale Studiengänge an Fachhochschulen, 1997, S. 29f
[129] Wissenschaftsrat, Duale Studiengänge an Fachhochschulen, 1997, S. 30
[130] Wissenschaftsrat, Duale Studiengänge an Fachhochschulen, 1997, S. 30

Ausbildungsintegrierende duale Studiengänge verbinden ein Studium mit einer beruflichen Ausbildung. Dadurch hat der dual Studierende die Möglichkeit parallel, also zeitgleich, zusätzlich zu seinem Studienabschluss an einer Studieneinrichtung, auch einen zweiten Abschluss in einem anerkannten Ausbildungsberuf zu erwerben.

> „Bereits Berufsqualifizierten ermöglichen berufsintegrierende Studiengänge eine wissenschaftsbasierte Weiterqualifizierung bei gleichzeitiger Arbeitsplatzsicherheit, so dass diesen Studiengängen auch vor dem Hintergrund der Gleichwertigkeit der allgemeinen und beruflichen Bildung Bedeutung zukommt."[131]

Berufsintegrierende und auch berufsbegleitende duale Studiengänge sind für Studieninteressenten mit abgeschlossener Berufsausbildung konzipiert, die neben ihrer beruflichen Vollzeit- oder Teilzeittätigkeit eine praxisnahe Weiterbildung in Form eines Studiums absolvieren möchten ohne aus dem Unternehmen bzw. aus einem bestehenden Arbeitsvertrag ausscheiden zu müssen.

Das Internetportal AusbildungPlus des BIBB beschreibt die Vorteile wie folgt:

> „Durch die Kombination von Praxis und Wissenschaft erwirbt man in einem dualen Studiengang ein hohes Maß an Handlungs- und Sozialkompetenzen, die für ein erfolgreiches Arbeitsleben immer wichtiger werden. Die wichtigsten Vorteile sind:
> - große Praxisnähe,
> - kurze Studiendauer,
> - sehr gute Studienbedingungen sowie
> - verbesserte Arbeitsmarkt- und Karrierechancen."[132]

In Bezug auf AusbildungPlus bestehen die Vorteile von dualen Studiengängen für Studierende in der großen Praxisnähe des Studiums, der kurzen Studiendauer, den meist sehr guten Studienbedingungen und den daraus resultierenden verbesserten Arbeitsmarkt- und Karrierechancen.

---

[131] Wissenschaftsrat, Duale Studiengänge an Fachhochschulen, 1997, S. 30
[132] http://www.ausbildungplus.de/html/33.php

Die eben erwähnte große Praxisnähe ist das Ergebnis eines direkten Theorie-Praxis-Transfers und der kontinuierlichen beruflichen Anwendung des fachwissenschaftlichen Wissens im Unternehmen. Der dual Studierende hat die Möglichkeit, das in der Studieneinrichtung erworbene theoretische Wissen innerhalb des kooperierenden Unternehmens praktisch umzusetzen und anzuwenden. Zusätzlich wird durch die im Dualen Studium übliche systematische Einbindung im Unternehmen die Motivation und Leistungsfähigkeit der dual Studierenden erhöht.

Durch die inhaltliche und organisatorische Verzahnung innerhalb eines Dualen Studiums von Ausbildung bzw. Berufspraxis und Studium verkürzt sich die Studiendauer. Die gesamte Ausbildungs- und Studiendauer verkürzt sich und folglich kann der Studierende durch ein Duales Studium Zeit sparen. Bei ausbildungsintegrierenden Studiengängen werden sogar innerhalb von drei bis fünf Jahren zwei Abschlüsse erworben. Zusätzlich zu einem Hochschulabschluss kann der dual Studierende einen Berufsabschluss in einem anerkannten Ausbildungsberuf erwerben. Da die berufliche Ausbildung parallel zum Studium geschieht, verringert sich der Gesamtzeitaufwand um i.d.R. 3 Jahre, d.h. quasi um die normale Dauer der „klassischen" beruflichen Erstausbildung.

Außerdem bietet ein Duales Studium i.d.R. dem Studierenden bedingt durch kleine Studiengruppen an den Studieneinrichtungen und einer guten, intensiven Betreuung der Studierenden durch das Lehrpersonal sehr gute Studienbedingungen. Diese ohnehin schon besseren Rahmenbedingungen werden durch den zumeist zeitlich und organisatorisch gut geregelten Ablauf des dualen Studienangebotes sowie durch die Zahlung einer Ausbildungs- oder Arbeitsvergütung und der Übernahme der Studiengebühren der jeweiligen Einrichtung noch verbessert.

Durch die Kombination von Praxis und Wissenschaft erwirbt der Studierende in einem dualen Studiengang ein hohes Maß an Handlungs- und Sozialkompetenzen, die heutzutage für ein erfolgreiches Arbeitsleben immer wichtiger werden. Aufgrund der sehr guten und praxisorientierten Ausbildung können Absolventen/-innen eines Dualen Studiums nach dem Studium sofort als qualifizierte Fachkräfte eingesetzt werden und anspruchsvolle Aufgaben im Betrieb übernehmen ohne vorher zeit- und kostenintensiv eingearbeitet werden zu müssen.

Absolventen/-innen eines dualen Studiengangs stehen mit dem Hochschulabschluss und der umfangreichen Praxiserfahrung oder dem bei einem ausbildungsintegrierenden Studiengang zusätzlichen erworbenen Berufsabschluss viele Karrierewege offen. Ein erfolgreicher Abschluss eines dualen Studiums verbessert die Arbeitsmarkt- und Karrierechancen und bietet dem Studenten somit sehr gute Job- und Übernahmechancen.[133]

Bei der Online-Recherche, auf anderen Informationsportalen, gefundene, häufig genannte Vorteile für die dual Studierenden sind u.a.:

- Studium und parallele Berufserfahrung, bei den ausbildungsintegrierten Studiengängen sogar ein zusätzlicher Berufsabschluss
- Praxisnahe Studieninhalte, praxisnahe Aus-/Weiterbildung
- Gute Studienbedingungen
- Kontakte in die Wirtschaft
- Sicheres Einkommen während des Studiums
- Finanzielle Absicherung
- Bessere Chancen auf dem Arbeitsmarkt
- Arbeitsplatzsicherheit bei berufsintegrierenden und berufsbegleitenden Studiengängen

Der hierbei am häufigsten genannte Vorteil bezieht sich auf ausbildungsintegrierende duale Studiengänge und besteht in der verkürzten Gesamtausbildungsdauer durch die Möglichkeit der Studierenden parallel Studium und Berufsausbildung zu absolvieren.

Ebenfalls werden oftmals die praxisnahen Studieninhalte, die Kontakte zur Wirtschaft, die dadurch verbesserten Chancen auf dem Arbeitsmarkt sowie die sehr guten Studienbedingungen als positiv angesehen.

Ein weiterer Aspekt ist das sichere Einkommen während des Studiums, das den Studierenden eine gewisse finanzielle Absicherung garantiert.

Des Weitern wird bei berufsintegrierenden und berufsbegleitenden Studiengängen das Weiterbestehen des Arbeitsvertrages, also die Arbeitsplatzsicherheit, als großer Vorteil angesprochen.

---

[133] Vgl. http://www.ausbildungplus.de/html/33.php

Die Agentur für Arbeit Köln beschreibt die Vorteile eines dualen Studiengangs für die Studierenden bei einer Arbeitgeberveranstaltung am 26.06.2010 mit dem Thema: Duales Studium wie folgt:

> „Vorteile des dualen Studiums (aus Sicht des Abiturienten):

- hohe Praxisintegration
- Verzahnung von Theorie und Praxis
- Intensive Betreuung
- finanzielle Unabhängigkeit
- Studium in kleinen Gruppen
- Orientierung am Bedarf der Wirtschaft"[134]

Dr. Lachmann von der Arbeitsagentur Köln sieht die wichtigsten Vorteile für dual Studierende in der hohen Praxisintegration eines Dualen Studiums, der Verzahnung von Theorie und Praxis und der starken Orientierung am tatsächlichen Bedarf der Wirtschaft. Ebenfalls betont er, dass das Studium in kleinen Gruppen sowie die intensive Betreuung der Studierenden sich positiv auf die Qualität des Studiums bzw. der Aus-/Weiterbildung auswirken und folglich auch als Vorteil anzusehen sind. Die finanzielle Unabhängigkeit, durch Übernahme der Studiengebühren und Zahlung eines Gehaltes durch das kooperierende Unternehmen, fördert zusätzlich die Motivation und Leistungsbereitschaft der Studierenden.

Die dual Studierende im Studiengang BWL PLuS, dem dualen Studiengang des Fachbereichs Wirtschaft der Fachhochschule Aachen, gaben bei einer Befragung, mithilfe eines kurzen Fragebogens, u.a. folgende Vorteile an:

Die von den Studierenden am häufigsten genannten Vorteile sind:

- Direkte Verknüpfung von Praxis und Theorie
- Besserer Einblick in die berufliche Praxis
- Sammeln erster Erfahrungen im späteren Arbeitsumfeld
- Besseres Verständnis der theoretischen Grundlagen aufgrund der praktischen Erfahrung
- Sehr gute Berufsaussichten, bessere Berufschancen
- Hohe Übernahmechancen nach dem Studium
- Finanzierung durch das Unternehmen
- Paralleler Erwerb eines Hochschul- und eines Berufsabschlusses[135]

---

[134] Dr. Lachmann, Agentur für Arbeit Köln, Duales Studium, Arbeitgeberveranstaltung 26.06.2010
[135] Vgl. eigene Befragung der dual Studierenden im Studiengang BWL PLuS

Beim Studiengang BWL PLuS der Fachhochschule Aachen handelt es sich um einen ausbildungsintegrierenden dualen Studiengang. Folglich sehen die dual Studierenden insbesondere in der Verkürzung der Gesamtausbildungszeit von Berufsausbildung und Studium sowie den praxisnahen Studieninhalten die größten Vorteile für sich.

Weitere häufig genannte Vorteile bestehen in der praxisnahen Ausbildung durch die Verknüpfung von Praxis und Theorie, dem besseren Einblick in die berufliche Praxis und folglich im besseren Verständnis der theoretischen Grundlagen aufgrund der praktischen Erfahrung.

Viele BWL PLuS - Studierende sehen für sich, auch durch das Sammeln erster Erfahrungen im späteren Arbeitsumfeld und der allgemein sehr guten Ausbildung innerhalb eines Dualen Studiums, hohe Übernahmechancen im kooperierenden, ausbildenden Unternehmen bzw. allgemein bessere Berufschancen bzw. sehr gute Berufsaussichten am Arbeitsmarkt.

Auch die Finanzierung durch das Unternehmen, d.h. die Zahlung einer Ausbildungsvergütung sowie die Übernahme der Studiengebühren werden als Vorteil angesprochen.

### 3.12.1.2 Nachteile für dual Studierende

Dieter Leuthold definiert in seinem Artikel: Duale Studiengänge: Ein Modell für die Hochschule? die Nachteile eines Dualen Studiums für die Studierenden wie folgt:

> ➢ „Für Studierende ergeben sich durch das Absolvieren zweier Ausbildungsgänge erhebliche Mehrbelastungen. Sie müssen sowohl für die Ausbildung als auch für das Studium lernen."[136]

Das Konzept eines Dualen Studiums verlangt vom Studierenden ein hohes Maß an Motivation und Leistungsbereitschaft. Da Studium und Praxis bzw. bei einem ausbildungsintegrierenden Studiengang sogar eine Berufsausbildung parallel absolviert werden, erhöht sich folglich der Zeit- und Lernaufwand der Studierenden.

---

[136] Leuthold, D., Duale Studiengänge, Schriftenreihe des BIBB, Bertelsmann, Bonn 2005, S. 156

Der Wissenschaftsrat zeigt in seinen Veröffentlichungen im Grunde die gleichen Nachteile für die Studierenden auf:

> „Damit einher gehen jedoch aufgrund der Beschränkung mit berufspraktischen Phasen und der dadurch bedingten komprimierten Stoffvermittlung hohe Leistungsanforderungen."[137]

Trotz der inhaltlichen und organisatorischen Abstimmung zwischen Unternehmen und Studieneinrichtung sieht der Wissenschaftsrat Nachteile in den extrem hohen Leistungsanforderungen aufgrund der komprimierten Stoffvermittlung und der Doppelbelastung der dual Studierenden.

Auf der Internetseite AusbildungPlus findet man im Bezug auf mögliche Nachteile folgendes:

> „Rund 50 Schulabgänger bewerben sich bei den Unternehmen durchschnittlich um einen Platz für ein duales Studium. In Einzelfällen haben große Unternehmen über 1.000 Bewerber pro Studienplatz. Auch wenn das Angebot an dualen Studiengängen in den letzten Jahren deutlich gestiegen ist, übersteigt damit die Bewerberzahl die Anzahl der dualen Studienplätze deutlich."[138]

Das Internetportal des BIBB sieht die Nachteile vorab in der sehr geringen Anzahl an angebotenen dualen Studienplätzen. Aufgrund des begrenzten Angebotes muss der Bewerber als Voraussetzungen sehr gute Zeugnisnoten und eine hohe Leistungsbereitschaft mitbringen.

---

[137] Wissenschaftsrat, Duale Studiengänge an Fachhochschulen, 1997, S. 30
[138] http://www.ausbildungplus.de/html/2230.php

Die dual Studierenden im Studiengang BWL PLuS, dem dualen Studiengang des Fachbereichs Wirtschaft der Fachhochschule Aachen, haben folgende Nachteile ausgemacht:

- Doppelbelastung
- wenig Freizeit
- gutes Zeitmanagement erforderlich
- harte Arbeit
- viel Eigenleistung[139]

Bei den Nachteilen eines Dualen Studiums haben die dual Studierenden der Fachhochschule Aachen insbesondere die durch die Doppelbelastung, Studium und Ausbildung, begründete geringe Freizeit genannt.

Auch der hohe Abstimmungs- und Zeitaufwand, das somit erforderliche gute Zeitmanagement, und das hohe Maß an zu erbringender Eigenleistung wurden ebenfalls häufig nachteilig erwähnt.

---

[139] Vgl. eigene Befragung der dual Studierenden im Studiengang BWL PLuS

### 3.12.1.3 Tabellarische Gegenüberstellung

Anschließend erfolgt eine stichwortartige Gegenüberstellung der wichtigsten und am häufigsten genannten Vor- und Nachteile eines Dualen Studiums für die dual Studierenden in tabellarischer Form:

| Vorteile: | Nachteile: |
|---|---|
| für alle Studientypen: <br><br> - inhaltliche und organisatorische Verzahnung <br> - Verzahnung von Theorie und Praxis <br> - große Praxisnähe des Studiums <br> - praxisnahes/praxisorientiertes Studium <br> - sehr gute Studienbedingungen <br> - kleine Lerngruppen <br> - intensive Betreuung <br> - Theorie-Praxis-Transfer <br> - kurze Studiendauer <br> - sicheres Einkommen während des Studiums <br> - finanzielle Absicherung <br> - Kontakte zu Unternehmen <br> - Kontakte zur Wirtschaft <br> - Orientierung am Bedarf der Wirtschaft <br> - hohe Übernahmechancen <br> - verbesserte Arbeitsmarkt- und Karrierechancen <br> - sehr gute Karrierechancen <br><br> bei ausbildungsintegrierenden Studiengängen: <br><br> - Doppelter Abschluss: Studienabschluss+Ausbildungsberuf <br> - Verkürzung von Studien- und Ausbildungsdauer <br> - Zeitgewinn <br><br> bei berufsintegrierenden und berufsbegleitenden Studiengängen: <br><br> - Arbeitsplatzsicherheit | vorab bzw. bei der Bewerbung: <br><br> - zu wenig duale Studienplätze <br> - sehr hohe Anforderungs- und Bewerbungskriterien <br><br> während des Studiums: <br><br> - erhebliche Mehrbelastung <br> - Doppelbelastung <br> - hoher Zeit- und Lernaufwand <br> - hohe Leistungsanforderungen <br> - hohes Maß an Motivation und Leistungsbereitschaft <br> - hohe Eigenleistung erforderlich |

*Abbildung 17: Vor- und Nachteile dual Studierender* [140]

---

[140] Eigene Darstellung

## 3.12.2 Vor- und Nachteile für teilnehmende Unternehmen

### 3.12.2.1 Vorteile für teilnehmende Unternehmen

Dieter Leuthold zeigt folgende Vorteile eines Dualen Studiums für die teilnehmenden/anbietenden Unternehmen auf:

> „Unternehmen können durch ihr Angebot an Ausbildungsplätzen für Duale Studiengänge Arbeitskräfte frühzeitig gewinnen und an ihr Unternehmen binden. Sie haben die Möglichkeit, ihre Nachwuchskräfte intensiv kennen zu lernen und in das Unternehmen zu integrieren. Durch die enge Kooperation zu Hochschulen und Akademien ist es den Unternehmen möglich, auf Ausbildung und Ausbildungsinhalte Einfluss zu nehmen."[141]

Der Autor geht in seinem Beitrag zum Dualen Studium bei den möglichen Vorteilen für kooperierende Unternehmen wieder explizit auf die Form eines ausbildungsintegrierenden dualen Studiengangs ein. Er sieht in dieser dualen Studienform, durch das reizvolle Angebot für Bewerber, ein Studium und eine Ausbildung parallel zu absolvieren und folglich sowohl einen Studien- als auch einen Ausbildungsabschluss zeitgleich zu erhalten, die Möglichkeit „gute" Arbeitskräfte frühzeitig zu gewinnen und auch dauerhaft an das Unternehmen zu binden. Ebenfalls sieht Leuthold für Betriebe die Möglichkeit, begründet in der engen Kooperation mit den Studieneinrichtungen, Einfluss auf Ausbildung und Ausbildungsinhalte zu nehmen.

Der Wissenschaftsrat zeigt in seiner Veröffentlichung: Duale Studiengänge an Fachhochschulen folgende Vorteile für die Unternehmen auf:

> „Für die kooperierenden Unternehmen stellen duale Studiengänge ein an Bedeutung zunehmendes Instrument der Personalgewinnung dar. Sie verringern dadurch die ansonsten mit der Aufnahme eines Studiums nach Abschluss der Berufsausbildung verbundene Personalfluktuation. Gleiches gilt für gezielte Personalentwicklungsmaßnahmen, für die Kosten der Rekrutierung von Fachkräften am Arbeitsmarkt und die mit einer Fehlbesetzung verbundenen Kosten."[142]

---

[141] Leuthold, D., Duale Studiengänge, Schriftenreihe des BIBB, Bertelsmann, Bonn 2005, S. 155
[142] Wissenschaftsrat, Duale Studiengänge an Fachhochschulen, 1997, S. 28f

Wie Dieter Leuthold sieht auch der Wissenschaftsrat die Vorteile für kooperierende Unternehmen in der Möglichkeit duale Studiengänge als Instrument des Personalmanagement nutzen zu können. Denn sowohl bei Personalgewinnung, Personalbindung als auch bei der Personalentwicklung kann ein Duales Studium als ein effektives und effizientes Instrument der Personalwirtschaft angesehen werden. Die sehr hohe Attraktivität eines ausbildungsintegrierenden Studiums für die Schulabsolventen sichert den Unternehmen eine große Auswahl an qualifizierten Bewerben. Die Option innerhalb des Unternehmens und parallel zur Ausbildung zu studieren verringert die ansonsten mit der Aufnahme eines Studiums nach Abschluss der Berufsausbildung verbundene Personalfluktuation. Auch die langjährige enge Zusammenarbeit zwischen Auszubildendem/Student und Unternehmen fördert die Personalbindung und verhindert die Abwanderung von qualifiziertem Personal.

**Das Internetportal AusbildungPlus des BIBB beschreibt die Vorteile eines Dualen Studiums für anbietende/kooperierenden Unternehmen wie folgt:**

> „Das duale Konzept sichert den Betrieben praxisnah ausgebildeten, qualifizierten Nachwuchs.

- Duale Studiengänge ermöglichen eine ganzheitliche Vertiefung der fachwissenschaftlichen Kenntnisse durch Praxis-Transfer und berufliche Anwendung. Die Zusammenarbeit von Wirtschaft und Hochschulen/ Akademien ermöglicht die Mitwirkung der Unternehmen bei der Erarbeitung und Umsetzung der Studien- und Prüfungspläne.
- Durch die organisatorische und inhaltliche Abstimmung von Ausbildungs- und Studieninhalten verkürzt sich die gesamte Ausbildungsdauer, so dass die Nachwuchskräfte den Unternehmen früher als voll einsetzbare Mitarbeiter/-innen zur Verfügung stehen.
- Der enge Kontakt zu der Hochschule/Akademie erleichtert die Möglichkeit, zur Lösung betrieblicher Probleme geeignete Vertreter/-innen der angewandten Forschung anzusprechen.

> Betriebe nutzen duale Studienangebote für die Rekrutierung von qualifiziertem Fachkräftenachwuchs.

- Die bislang hohe Zahl von Abiturienten/-innen, die nach der Ausbildung das Unternehmen verlassen, um ein Studium aufzunehmen, wird reduziert.
- Die Motivation der Studierenden wird durch die soziale Einbindung in den Betrieb gesteigert.
- Die kostenintensive Einarbeitung von qualifizierten Nachwuchskräften wird überflüssig.
- Stattdessen erhalten die Betriebe hoch motivierte Mitarbeiter/-innen, die über eine hohe Problemlösungskompetenz verfügen und in der Lage sind, sich flexibel auf geänderte Markt- und Rahmenbedingungen einzustellen.
- Duale Studienangebote können als Instrument zur Optimierung der Personalplanung und -entwicklung eingesetzt werden."[143]

AusbildungPlus sieht die Vorteile eines Dualen Studiums für die kooperierenden Unternehmen zum einen in der Sicherung der Ausbildung von qualifizierten und praxisnah ausgebildeten Nachwuchs sowie als Rekrutierungsmöglichkeit von qualifiziertem Fachkräftenachwuchs.

Durch den schon angesprochenen Theorie-Praxis-Transfer innerhalb eines Dualen Studiums und die somit verbundene berufliche Anwendung des erlernten theoretischen Wissens, erfolgt eine ganzheitliche Vertiefung der fachwissenschaftlichen Kenntnisse.

Auch die Mitwirkung der kooperierenden Unternehmen bei der Erarbeitung und Umsetzung der Studien- und Prüfungspläne sowie der enge Kontakt zwischen teilnehmenden Betrieben und Studieneinrichtungen fördert die Praxisnähe bzw. Praxisorientierung der Aus-/Weiterbildung.

Bei ausbildungsintegrierten dualen Studiengängen hebt das BiBB die Verkürzung der gesamten Ausbildungs- und Studiendauer hervor. Die organisatorische und inhaltliche Abstimmung von Ausbildungs- und Studieninhalten und die damit einhergehende Verkürzung der Ausbildungs- und Studiendauer bieten den Unternehmen den Vorteil, dass die Nachwuchskräfte den Unternehmen früher als voll einsetzbare Mitarbeiter/-innen und ohne Einführungs- und Einarbeitungsphase zur Verfügung stehen. Dementsprechend sichert das

---

[143] http://www.ausbildungplus.de/html/90.php

duale Konzept den Betrieben in relativ kurzer Zeit qualifizierten und praxisnah ausgebildeten Nachwuchs.

Als weiterer Vorteil wird hier die Möglichkeit der Nutzung dualer Studienangebote als Rekrutierungsinstrument angegeben. Wie auch schon bei Leuthold angesprochen, können duale Studiengänge als Maßnahmen zur Personalentwicklung und zeitgleich zur Personalbindung angesehen werden. Die Fluktuation aufgrund von Abiturienten/-innen, die nach der Ausbildung das Unternehmen verlassen, um ein Studium aufzunehmen, wird verhindert und zusätzlich die Motivation der Studierenden durch die soziale Einbindung in den Betrieb gesteigert.

Durch die schon angesprochene organisatorische und insbesondere inhaltliche Abstimmung von Betrieb und Studieneinrichtung, entfällt bei Übernahme eines Absolventen eines dualen Studiums die meist kosten- und zeitintensive Einarbeitung. „Stattdessen erhalten die Betriebe hoch motivierte Mitarbeiter/-innen, die über eine hohe Problemlösungskompetenz verfügen und in der Lage sind, sich flexibel auf geänderte Markt- und Rahmenbedingungen einzustellen."[144]

Folglich können duale Studiengänge nach AusbildungPlus als Instrument zur Optimierung der Personalplanung und -entwicklung eingesetzt werden.

<u>Die Agentur für Arbeit Köln zählt folgende Vorteile eines dualen Studiengangs aus Sicht der Unternehmen bei einer Arbeitgeberveranstaltung am 26.06.2010 mit dem Thema: Duales Studium auf:</u>

- „frühe Einarbeitung und Bindung leistungsfähiger Abiturienten
- hohe Praxisintegration
- Verzahnung von Theorie und Praxis
- sehr hohe Erfolgsquote
- Vermittlung von Schlüsselqualifikationen
- geringer Kostenaufwand
- Orientierung am eigenen Bedarf"[145]

---

[144] http://www.ausbildungplus.de/html/90.php
[145] Dr. Lachmann, Agentur für Arbeit Köln, Duales Studium, Arbeitgeberveranstaltung 26.06.2010

Dr. Lachmann von der Arbeitsagentur Köln sieht die wichtigsten Vorteile ebenfalls in der frühen Einarbeitung und Bindung leistungsfähiger Abiturienten, also in der Option duale Studiengänge als Instrument zur Personalentwicklung und -bindung zu nutzen.

Des Weiteren nennt er die hohe Praxisintegration des Dualen Studiums, die hierbei übliche Verzahnung von Theorie und Praxis sowie die Orientierung der Lernthemen am unternehmerischen Bedarf und die damit verbundene Vermittlung von Schlüsselqualifikationen als Vorzüge für die kooperierenden Unternehmen.

Als weitere Vorteile werden die sehr hohe Erfolgsquote der Absolventen, bedingt durch die hohe Motivation und Leistungsbereitschaft der dual Studierenden, sowie der relativ geringe, überschaubare Kostenaufwand für die Betriebe genannt. Denn aufgrund der eigenen Ausbildung in Kooperation mit einer Studieneinrichtung fallen für hoch qualifizierte, direkt einsetzbare und höchst motivierte Mitarbeiter weder Personalbeschaffungs- und Auswahlkosten, noch Kosten für die externe Personalsuche an. Als Kostenaufwand ist lediglich je nach Studientyp die Ausbildungs- bzw. Praktikantenvergütung plus die jeweiligen Studiengebühren anzusehen.

<u>Die kooperierenden Unternehmen im Studiengang BWL PLuS, dem dualen Studiengang des Fachbereichs Wirtschaft der Fachhochschule Aachen, sehen für sich folgende Vorteile:</u>

- Frühe Bindung von Talenten
- Gewinnung besonders leistungsstarker und motivierter Auszubildender
- Keine Notwendigkeit einer weiteren Einarbeitungsphase
- Zeitgewinn durch Parallelität
- Möglichkeit der Nachfolgeplanung
- Mittelfristige Führungskräfteplanung[146]

Die kooperierenden Unternehmen sehen die Vorteile für sich in der Gewinnung besonders leistungsstarker und motivierter Auszubildender und der Möglichkeit der frühen Bindung von Talenten. Auch der Zeitgewinn durch Parallelität der Ausbildung und die direkte Einsatzmöglichkeit, ohne weitere Einarbeitungsphase, der dual Studierenden werden positiv angemerkt.

---

[146] Vgl. eigene Befragung der kooperierenden Unternehmen im Studiengang BWL PLuS

Das Duale Studium bietet den teilnehmenden Betrieben die Möglichkeit der Nachfolgeplanung bzw. der mittelfristige Führungskräfteplanung und dient folglich den Unternehmen als Instrument zur Personalbeschaffung, -entwicklung und -bindung.

### 3.12.2.2 Nachteile für teilnehmende Unternehmen

Dieter Leuthold zeigt in seinem Artikel: Duale Studiengänge: Ein Modell für die Hochschule? folgende Nachteile für die kooperierenden Unternehmen auf:

> „Nachteile Dualer Studiengänge, die unter dem Gesichtspunkt der Qualifizierung aber auch als Vorteil gesehen werden können, ergeben sich aus einem höheren Aufwand an Koordination und Abstimmung. Ausbildung und Studium müssen maßgenau geplant und koordiniert werden, damit diese für die Teilnehmer reibungslos verlaufen."[147]

Die sowohl bei den dual Studierenden als auch bei den kooperierenden Unternehmen als Vorteile angesehene Verknüpfung von Theorie und Praxis, erfordert in der praktischen Umsetzung ein hohes Maß an Koordination und Abstimmung zwischen Unternehmen und Studieneinrichtung. Diese, zum reibungslosen Ablauf eines Dualen Studiums notwendige, inhaltliche und auch zeitliche Abstimmung zwischen Unternehmen und Studieneinrichtung, erfordert von den Unternehmen einen hohen, sehr zeit- und daher kostenintensiven Planungs- und somit Arbeitsaufwand.

Der Wissenschaftsrat geht in seiner Veröffentlichung: Duale Studiengänge an Fachhochschulen auf die gleichen, eben erwähnten, Nachteile für teilnehmende Betriebe ein:

> „Duale Studiengänge sollen auf Grundlage von Verträgen im Kooperationsverbund von Hochschule und Betrieb gemeinsam getragen werden. Dies erfordert sowohl eine strukturell-organisatorische als auch eine fachlich-inhaltliche Abstimmung zwischen den Kooperationspartnern."[148]

---

[147] Leuthold, D., Duale Studiengänge, Schriftenreihe des BIBB, Bertelsmann, Bonn 2005, S. 156
[148] Wissenschaftsrat, Duale Studiengänge an Fachhochschulen, 1997, S. 33

Wie schon in Kapitel 3.8.2 „Voraussetzungen für kooperierende Unternehmen" angesprochen, ist eine strukturell-organisatorische und fachlich-inhaltliche Abstimmung zwischen den Kooperationspartnern als Grundvoraussetzung für einen reibungslosen und effektiven Ablauf eines Dualen Studiums anzusehen.

Auch der Wissenschaftsrat sieht folglich, wie Leuthold, die Nachteile für anbietende Unternehmen im hohen zeit- und daher kostenintensiven Planungs- und Durchführungsaufwand.

In Anlehnung an das Internetportal AusbildungPlus des BIBB kann man die Nachteile mit den inhaltlichen Voraussetzungen der kooperierenden Unternehmen begründen:

➢ „Übliche inhaltliche Voraussetzungen des Betriebs

- Personelle und sachliche Eignung für die inhaltliche Übermittlung der Ausbildungsinhalte
- Eine verantwortliche Person, die die Studierenden begleitet und den Kontakt zu der Studieneinrichtung hält
- Vermittlung der vereinbarten (praktischen) Studieninhalte innerhalb der vorgesehenen Ausbildungszeit."[149]

Laut AusbildungPlus kann man die entstehenden Nachteile auf den planungstechnischen und personellen Aufwand im Bezug auf die Planung und Durchführung eines Dualen Studiums zurückführen. Das BIBB verweist somit ebenfalls auf den relativ hohen Planungs- und Abstimmungsaufwand, der für die Unternehmen sowohl einen hohen Zeit- als auch Personalaufwand darstellt.

Denn sowohl die Planung des reibungslosen Ablaufs der Vermittlung der praktischen Studieninhalte, was eine inhaltliche Abstimmung zwischen Unternehmen und Studieneinrichtung erforderlich macht, als auch der personelle Aufwand für die tatsächliche Vermittlung von praktischen Studieninhalten bzw. die zusätzliche Vermittlung der Ausbildungsinhalte bei ausbildungsintegrierenden Studiengängen müssen vom Unternehmen gewährleistet werden.

---

[149] http://www.ausbildungplus.de/html/90.php

Auch die Bereit- bzw. Abstellung eines verantwortlichen Mitarbeiters, der die Studierenden begleitet und den Kontakt zu der Studieneinrichtung hält, verursacht Personal- bzw. Opportunitätskosten.

Die kooperierenden Unternehmen im Studiengang BWL PLuS gaben bei der Befragung folgende Nachteile an:

- Studierende stehen dem Unternehmen nur selten zur Verfügung
- Praxiseinsätze in den Semesterferien sind zu kurz
- Hohe Ausbildungskosten (Stipendium)
- durch den komprimierten Ausbildung- und Durchlaufplan sind die Lehrinhalte/das vermittelte Wissen teilweise inhaltlich zu oberflächlich gestaltet[150]

Auf die Frage nach den ersten negativen Erfahrungen und Nachteilen des dualen Studiengangs gaben die meisten der kooperierenden Unternehmen, die geringe Anwesenheitszeit der dual Studierenden in der Unternehmung selbst an. Selbst die intensiveren Praxiszeiten in den Semesterferien sind durch Urlaub etc. so zeitlich begrenzt, dass die Betriebe ihre Auszubildenden/Studenten nur sehr geringfügig einsetzen können. Hinzukommen auch die relativ hohen Kosten. Die kooperierenden Unternehmen zahlen dem Studierenden, ohne dass dieser dem Betrieb häufig zur Verfügung steht, eine Ausbildungsvergütung und übernehmen i.d.R. auch die gesamten Studiengebühren. Des Weiteren wurden, zwar nur vereinzelt, die Lehrinhalte als inhaltlich zu oberflächlich angesehen und dies mit den komprimierten Lehrplänen begründet.

Abschließend noch zu erwähnen, aber in der Literatur nicht ausreichend erläutert, ist der hohe anfängliche zeit- und folglich kostenintensive Aufwand zur Personalauswahl. Die langfristige und intensive Zusammenarbeit sowie der finanzielle Aufwand, Übernahme der Studiengebühren und Zahlung, abhängig vom Studientyp, eines Vollzeit- oder Teilzeitgehalts bzw. einer Ausbildungs- oder Praktikantenvergütung, innerhalb eines Dualen Studiums machen eine intensive und ausführliche auf die zu besetzende Stelle abgestimmte Personalauswahl zwingend erforderlich.

---

[150] Vgl. eigene Befragung der kooperierenden Unternehmen im Studiengang BWL PLuS

## 3.12.2.3 Tabellarische Gegenüberstellung

Anschließend erfolgt eine stichwortartige Gegenüberstellung der wichtigsten und am häufigsten genannten Vor- und Nachteile für die kooperierenden Unternehmen in tabellarischer Form:

| Vorteile: | Nachteile: |
|---|---|
| **allgemein:** <br><br>• Möglichkeit der frühzeitigen Personalgewinnung <br>• senkt die Kosten der Rekrutierung <br>• Möglichkeit der Personalbindung <br>• Hilfe bei Vermeidung von Fehlbesetzungen <br>• enge Kooperation mit den Studieneinrichtungen <br>• Einflussnahmen auf Ausbildung und Ausbildungsinhalte <br>• praxisnah ausgebildeter Nachwuchs <br>• keine Notwendigkeit einer Einarbeitungsphase <br>• Möglichkeit der Nachfolgeplanung <br>• Möglichkeit der mittelfristigen Führungskräfteplanung <br><br>**bei ausbildungsintegrierenden Studiengängen:** <br><br>• verkürzt die gesamte Ausbildungs- und Studiendauer <br>• der Studierende steht dem Unternehmen somit früher zur Verfügung <br><br>**bei beufsintegrierenden (und berufsbegleitenden) Studiengängen:** <br><br>• Verhinderung von Personalfluktuation (aufgrund der Aufnahme eines Studiums) | • Hoher Koordinationsaufwand zwischen Unternehmen und Studieneinrichtung <br>• Hoher zeit- und kostenintensiver Planungs- und Arbeitsaufwand <br>• Hoher Durchführungsaufwand <br>• Dual Studierende stehen dem Unternehmen selten zur Verfügung <br>• Unternehmen tragen i.d.R die Studiengebühren und zahlen abhängig vom Studientyp entweder ein Vollzeit- oder Teilzeitgehalt bzw. eine Ausbildungs- oder Praktikantenvergütung <br>• Hoher anfänglicher zeit- und folglich kostenintensiver Aufwand zur Personalauswahl |

*Abbildung 18: Vor- und Nachteile für die kooperierenden Unternehmen*[151]

---

[151] Eigene Darstellung

## 3.12.3 Vor- und Nachteile für Studieneinrichtungen

### 3.12.3.1 Vorteile für anbietende Studieneinrichtungen

Dieter Leuthold zeigt in seinem Artikel: Duale Studiengänge: Ein Modell für die Hochschule?, erschienen in der Schriftenreihe des BIBB, auch folgende Vorteile für anbietende Studieneinrichtungen auf:

> ➤ „Für Hochschulen ergeben sich durch das Angebot Dualer Studienangebote auf der einen Seite intensive Kontakte zur Wirtschaft, und auf der anderen Seite bringt es ihnen Imagegewinn und Profilierung mit dem Zusatznutzen, sie bekannter und attraktiver für künftige Studierende zu machen. Durch die Kooperation und die engen Kontakte mit den Unternehmen können sie einen Teil der Ausbildung an diese übertragen."[152]

Der Autor zählt bei möglichen Vorteilen als erstes die Möglichkeit der Kontaktaufnahme bzw. der Kontaktpflege zur Wirtschaft bzw. Unternehmen auf. Hierdurch steigt der Imagegewinn der Studieneinrichtung mit dem Zusatznutzen diese für potentielle Bewerber attraktiver und interessanter zu gestalten. Denn auch Universitäten, Hochschulen und Berufsakademien stehen heutzutage unter Wettbewerbs- bzw. Konkurrenzdruck. Sie müssen sich gegen andere, konkurrierende Studieneinrichtungen behaupten und durch eine gute und praxisorientierte Lehre, sowie engen Kontakten zu Unternehmen die künftigen Studenten für sich gewinnen. Auch die mögliche Übertragung von Ausbildungsinhalten an die kooperierenden Unternehmen sieht Leuthold als Vorteil der Studieneinrichtungen an.

Der Wissenschaftsrat zeigt in seiner Veröffentlichung: Duale Studiengänge an Fachhochschulen folgende Vorteile für die Studieneinrichtungen auf:

> ➤ „Für die Fachhochschule sind duale Studiengänge geeignet, sich noch stärker gegenüber der Wirtschaft partnerschaftlich zu öffnen, ihr Studienangebot zu erweitern und das Profil als praxisnahe wissenschaftliche Ausbildungseinrichtungen zu schärfen."[153]

---

[152] Leuthold, D., Duale Studiengänge, Schriftenreihe des BIBB, Bertelsmann, Bonn 2005, S. 155
[153] Wissenschaftsrat, Duale Studiengänge an Fachhochschulen, 1997, S. 28

Auch der Wissenschaftsrat sieht die Vorteile der Studieneinrichtungen durch ein Duales Studium in der Möglichkeit zur Kontaktaufnahme bzw. der Kontaktpflege zur Wirtschaft bzw. Unternehmen, also in der partnerschaftlichen Öffnung gegenüber der Wirtschaft. Ebenfalls wie bei Leuthold wird die Option eines praxisnahen Studiengangs als Verbesserung des Studienangebotes mit einer daher gehenden Imagesteigerung und Profilierung der anbietenden Studieneinrichtung positiv bewertet.

Das Internetportal AusbildungPlus des BIBB definiert die Vorteile für die Studieneinrichtungen wie folgt:

➤ „Die enge Verzahnung von Theorie und Praxis verbessert die wissenschaftliche Ausbildung. Gute Studienbedingungen und persönliche Kontakte fördern Motivation und Engagement von Dozenten und Studierenden.

- Die enge Verzahnung von Ausbildungs- und Studieninhalten trägt zu einer verbesserten Praxisorientierung des wissenschaftlichen Studiums bei.
- Duale Studiengänge bieten sehr gute Möglichkeiten, die bei Studienabsolventen/-innen häufig bemängelten sozialen Kompetenzen, durch die Kombination von Seminaren und betrieblichen Ausbildungsphasen zu schulen.

➤ Die Hochschulen bereichern durch das duale Studienangebot ihr Profil.

- Die Hochschulen gewinnen zusätzliche Studienbewerber/-innen, indem sie eine praxisorientierte Alternative zum "normalen" Studium anbieten.
- Teilweise verbessert die Kooperation mit der Wirtschaft die finanzielle und personelle Ausstattung der Hochschulen/Akademien. Beispielsweise übernehmen die Unternehmen die Studiengebühren bei der Bereitstellung der dualen Studienplätze oder finanzieren Stiftungsprofessuren.

➤ Die Einbindung der beteiligten Unternehmen sichert eine Ausbildung, die den aktuellen Marktanforderungen entspricht.

- Der enge Kontakt zwischen Wirtschaft und Wissenschaft fördert den generellen Wissens- und Technologietransfer.
- Duale Studienangebote tragen zur Deckung des zunehmenden Bedarfs des Beschäftigungssystems an wissenschaftlich qualifizierten Arbeitskräften.
- Die Hochschulen/Akademien leisten mit dualen Studienangeboten einen Beitrag zu einer besseren Abstimmung zwischen Bildungs- und Beschäftigungssystem.

- Das duale Studium trägt damit zu einer Verbesserung der Ausbildungsqualität bei."[154]

Die enge Verzahnung von Theorie und Praxis, im Falle eines ausbildungsintegrierenden dualen Studiengangs die Verknüpfung von Ausbildungs- und Studieninhalten, führt zu einer stärkeren Praxisorientierung des wissenschaftlichen Studiums. Diese stärkere Anwendungsorientierung und der stärkere Praxisbezug des Dualen Studiums, werden nach AusbildungPlus als eine Verbesserung der wissenschaftlichen Ausbildung angesehen.

Das Angebot dieser praxis- und anwendungsorientierten Alternative zu einem herkömmlichen Studium, unter exzellenten Rahmenbedingungen, bereichert das Profil der anbietenden Studieneinrichtungen. Der damit einhergehende Imagegewinn stärkt die Position der Studieneinrichtung und hilft somit neue zusätzliche Studienbewerber/-innen zu gewinnen.

Dem Bundesinstitut für Berufsbildung nach, fördert der enge Kontakt zwischen Wirtschaft und Wissenschaft den generellen Wissens- und Technologietransfer und bietet zusätzlich einen Beitrag zu einer besseren Abstimmung zwischen Bildungs- und Beschäftigungssystem.

Die Einbindung der Betriebe bietet den dual Studierenden eine Ausbildung, die den aktuellen Marktanforderungen entspricht und folglich tragen Duale Studienangebote zur Deckung des zunehmenden Bedarfs des Beschäftigungssystems an wissenschaftlich qualifizierten Arbeitskräften bei.

Frau Breuer von der Fachschule Aachen sieht folgende positive Effekte für kooperierende Studieneinrichtungen:

- Erreichung des Ziels der optimalen Ausbildung, insbesondere von Führungskräften
- Wettbewerbsvorteile gegenüber anderen Studieneinrichtungen
- Möglichkeit der Kontaktaufnahme mit Unternehmen
- Ideale Vernetzungsmöglichkeiten der Fachhochschule mit der Wirtschaft[155]

Hier wird die Möglichkeit der Verbesserung der Lehre durch ein praxisorientiertes Duales Studium mit dem Ziel der bestmöglichen Ausbildung als Vorteil, sowie die dadurch verbesserte Stellung der Fachhochschule oder allgemein der Studieneinrichtungen gegenüber

---

[154] http://www.ausbildungplus.de/html/2166.php
[155] Vgl. eigene Befragung Breuer, S., Dipl.-Kff., Fachstudienberatung, FH Aachen

anderen Studieneinrichtungen, aufgezählt. Auch die schon öfters erwähnten Möglichkeiten zur Kontaktaufnahme bzw. –pflege sowie die ideale Vernetzungsmöglichkeiten der Fachhochschule mit der Wirtschaft werden von Frau Breuer positiv erwähnt.

### 3.12.3.2 Nachteile für anbietende Studieneinrichtungen

Dieter Leuthold zeigt in seinem Artikel aber auch Nachteile für Studieneinrichtungen in Bezug auf duale Studiengänge auf:

> ➢ „Nachteile Dualer Studiengänge, die unter dem Gesichtspunkt der Qualifizierung aber auch als Vorteil gesehen werden können, ergeben sich aus einem höheren Aufwand an Koordination und Abstimmung. Ausbildung und Studium müssen maßgenau geplant und koordiniert werden, damit diese für die Teilnehmer reibungslos verlaufen."[156]

Wie auch bei den Nachteilen für kooperierende Unternehmen schon angesprochen, erfordert die Verknüpfung von Theorie und Praxis in der praktischen Umsetzung ein hohes Maß an Koordination und Abstimmung zwischen Unternehmen und Studieneinrichtung. Diese inhaltliche und auch zeitliche Abstimmung zwischen den beiden Institutionen erfordert, wie schon angesprochen, von den Unternehmen, aber auch von den anbietenden Studieneinrichtungen einen hohen, sehr zeit- und daher kostenintensiven, Planungs- und somit Arbeitsaufwand.

> ➢ „Die Fachhochschulen und Akademien müssen z.B. einen anerkannten Studienabschluss anbieten, der auch im Vergleich mit den „normalen" Fachhochschulabschlüssen bestehen kann."[157]

Des Weiteren sieht Leuthold speziell für die Universitäten und Hochschulen schon vorab einen hohen Planungsaufwand in der Gestaltung eines dualen Studiengangs mit der Begründung, dass die dualen Studienabschlüsse trotz der doppelten Belastung und ihrem komprimierten Zeitrahmens den Vergleich mit den „normalen" Fachhochschulabschlüssen bestehen müssen.

---

[156] Leuthold, D., Duale Studiengänge, Schriftenreihe des BIBB, Bertelsmann, Bonn 2005, S. 156
[157] Leuthold, D., Duale Studiengänge, Schriftenreihe des BIBB, Bertelsmann, Bonn 2005, S. 153

Der Wissenschaftsrat beschreibt die Nachteile für anbietende Studieneinrichtungen in seiner Veröffentlichung: Duale Studiengänge an Fachhochschulen wie folgt:

> „Duale Studiengänge sollen auf Grundlage von Verträgen im Kooperationsverbund von Hochschule und Betrieb gemeinsam getragen werden. Dies erfordert sowohl eine strukturell-organisatorische als auch eine fachlich-inhaltliche Abstimmung zwischen den Kooperationspartnern."[158]

Auch der Wissenschaftsrat sieht, wie Leuthold, eine strukturell-organisatorische und fachlich-inhaltliche Abstimmung zwischen den Kooperationspartnern als Grundvoraussetzung für einen reibungslosen und effektiven Ablauf eines Dualen Studiums an. Folglich liegen die Nachteile für anbietende Studieneinrichtungen ebenfalls im hohen zeit- und daher kostenintensiven Planungs- und Durchführungsaufwand.

Sowohl in der Online-Recherche als auch bei den Gesprächen mit Frau Breuer von der Fachhochschule Aachen konnten keine weiteren Nachteile oder negativen Aspekte, außer dem schon erwähnten zeit- und daher kostenintensiven Planungsaufwand für die Studieneinrichtungen, ausgemacht werden.

---

[158] Wissenschaftsrat, Duale Studiengänge an Fachhochschulen, 1997, S. 33

### 3.12.3.3 Tabellarische Gegenüberstellung

Auch für die wichtigsten und am häufigsten genannten Vor- und Nachteile für die kooperierenden Studieneinrichtungen erfolgt eine stichwortartige Gegenüberstellung in tabellarischer Form:

| Vorteile: | Nachteile: |
|---|---|
| - Intensive Kontakte zur Wirtschaft<br>- Vernetzungsmöglichkeiten mit der Wirtschaft<br>- Erweiterung des Studienangebots<br>- Angebot einer praxisnahen Ausbildung<br>- Bietet eine Ausbildung, die den aktuellen Marktanforderungen entspricht<br>- Verbesserung der Ausbildungsqualität<br>- Imagegewinn<br>- Profilierung<br>- Steigender Bekanntheitsgrad<br>- Steigende Attraktivität für künftige Studierende<br>- Wettbewerbsvorteile | - Zeit- und daher kostenintensiver Planungs-, Durchführungs- und Arbeitsaufwand<br>- Pflicht zur Gewährleistung eines vergleichbaren Abschlusses |

*Abbildung 19: Vor- und Nachteile der Studieneinrichtungen*[159]

## 3.13 Der daraus entstehende Wettbewerbsvorteil

In diesem Kapitel werden durch ein Duales Studium mögliche Wettbewerbsvorteile aufgezeigt und erläutert und somit versucht, die Frage zu klären, warum Unternehmen überhaupt mit Studieneinrichtungen kooperieren und sich an dualen Studiengängen beteiligen sollten.

Zuerst werden eingangs nochmals die Begriffe Wettbewerbsfähigkeit und Wettbewerbsvorteil definiert sowie das heutzutage vorherrschende unternehmerische Umfeld und die daraus entstehenden Anforderungen an das Unternehmen, Personal und Personalmanagement abgeleitet und aufgezeigt. Anschließend werden die im Kapitel „Vorteile für kooperierende Unternehmen" herausgearbeiteten Vorteile aufgezeigt und in Bezug auf die Aufgaben des Personalmanagements, speziell in Bezug auf Personalbeschaffung, -auswahl, -entwicklung und -bindung, mit dem Hintergrund der gestiegenen Anforderungen an das Personal, der

---

[159] Eigene Darstellung

demographischen Entwicklung und des Fachkräftemangels hin untersucht. Abschließend erfolgt eine kurze Bewertung und ein Zitat eines im Studiengang BWL PLuS kooperierenden Unternehmens, in dem erste Erfahrungen und Erwartungen zum Thema Wettbewerbsvorteile durch duale Studiengänge aufgezeigt werden.

Laut Duden versteht man im wirtschaftlichen Sinne unter dem Begriff Wettbewerbsfähigkeit, die Fähigkeit eines Unternehmens, sich in Konkurrenz mit anderen Anbietern am Markt zu behaupten.[160] Unternehmen sind folglich wettbewerbsfähig, wenn sie an den für sie relevanten Märkten ihre Waren bzw. Dienstleistungen mit Gewinn absetzen, sich also dem am Markt herrschenden Wettbewerb mit Erfolg stellen können.

„In der Wirtschaftswissenschaft bezeichnet man mit dem Begriff Wettbewerbsvorteil den Vorsprung eines Akteurs auf dem Markt gegenüber seinen Konkurrenten im ökonomischen Wettbewerb."[161] Folglich wird ein bestimmter Vorteil einer Unternehmung/Organisation, der für die Leistung dieser Unternehmung/Organisation relevant ist und über den die Wettbewerber/Konkurrenten gar nicht oder in einem geringeren Maße verfügen, als Wettbewerbsvorteil angesehen.[162]

Das heutige Wirtschaftsleben ist, wie in der Einleitung schon angesprochen, branchenübergreifend geprägt durch stetig steigende Anforderungen an Unternehmen, das beschäftigte Personal und folglich an Personalbeschaffung und Personalentwicklung ergo an das Personalmanagement. Neben den gestiegenen Anforderungen durch den dynamischen Wandel und der erhöhten Komplexität, beeinflussen auch die demographische Entwicklung und der Fachkräftemangel das Personalmanagement erheblich. Unternehmen können sich folglich nur dann am Markt behaupten, wenn sie die gestiegenen Anforderungen erfüllen bzw. überbieten können. Dies ist aber nur mit Hilfe des „richtigen" Personals möglich, welches aber nicht in ausreichender Anzahl und/oder Qualität zur Verfügung steht. „Die wirtschaftlichen und technischen Wandlungen machen es erforderlich, das Personal frühzeitig und umfassend auf diese Entwicklungen einzustellen. Unternehmen, die nicht in hinreichendem Umfang in die Entwicklung ihrer Mitarbeiter investieren, laufen Gefahr, ihre

---

[160] Vgl. http://www.bpb.de/popup/popup_lemmata.html?guid=ZUKJJM
[161] http://de.wikipedia.org/wiki/Wettbewerbsvorteil
[162] Vgl. http://www.wirtschaftslexikon24.net/d/wettbewerbsvorteil/wettbewerbsvorteil.htm

Wettbewerbsfähigkeit zu verlieren."[163] Die geänderten Rahmenbedingungen sowie die gestiegenen Anforderungen führen folglich dazu, dass das Personal heutzutage als eine bzw. die erfolgskritische Ressource des Unternehmens angesehen werden muss. Die Qualität der Mitarbeiter hat direkten Einfluss auf den Unternehmenswert. Nur mit dem „richtigen" Personal kann ein Unternehmen wettbewerbsfähig sein und bleiben. „Moderne Unternehmen haben erkannt, dass ihre „Human Resourcen" das wichtigste Kapital darstellen."[164]

Die durch den dynamischen Wandel, die erhöhte Komplexität, die demographische Entwicklung und den Fachkräftemangel bedingten stetig steigende Anforderungen an Unternehmen, das beschäftigte Personal und folglich an Personalbeschaffung und Personalentwicklung, haben eine starke Steigerung der Bedeutung und Wertigkeit des Personalmanagements zur Folge.

Daraus folgend können Vorteile in Personalbeschaffung, -entwicklung und -bindung ergo im Personalmanagement, die, wie beschrieben, für die Leistung der Unternehmung extrem relevant sind und über den die Wettbewerber/Konkurrenten gar nicht oder in einem geringeren Maße verfügen, als Wettbewerbsvorteil angesehen werden.

Bei der Recherche wurden, wie schon in Kapitel 3.12.2.1 ausführlich beschrieben, eine Vielzahl von möglichen Vorteilen für kooperierende Unternehmen gefunden und erläutert. Diese werden nun nochmals anhand von Zitaten und Erläuterungen aufgezeigt, beschrieben und im Bezug auf ihre Bedeutung für Personalbeschaffung, -auswahl, -entwicklung und -bindung ergo auf das Personalmanagement hin untersucht.

Dieter Leuthold, BIBB:

> „Untenehmen können durch ihr Angebot an Ausbildungsplätzen für Duale Studiengänge Arbeitskräfte frühzeitig gewinnen und an ihr Unternehmen binden. Sie haben die Möglichkeit, ihre Nachwuchskräfte intensiv kennen zu lernen und in das Unternehmen zu integrieren. Durch die enge Kooperation zu Hochschulen und Akademien ist es den Unternehmen möglich, auf Ausbildung und Ausbildungsinhalte Einfluss zu nehmen."[165]

---

[163] Rahn, H.-J., Dipl.-Kfm., Dipl.-Betrw., Grünstadt, Personalentwicklung, Haufelndex 952952
[164] Jung, H., Personalwirtschaft, Oldenbourg Verlag, 8. Aufl., München 2008, S. 1
[165] Leuthold, D., Duale Studiengänge, Schriftenreihe des BIBB, Bertelsmann, Bonn 2005, S. 155

Der Autor geht in seinem Beitrag auf Vorteile des Dualen Studiums, hier im speziellen auf ausbildungsintegrierende duale Studiengänge, in Bezug auf Personalbeschaffung, -entwicklung und -bindung ein. Er sieht in dieser dualen Studienform, durch das reizvolle Angebot für Bewerber, ein Studium und eine Ausbildung parallel zu absolvieren und folglich sowohl einen Studien- als auch einen Ausbildungsabschluss zeitgleich zu erhalten, die Möglichkeit „gute" Arbeitskräfte frühzeitig zu gewinnen, intensiv kennen zu lernen, frühzeitig im Unternehmen zu integrieren und auch dauerhaft an das Unternehmen zu binden. Ebenfalls sieht Leuthold für Betriebe die Möglichkeit, begründet in der engen Kooperation mit den Studieneinrichtungen, Einfluss auf Ausbildung und Ausbildungsinhalte zu nehmen.

Wissenschaftsrat:

> „Für die kooperierenden Unternehmen stellen duale Studiengänge ein an Bedeutung zunehmendes Instrument der Personalgewinnung dar. Sie verringern dadurch die ansonsten mit der Aufnahme eines Studiums nach Abschluss der Berufsausbildung verbundene Personalfluktuation. Gleiches gilt für gezielte Personalentwicklungsmaßnahmen, für die Kosten der Rekrutierung von Fachkräften am Arbeitsmarkt und die mit einer Fehlbesetzung verbundenen Kosten."[166]

Wie Dieter Leuthold sieht auch der Wissenschaftsrat die Vorteile für kooperierende Unternehmen in der Möglichkeit, duale Studiengänge als Instrument des Personalmanagement nutzen zu können. Denn sowohl bei Personalgewinnung, Personalbindung als auch bei der Personalentwicklung kann ein Duales Studium als ein effektives und effizientes Instrument der Personalwirtschaft angesehen werden. Die sehr hohe Attraktivität eines ausbildungsintegrierenden Studiums für die Schulabsolventen sichert den Unternehmen frühzeitig eine große Auswahl an qualifizierten Bewerbern. Die Option innerhalb des Unternehmens und parallel zur Ausbildung zu studieren, verringert die ansonsten mit der Aufnahme eines Studiums nach Abschluss der Berufsausbildung verbundene Personalfluktuation. Auch die langjährige enge Zusammenarbeit zwischen Auszubildenden/Student und Unternehmen fördert die Personalbindung und verhindert die Abwanderung von qualifiziertem Personal.

---

[166] Wissenschaftsrat, Duale Studiengänge an Fachhochschulen, 1997, S. 28f

> „Die Unternehmen haben die Möglichkeit, zu einem sehr frühen Zeitpunkt leistungsfähige Studierende als Mitarbeiter zu gewinnen. Bereits während der Ausbildung können potentielle künftige Mitarbeiter über einen längeren Zeitraum kennengelernt und deren Entwicklung und Entwicklungspotential sowie die fachlichen und außerfachlichen Fähigkeiten besser eingeschätzt werden. Mit der inhaltlichen Ausgestaltung des Studiengangs und besonders der Ausrichtung fachpraktischer Studienprojekte kann zudem ein stärker auf ihre Bedürfnisse abgestimmtes Ausbildungsprofil vermittelt werden. Die Studierenden werden mit Unternehmensstrukturen und Arbeitsabläufen bekannt gemacht und an ihre künftige Tätigkeit herangeführt. Sie können daher zum weit überwiegenden Teil sofort nach Studienabschluss ohne eine spezifische Einarbeitungszeit eingesetzt werden. Die Unternehmen können die Einbindung in einen dualen Studiengang auch nutzen, um den Kontakt zur Hochschule zu intensivieren und konkrete Fragestellungen, sei es über projektgebundene Diplomarbeiten oder über die Vergabe von Forschungsaufträgen, gezielter und kostengünstiger zu platzieren."[167]

In diesem Zitat zeigt der Wissenschaftsrat die Vorteile eines Dualen Studiums im Bezug auf die Personalgewinnung und insbesondere die Personalauswahl auf, da hier die Studierenden, als potentielle zukünftige Mitarbeiter, bereits während der Ausbildung über einen längeren Zeitraum kennengelernt und deren Entwicklung und Entwicklungspotential sowie die fachlichen und außerfachlichen Fähigkeiten, im Bezug auf die später zu besetzende Stelle, beurteilt, werden können.

Die inhaltlich praxisnahe Ausgestaltung der dualen Studiengänge inkl. fachpraktischer Studienprojekte wird als positiv in Bezug auf das Ausbildungsprofil angesehen und bietet die Möglichkeit dual Studierende nach Studien-/Ausbildungsabschluss ohne die übliche spezifische Einarbeitungszeit zeitnah einzusetzen und folglich Vorteile im Bereich der Personalentwicklung.

> „Die Bindung der Studierenden an ihr jeweiliges Unternehmen eröffnet die Möglichkeit, längerfristiges Personalmanagement und Studieneffizienz zu verknüpfen, und ist ein positives Merkmal dualer Studienangebote. Berufsintegrierte Studiengänge hingegen bieten den Unternehmen die Möglichkeit geeignete Mitarbeiter

---

[167] Wissenschaftsrat, Duale Studiengänge an Fachhochschulen, 1997, S. 29

weiterzuqualifizieren, ohne dass diese für die Zeit ihres Studiums dem Unternehmen verloren gingen."[168]

In seinen Empfehlungen zur Entwicklung der Fachhochschulen spricht der Wissenschaftsrat auch die Personalbindungsfunktion eines dualen Studiengangs positiv an. Zum einen durch die langjährige, für beide Seiten konstruktive Zusammenarbeit, in der Ausbildungs- und Studienzeit bei ausbildungsintegrierenden Studiengängen als auch durch die Möglichkeit geeigneten Mitarbeiter die Aufnahme eines Studiums zu ermöglichen, ohne dass diese für die Zeit und insbesondere nach Abschluss dem Unternehmen verloren gehen bzw. das Unternehmen verlassen.

AusbildungPlus:

> „Das duale Konzept sichert den Betrieben praxisnah ausgebildeten, qualifizierten Nachwuchs.

- Duale Studiengänge ermöglichen eine ganzheitliche Vertiefung der fachwissenschaftlichen Kenntnisse durch Praxis-Transfer und berufliche Anwendung. Die Zusammenarbeit von Wirtschaft und Hochschulen/ Akademien ermöglicht die Mitwirkung der Unternehmen bei der Erarbeitung und Umsetzung der Studien- und Prüfungspläne.
- Durch die organisatorische und inhaltliche Abstimmung von Ausbildungs- und Studieninhalten verkürzt sich die gesamte Ausbildungsdauer, so dass die Nachwuchskräfte den Unternehmen früher als voll einsetzbare Mitarbeiter/- innen zur Verfügung stehen.
- Der enge Kontakt zu der Hochschule/Akademie erleichtert die Möglichkeit, zur Lösung betrieblicher Probleme geeignete Vertreter/-innen der angewandten Forschung anzusprechen.

> Betriebe nutzen duale Studienangebote für die Rekrutierung von qualifiziertem Fachkräftenachwuchs.

- Die bislang hohe Zahl von Abiturienten/-innen, die nach der Ausbildung das Unternehmen verlassen, um ein Studium aufzunehmen, wird reduziert.
- Die Motivation der Studierenden wird durch die soziale Einbindung in den Betrieb gesteigert.

---

[168] Wissenschaftsrat, Empfehlungen zur Entwicklung der Fachhochschulen, 2002, S. 113

- Die kostenintensive Einarbeitung von qualifizierten Nachwuchskräften wird überflüssig.
- Stattdessen erhalten die Betriebe hoch motivierte Mitarbeiter/-innen, die über eine hohe Problemlösungskompetenz verfügen und in der Lage sind, sich flexibel auf geänderte Markt- und Rahmenbedingungen einzustellen.
- Duale Studienangebote können als Instrument zur Optimierung der Personalplanung und -entwicklung eingesetzt werden."[169]

Auch die Internetseite AusbildungPlus des BIBB sieht die Vorteile eines Dualen Studiums für die kooperierenden Unternehmen zum einen in der Sicherung der Ausbildung von qualifizierten und praxisnah ausgebildeten Nachwuchs sowie als Rekrutierungsmöglichkeit von qualifiziertem Fachkräftenachwuchs, also ebenfalls im Bereich der Personalbeschaffung, -entwicklung und -bindung.

Durch den schon angesprochenen Theorie-Praxis-Transfer innerhalb eines Dualen Studiums und die somit verbundene berufliche Anwendung des erlernten theoretischen Wissens, erfolgt eine ganzheitliche Vertiefung der fachwissenschaftlichen Kenntnisse. Auch die Mitwirkung der kooperierenden Unternehmen bei der Erarbeitung und Umsetzung der Studien- und Prüfungspläne sowie der enge Kontakt zwischen teilnehmenden Betrieben und Studieneinrichtungen fördert die Praxisnähe bzw. Praxisorientierung der Aus-/Weiterbildung. Folglich kann laut AusbildungPlus ein Duales Studium als Instrument der Personalentwicklung angesehen werden.

Bei ausbildungsintegrierten dualen Studiengängen hebt das BIBB die Verkürzung der gesamten Ausbildungs- und Studiendauer hervor. Die organisatorische und inhaltliche Abstimmung von Ausbildungs- und Studieninhalten und die damit einhergehende Verkürzung der Ausbildungs- und Studiendauer, bieten den Unternehmen den Vorteil, dass die Nachwuchskräfte den Unternehmen früher als voll einsetzbare Mitarbeiter/-innen und ohne Einführungs- und Einarbeitungsphase zur Verfügung stehen. Dementsprechend sichert das duale Konzept den Betrieben in relativ kurzer Zeit qualifizierten und praxisnah ausgebildeten Nachwuchs.

Als weiterer Vorteil wird hier die Möglichkeit der Nutzung dualer Studienangebote als Rekrutierungsinstrument angegeben. Wie auch schon bei Leuthold angesprochen, können duale Studiengänge als Maßnahmen zur Personalentwicklung und zeitgleich zur

---

[169] http://www.ausbildungplus.de/html/90.php

Personalbindung angesehen werden. Die Fluktuation aufgrund von Abiturienten/-innen, die nach der Ausbildung das Unternehmen verlassen, um ein Studium aufzunehmen, wird verhindert und zusätzlich die Motivation der Studierenden durch die soziale Einbindung in den Betrieb gesteigert.

Durch die schon angesprochene organisatorische und insbesondere inhaltliche Abstimmung von Betrieb und Studieneinrichtung entfällt bei Übernahme eines Absolventen eines Dualen Studiums die meist kosten- und zeitintensive Einarbeitung. „Stattdessen erhalten die Betriebe hoch motivierte Mitarbeiter/-innen, die über eine hohe Problemlösungskompetenz verfügen und in der Lage sind, sich flexibel auf geänderte Markt- und Rahmenbedingungen einzustellen."[170]

Folglich können duale Studiengänge nach AusbildungPlus als Instrument zur Optimierung der Personalplanung und -entwicklung eingesetzt werden.

Agentur für Arbeit Köln:

- „frühe Einarbeitung und Bindung leistungsfähiger Abiturienten
- hohe Praxisintegration
- Verzahnung von Theorie und Praxis
- sehr hohe Erfolgsquote
- Vermittlung von Schlüsselqualifikationen
- geringer Kostenaufwand
- Orientierung am eigenen Bedarf"[171]

Herr Dr. Lachmann von der Arbeitsagentur Köln sieht die wichtigsten Vorteile ebenfalls in der frühen Einarbeitung und Bindung leistungsfähiger Abiturienten, der hohen Praxisintegration des dualen Studiums, die hierbei übliche Verzahnung von Theorie und Praxis sowie die Orientierung der Lernthemen am unternehmerischen Bedarf und die damit verbundene Vermittlung von Schlüsselqualifikationen als Vorzüge für die kooperierenden Unternehmen, folglich in der Option duale Studiengänge als Instrument zur Personalentwicklung und -bindung zu nutzen.

---

[170] http://www.ausbildungplus.de/html/90.php
[171] Dr. Lachmann, Agentur für Arbeit Köln, Duales Studium, Arbeitgeberveranstaltung 26.06.2010

Als weitere Vorteile werden die sehr hohe Erfolgsquote der Absolventen, bedingt durch die hohe Motivation und Leistungsbereitschaft der dual Studierenden, sowie der relativ geringe, überschaubare Kostenaufwand für die Betriebe genannt. Denn aufgrund der eigenen Ausbildung in Kooperation mit einer Studieneinrichtung fallen für hoch qualifizierte, direkt einsetzbare und höchst motivierte Mitarbeiter weder Personalbeschaffungs- und Auswahlkosten, noch Kosten für die externe Personalsuche an.

Kooperierende Unternehmen im Studiengang BWL PLuS:
- Frühe Bindung von Talenten
- Gewinnung besonders leistungsstarker und motivierter Auszubildender
- Keine Notwendigkeit einer weiteren Einarbeitungsphase
- Zeitgewinn durch Parallelität
- Möglichkeit der Nachfolgeplanung
- Mittelfristige Führungskräfteplanung[172]

Die kooperierenden Unternehmen sehen die Vorteile für sich überwiegend in der Personalbeschaffung ergo der Gewinnung besonders leistungsstarker und motivierter Auszubildender und der Personalbindung also der Möglichkeit der frühen Bindung von Talenten. Auch der Zeitgewinn durch Parallelität der Ausbildung und die direkte Einsatzmöglichkeit, ohne weitere Einarbeitungsphase, der dual Studierenden werden positiv angemerkt.

Das Duale Studium bietet den teilnehmenden Betrieben die Möglichkeit der Nachfolgeplanung bzw. der mittelfristigen Führungskräfteplanung und folglich den Unternehmen als Instrument zur Personalbeschaffung, -entwicklung und -bi...

Sowohl Dieter Leuthold in seinem Artikel „Duale Studiengänge: Ein Modell für die Hochschule?", der Wissenschaftsrat in seinen Empfehlungen zur Entwicklung der Fachhochschulen und der Veröffentlichung „Duale Studiengänge an Fachhochschulen", als auch das Bundesinstitut für Berufsbildung auf seiner Internetseite „AusbildungPlus", Herr Dr. Lachmann von der Arbeitsagentur Köln sowie die kooperierenden Unternehmen im Studiengang BWL PLuS beschreiben ein Duales Studium als effektives und effizientes

---

[172] Vgl. eigene Befragung der kooperierenden Unternehmen im Studiengang BWL PLuS

Instrument des Personalmanagements insbesondere der Personalbeschaffung, -entwicklung und -bindung.

Anhand der Zitate und Erläuterungen wird folglich eindrucksvoll deutlich, dass ein Duales Studium als Vorteil und somit möglicher Wettbewerbsvorteil für Unternehmen im Bereich der personellen Leistungsbereitstellung anzusehen ist.

Nun folgend werden die erarbeiteten Vorteile und somit auch die eventuellen Wettbewerbsvorteile nochmals komprimiert in schriftlicher und tabellarischer Form aufgezählt.

Allgemein sind Vorteile eines Dualen Studiums für die kooperierenden Unternehmen in der Möglichkeit der frühzeitigen Personalgewinnung, der Möglichkeit das „zukünftige" Personal frühzeitig im Unternehmen zu integrieren sowie das „zukünftige" Personal intensiv kennen zu lernen und somit Fehlbesetzungen zu vermeiden erkennbar. Des Weiteren erhalten die Unternehmen durch die enge Kooperation mit den Studieneinrichtungen und der möglichen Einflussnahmen auf Ausbildung und Ausbildungsinhalte praxisnah ausgebildeten Nachwuchs bei dem nicht die Notwendigkeit einer zeit- und kostenintensiven Einarbeitungsphase besteht. Ein Duales Studium senkt die Rekrutierungskosten und bietet den Unternehmen die Option für ein mittel- bis langfristiges Personalmanagement inkl. der Möglichkeit der Nachfolge- bzw. mittelfristigen Führungskräfteplanung. Als weiterer wichtiger Vorteil ist auch die, durch das Duale Studium bedingte Mitarbeitermotivation und die damit einhergehende Personalbindung, anzusehen, denn aufgrund der demographischen Entwicklung und des bestehenden Fachkräftemangels müssen Unternehmen der Fluktuation, insbesondere von Fach- und Führungskräften, entgegen wirken. Bei ausbildungsintegrierenden Studiengängen muss nochmals die Möglichkeit der frühzeitigen Personalgewinnung und insbesondere die Verkürzung der gesamten Ausbildungsdauer durch die Parallelität von Ausbildung und Studium mit dem Ergebnis, dass die Absolventen den Unternehmen früher voll einsatzfähig zur Verfügung stehen, erwähnt werden. Speziell bei den beufsintegrierenden und berufsbegleitenden Studiengängen kann die Verhinderung von Personalfluktuation aufgrund der Aufnahme eines Studiums als großer Vorteil angesehen werden.

Abbildung 20 zeigt die erarbeiteten Vorteile für die kooperierenden Unternehmen nochmals tabellarisch, in Bezug auf den dualen Studientyp hin, auf:

| Vorteile für kooperierende Unternehmen: | |
|---|---|
| bei allen Studientypen: | ▪ bietet die Möglichkeit das „zukünftige" Personal intensiv kennen zu lernen<br>▪ bietet die Möglichkeit das „zukünftige" Personal frühzeitig im Unternehmen zu integrieren<br>▪ Instrument der Personalgewinnung<br>▪ senkt Rekrutierungskosten<br>▪ Hilfe bei Vermeidung von Fehlbesetzungen<br>▪ enge Kooperation mit den Studieneinrichtungen<br>▪ Einflussnahme auf Ausbildung und Ausbildungsinhalte<br>▪ praxisnah ausgebildeter Nachwuchs<br>▪ keine Notwendigkeit einer Einarbeitungsphase<br>▪ bietet die Möglichkeit der Nachfolgeplanung<br>▪ Möglichkeit der mittelfristigen Führungskräfteplanung<br>▪ Möglichkeit der Personalbindung |
| bei ausbildungsintegrierenden Studiengängen: | ▪ Möglichkeit der frühzeitigen Personalgewinnung<br>▪ verkürzt die gesamte Ausbildungs- und Studiendauer<br>▪ der Studierende steht dem Unternehmen früher zur Verfügung |
| bei beufsintegrierenden und berufsbegleitenden Studiengängen: | ▪ Verhinderung von Personalfluktuation aufgrund der Aufnahme eines Studiums |

*Abbildung 20: Vorteile für kooperierende Unternehmen*[173]

Zum besseren Verständnis werden anschließend die genannten Vorteile nochmals den Bereichen Personalbeschaffung, Personalauswahl, Personalentwicklung und Personalbindung tabellarisch zugeordnet.

---

[173] Eigene Darstellung

| Bereich: | Vorteile: |
|---|---|
| **Personalbeschaffung und Personalauswahl**<br><br>„Die Personalbeschaffung im weiteren Sinn, oder die Personalgewinnung, umfasst die Aktivitäten eines Unternehmens, um den Personalbedarf in quantitativer, qualitativer, zeitlicher und räumlicher Hinsicht zu decken"[174]<br><br><br>Unter Personalauswahl versteht man „die Beschaffung und Auswahl von Mitarbeitern/innen."[175] | - bietet die Möglichkeit das „zukünftige" Personal intensiv kennen zu lernen<br>- bietet die Möglichkeit das „zukünftige" Personal frühzeitig im Unternehmen zu integrieren<br>- Instrument der Personalgewinnung<br>- senkt Rekrutierungskosten<br>- Hilfe bei Vermeidung von Fehlbesetzungen<br>- Möglichkeit der frühzeitigen Personalgewinnung<br>- keine Notwendigkeit einer Einarbeitungsphase |
| **Personalentwicklung**<br><br>„Die Personalentwicklung umfasst die Maßnahmen, die sich mit der Förderung sowie der Aus-, Fort- und Weiterbildung von Mitarbeitern im Unternehmen beschäftigen."[176] | - enge Kooperation mit den Studieneinrichtungen<br>- Einflussnahmen auf Ausbildung und Ausbildungsinhalte<br>- praxisnah ausgebildeter Nachwuchs<br>- verkürzt die gesamte Ausbildungs- und Studiendauer<br>- der Studierende steht dem Unternehmen früher zur Verfügung<br>- keine Notwendigkeit einer Einarbeitungsphase |
| **Personalbindung**<br><br>Personalbindung dient dazu, dem Unternehmen die Kompetenzen und das Engagement der Mitarbeiter zu erhalten.[177] | - Möglichkeit der Personalbindung<br>- Verhinderung von Personalfluktuation aufgrund der Aufnahme eines Studiums |
| **Personalmanagement**<br><br>Personalmanagement beschreibt folglich die „Summe personeller Gestaltungsmaßnahmen zur Verwirklichung der Unternehmensziele."[178] | - bietet die Möglichkeit der Nachfolgeplanung<br>- Möglichkeit der mittelfristigen Führungskräfteplanung |

*Abbildung 21: Vorteile nach Bereichen gegliedert*[179]

---

[174] http://www.business-wissen.de/handbuch/personalbeschaffung/personalbeschaffung-als-prozess/
[175] Becker, M., Personalentwicklung, Schäffer-Poeschel Verlag, 5. Aufl., Stuttgart 2009, S. 771
[176] Jung, H., Personalwirtschaft, Oldenbourg Verlag, 8. Aufl., München 2008, S. 5
[177] Vgl. Klimecki, R., Gmür, M., Personalmanagement - Ein entwicklungsorientierter Ansatz, Lucius und Lucius, Stuttgart 1998, S. 298
[178] http://wirtschaftslexikon.gabler.de/Definition/personalmanagement.html
[179] Eigene Darstellung

Nachdem die Vorteile und somit die eventuellen Wettbewerbsvorteile mehrfach und ausführlich aufgezeigt worden sind, wird nun anschließend das Duale Studium als Instrument des Personalmanagements anhand dieser Vorteile auf die Bereiche Personalbeschaffung und -auswahl, Personalentwicklung und Personalbindung hin untersucht und bewertet.

<u>Das Duale Studium als Instrument der Personalbeschaffung:</u>

Die Personalbeschaffung und -auswahl, wie schon ausführlich beschrieben, umfassen die Aktivitäten eines Unternehmens, um den Personalbedarf in quantitativer, qualitativer, zeitlicher und räumlicher Hinsicht zu decken mit dem Ziel, die idealen und passenden Bewerber mit vertretbarem Aufwand zu finden, deren Eignung zu prüfen und beiderseitige Interessen und Vorstellungen zu vergleichen und abzustimmen.[180] In Kapitel 2.10 „Personalbeschaffung" wurde aufgezeigt, dass die Personalbeschaffung intern oder extern erfolgen kann. Während bei der internen die freie Stelle mit schon im Unternehmen tätigen Mitarbeitern besetzt wird, erfolgt dies bei der externen Personalbeschaffung mit „neuen", unternehmensfremden und somit externen Mitarbeitern. Beide Methoden zeigen, wie in Abbildung 4 dargestellt, sowohl Vorteile als auch Nachteile auf.

Ein Duales Studium bietet den Studierenden die Möglichkeit die wissenschaftliche Lehre einer entsprechenden Studieneinrichtung mit Praxiserfahrung oder sogar einer Ausbildung in einem Unternehmen zu verknüpfen. Dadurch wird der dual Studierende zweigleisig d.h. sowohl theoretisch als auch praktisch und somit praxisnah und berufsorientiert ausgebildet. Folglich kann ein Duales Studium als eine Kombination von interner und externer Beschaffung angesehen werden. Intern, da es sich um schon im Unternehmen Beschäftigte handelt und extern, da die dual Studierenden auch noch an einer entsprechenden Studieneinrichtung immatrikuliert sind. Somit bietet das Duale Studium sowohl Vorteile der internen als auch der externen Personalbeschaffung. In Bezug auf Abbildung 4 werden nun beispielhaft die Erhöhung der Personalbindung, die geringen Beschaffungskosten, die vorhandenen Betriebskenntnisse und das „Kennen" des Mitarbeiters und seines Könnens als mögliche Vorteile der internen Personalbeschaffung sowie die neuen Impulse für den Betrieb als Vorteile der externen Personalbeschaffung aufgezeigt.

---

[180] Vgl. http://www.business-wissen.de/handbuch/personalbeschaffung/personalbeschaffung-als-prozess/

Das Duale Studium als Instrument der Personalauswahl:

Unter Personalauswahl versteht man den Entscheidungsprozess, der eine Auslese unter den Bewerbern für eine offene Stelle zum Gegenstand hat, mit dem Ziel bzw. der Aufgabe, den „richtigen" Bewerber herauszufinden. Abhängig von der zu besetzenden Stelle unterliegt diese einer Mehrzahl von Anforderungskriterien und kann mit Hilfe unterschiedlicher Methoden und Instrumenten durchgeführt werden. Diese reichen von der Kontrolle und Bewertung des Lebenslaufes, des Bewerbungsschreibens, der Schul- und Arbeitszeugnisse über Einstellungsgespräche und -tests bis hin zur Durchführung von Assessment-Centern. Die Methoden und somit der Aufwand der Personalauswahl orientieren sich am Anforderungsprofil der zu besetzenden Stelle.

Durch die lange Dauer und die intensive Form der Zusammenarbeit während der Ausbildung/des Studiums kann das Unternehmen die dual Studierenden ausführlich und intensiv auf die zu besetzende Stelle testen und beurteilen. Die Möglichkeit einer Fehleinschätzung bzw. eines anschließenden falschen Personaleinsatzes wird dadurch minimiert. Folglich kann ein Duales Studium auch als ein effektives Instrument der Personalauswahl angesehen werden.


Das Duale Studium als Instrument der Personalentwicklung:

„Die Personalentwicklung betrifft alle Maßnahmen zur Erhaltung und Verbesserung der Qualifikation von Mitarbeitern."[181] Die Aufgabe der Personalentwicklung besteht darin, die Kenntnisse, Fähigkeiten, Fertigkeiten und Kompetenzen der Mitarbeiter auf die aktuellen und künftigen Anforderungen des Unternehmens vorzubereiten mit dem Ziel der Sicherung der Existenz, also der Erhaltung der Wettbewerbsfähigkeit des Unternehmens durch die Erhaltung der Beschäftigungsfähigkeit der Mitarbeiter.

Wie auch schon in Kapitel 2.11 beschrieben kann die Personalentwicklung mit unterschiedlichen Methoden durchgeführt werden. Hervorzuheben sind hierbei die Unterscheidung in interne und externe Methoden sowie zwischen „On-the-Job"-, „Off-the-Job"- und „Near-the-Job"-Maßnahmen.

---

[181] Rahn, H.-J., Dipl.-Kfm., Dipl.-Betrw., Grünstadt, Personalentwicklung, Haufeindex 952952

Bei der Differenzierung zwischen internen oder externen Methoden wird die Personalentwicklung nach dem Träger der Maßnahmen unterschieden. Werden die Maßnahmen von der Unternehmung bzw. von im Unternehmen beschäftigten Mitarbeitern selbst durchgeführt, spricht man von einer internen Personalentwicklung, werden diese jedoch von außenstehenden, externen Beratern oder Unternehmen durchgeführt spricht man von einer externen Personalentwicklung.[182]

Da die dual Studierenden ja sowohl im Unternehmen, also intern, sowie in der entsprechenden Studieneinrichtung, also extern, ausgebildet und somit weiter entwickelt werden, bietet sich das Duale Studium als Instrument der Personalentwicklung, als eine Kombination aus interner und externer Maßnahme an, und verknüpft somit die Vorteile der internen mit den Vorteilen der externen Personalentwicklung.

Die Differenzierung zwischen den Methoden der Aus- und Weiterbildung am Arbeitsplatz oder außerhalb des Arbeitsplatzes werden nach dem jeweiligen Lernort unterschieden also in „On-the-Job"-, „Off-the-Job"- und „Near-the-Job"-Maßnahmen.[183]

„Im Grunde bedeutet die Förderung „On-the-Job" nur eine gewisse Systematisierung des schon immer gültigen Prinzips des "Lernens durch Tun" (Learning by doing), des alltäglichen Lernens im Arbeitsprozess."[184] Somit werden mit diesem Begriff Methoden der Aus- und Weiterbildung am täglichen Arbeitsplatz umschrieben, die i.d.R. auf aktuelle sachliche und personelle Problemstellungen des betrieblichen Alltags abzielen. Ziel ist also die Vermittlung und Erprobung praktischer Kenntnisse und Fähigkeiten.

Off-the-Job-Maßnahmen finden außerhalb des Arbeitsplatzes und außerhalb des Unternehmens statt. Gerade dieser Teil findet aber oft die größte Beachtung, weil die Teilnehmer bei solchen Maßnahmen an ihren Arbeitsplätzen fehlen und weil für diese Maßnahmen gesonderte Kosten anfallen.[185]

„Personalentwicklung „On the Job" kann unterstützt werden ch Aktivitäten und Maßnahmen, die nicht unmittelbar mit den Tätigkeiten und den n am Arbeitsplatz

---

[182] Vgl. Jung, H., Personalwirtschaft, Oldenbourg Verlag, 8. Aufl., München 2008, S. 281
[183] Vgl. Jung, H., Personalwirtschaft, Oldenbourg Verlag, 8. Aufl., München 2008, S. 281
[184] Möhl, W., Dipl.-Kfm., Röttenbach, Instrumente der Personalentwicklung, Haufeindex 5832
[185] Vgl. Möhl, W., Dipl.-Kfm., Röttenbach, Instrumente der Personalentwicklung, Haufeindex 583

zusammenhängen. Es besteht jedoch eine mehr oder weniger enge Verbindung zur ausgeübten Tätigkeit. Daher spricht man hier von Personalentwicklung „Near-the-Job"."[186]

Da dual Studierende sowohl im Unternehmen als auch in einer entsprechenden Studieneinrichtung zweigleisig unterrichtet und somit weiterentwickelt werden, verknüpft das Duale Studium als Instrument der Personalentwicklung alltägliches Lernen im Arbeitsprozess unterstützt durch Aktivitäten und Maßnahmen, die nicht unmittelbar mit den Tätigkeiten und dem Lernen am Arbeitsplatz zusammenhängen mit Maßnahmen außerhalb des Arbeitsplatzes und außerhalb des Unternehmens.

Folglich bieten duale Studiengänge, als Instrument der Personalentwicklung, auch eine Kombination von „On-the-Job"-, „Off-the-Job"- und „Near-the-Job"-Maßnahmen.


Das Duale Studium als Instrument der Personalbindung:

Als weitere wichtige Ziele und folglich als weitere wichtige Aufgaben des Personalmanagements sind heutzutage auch die Mitarbeitermotivation und die damit einhergehende Personalbindung anzusehen. Aufgrund der demographischen Entwicklung und des bestehenden Fachkräftemangels müssen Unternehmen der Fluktuation, insbesondere von Fach- und Führungskräften entgegen wirken. Laut Klimecki/Gmürr dient die Personalbindung dazu, dem Unternehmen die Kompetenzen und das Engagement der Mitarbeiter zu erhalten.[187]

Die Möglichkeit die ein Duales Studium in Kooperation mit den Unternehmen den Studierenden, gerade in einem ausbildungsintegrierten Studiengang, bietet, also der parallele Erwerb eines Hochschulabschlusses sowie eines Abschlusses in einem anerkannten Ausbildungsberuf, führt zu einer engen Bindung zwischen dual Studierendem und Betrieb. Auch die lange und intensive Zusammenarbeit während der Ausbildung/des Studiums sowie die sehr hohen Übernahmechancen bzw. anschließenden Karrierechancen sowie die soziale Einbindung in den Betrieb steigern die Motivation und binden die Absolventen an das Unternehmen.

---

[186] Möhl, W., Dipl.-Kfm., Röttenbach, Instrumente der Personalentwicklung, HaufeIndex 583305
[187] Vgl. Klimecki, R., Gmür, M., Personalmanagement - Ein entwicklungsorientierter Ansatz, Lucius und Lucius, Stuttgart 1998, S. 298

Folglich ist auch in Bezug auf die Personalbindung das Duale Studium als effektives und effizientes Instrument anzusehen.

Das Duale Studium als Instrument eines langfristigen Personalmanagements:

„Personalmanagement ist ein Unternehmensbereich, der maßgeblich über die Schicksale eines Unternehmens bestimmt. Nur wer qualifiziertes Personal an den richtigen Stellen sitzen hat, der kann langfristig erfolgreich sein. Personal ist weit mehr als ein Kostenfaktor – es ist der entscheidende Faktor, der über Erfolg oder Misserfolg entscheidet."[188]

Das Personalmanagement muss aufgrund der heutigen gestiegenen Anforderung als ganzheitlicher und langfristiger Prozess angesehen werden, der bereichsübergreifend die Personalbeschaffung und -auswahl, die Personalentwicklung sowie die Personalbindung umfasst. Die einzelnen Bereiche müssen aufeinander abgestimmt werden und ineinander greifen. Hierfür ist ein mittel- bis langfristiges Denken und Handeln und somit auch mittel- bis langfristige Instrumente Voraussetzung.

Das Duale Studium ist ein solches mittel- bis langfristig ausgerichtetes Instrument des Personalmanagements, es bietet u.a. die Möglichkeit der Nachfolgeplanung sowie die Möglichkeit der mittelfristigen Führungskräfteplanung.

Allgemein:

Die Bedeutung des Personalmanagements, insbesondere eines langfristig angelegten Personalmanagements, wird laut Jung immer stärker.

„Heute und in Zukunft werden nur die Unternehmen rentabel und überlebensfähig sein, die auf eine langfristige Strategie setzen. Dies gilt im Hinblick auf angebotene Produkt- oder Dienstleistungspalette ... und ganz besonders für die damit verbunden Personalarbeit. Moderne Unternehmen haben erkannt, dass ihre „Human Resourcen" das wichtigste Kapital darstellen... Diese neue Denkweise bietet keinen Raum für eine „ex und hopp"- Mentalität im Umgang mit den Mitarbeitern. Die strategische Ausrichtung der Personalarbeit muss bereits

---

[188] http://www.personal-wissen.de/

bei den Funktionen „Personalbedarfsplanung", „Personalbeschaffung" und „Personaleinsatzplanung" ansetzten. Außerdem spielt die Entwicklung des Personals im Sinne einer zukunftsorientierten Weiterbildung eine entscheidende Rolle."[189]

Wie ausführlich aufgezeigt und beschrieben kann bzw. muss das Duale Studium als effektives und effizientes Instrument der Personalbeschaffung und -auswahl, der Personalentwicklung sowie der Personalbindung und somit folglich eines mittel- bis langfristigen Personalmanagements angesehen werden.

Da viele Unternehmen aber den Bereich des Personalmanagements insbesondere die Personalentwicklung und Personalbindung immer noch vernachlässigen und somit auch nicht die Möglichkeiten eines Dualen Studiums nutzen, wird dieses effektive und effiziente Instrument für die kooperierenden/anbietenden Unternehmen zum Wettbewerbsvorteil.

Abschließend erfolgt ein Zitat von Herrn Brock von der LEONI Kerpen GmbH, einem kooperierenden Unternehmen im Studiengang BWL PLuS an der Fachhochschule Aachen, zu Erwartungen und Erfahrungen zum Thema Wettbewerbsvorteil:

„Es wird für Unternehmen immer wichtiger, frühzeitig Nachwuchskräfte für die vielfältigen Aufgaben auszubilden und an das Unternehmen zu binden. Im Rahmen der demographischen Entwicklung ist eine frühzeitige Planung im Rahmen der Personalentwicklung unbedingt erforderlich. Werden die ausgebildeten Mitarbeiter dann noch entsprechend ihren Fähigkeiten eingesetzt, so stelle diese sicherlich auch einen Wettbewerbsvorteil dar."[190]

## 3.14 Entscheidungsgrundlagen

Zum Ende des 3. Kapitels werden folgend die Fragen, welche Art/welchen Typ eines dualen Studiengangs biete ich als Unternehmen an, und mit welcher Studieneinrichtung kooperiere ich als Unternehmen, beantwortet.

Die Frage nach der Art/dem Typ des Studiengangs hängt vom anvisierten Ziel der Unternehmung ab. Besteht die Zielsetzung in einer Verkürzung der gesamten

---

[189] Jung, H., Personalwirtschaft, Oldenbourg Verlag, 8. Aufl., München 2008, S. 1
[190] Eigene Befragung der kooperierenden Unternehmen im Studiengang BWL PLuS

Ausbildungsdauer, durch die Parallelität von Ausbildung und Studium, mit dem Ergebnis, dass die Absolventen den Unternehmen früher voll einsatzfähig zur Verfügung stehen, ist dementsprechend ein ausbildungsintegrierender dualer Studiengang die richtige Alternative. Sollen aber schon im Unternehmen Beschäftige gehalten/gebunden werden, also die Personalfluktuation aufgrund der Aufnahme eines Studiums verhindert werden, sollte die Wahl auf berufsintegrierende und berufsbegleitende Studiengänge fallen.

Die Wahl der Studieneinrichtung ist zum einen in den angebotenen Fachrichtungen begründet, fällt aber dann überwiegend aus geographischen Gesichtspunkten. Da die Aus-/Weiterbildung bei einem Dualen Studium parallel an zwei Lernorten durchgeführt wird, ist eine räumliche Nähe von Unternehmen und Studieneinrichtung unabdingbar.

## 3.15 Kosten/Nutzen-Analyse

Zum besseren Verständnis wird nun folgend eine kurze Kosten/Nutzen-Analyse durchgeführt. Unter einer Kosten/Nutzen-Analyse versteht man eine Untersuchung/Analyse, die den möglichen Nutzen, also die Fähigkeit eines Gutes oder einer Dienstleistung, Bedürfnisse zu befriedigen, mit den anfallenden Kosten, dem finanziellen Aufwand, vergleicht.[191] In Bezug auf das Thema dieser Arbeit, bezieht sich diese Analyse folglich auf den Nutzen eines Dualen Studiums als Instrument des Personalmanagements im Vergleich zu den anfallenden Kosten für die kooperierenden Unternehmen.

Als mögliche Kosten für die anbietenden Betriebe sind hierbei die Studiengebühren, die Personalkosten der dual Studierenden, die Personalkosten der betrieblichen Ausbilder, Anlage- und Sachkosten und sonstige Kosten zu berücksichtigen.

„Eine Studiengebühr oder ein Studienbeitrag ist ein Beitrag, den Studenten regelmäßig entrichten müssen, um am Studium teilnehmen zu dürfen."[192] Die Höhe der Studiengebühren variiert je nach Träger der Studieneinrichtung. Während staatliche Hochschulen, je nach Bundesland, bis zu 500 Euro pro Semester verlangen, sind die Gebühren bei privaten Studieneinrichtungen erheblich höher, laut Profiling - Institut zwischen 3.000 Euro bis 10.000

---

[191] Vgl. http://www.wirtschaftslexikon24.net/d/nutzen/nutzen.htm
[192] http://de.wikipedia.org/wiki/Studiengeb%C3%BChr

Euro pro Jahr an privaten Fachhochschulen, angesiedelt.[193] Zusätzlich fallen für die kooperierenden Unternehmen aber noch weitere Kosten an. Zum einen zahlen die Unternehmen, abhängig vom Studientyp, den dual Studierenden entweder ein Vollzeit- oder Teilzeitgehalt bzw. eine Ausbildungs- oder Praktikantenvergütung und zum anderen verursacht der zeit- und kostenintensive Arbeitsaufwand in Bezug auf Planung, Koordination und Durchführung nicht zu unterschätzende Kosten. Als weiterer zeitintensiver Aufwand und folglich als weiterer Kostenfaktor ist die, durch die lange Dauer und die intensive Zusammenarbeit innerhalb eines Dualen Studiums, vorab notwendige Personalauswahl anzusehen.

Neben den Studiengebühren fallen für die Unternehmen auch Personalkosten zum einen für die dual Studierenden und des Weiteren auch für die innerbetrieblichen Ausbilder an. Die kooperierenden Betriebe zahlen abhängig vom Studientyp den Studenten entweder ein Vollzeit- oder Teilzeitgehalt bzw. eine Ausbildungs- oder Praktikantenvergütung.

„Personalkosten sind alle Kosten, die durch den Einsatz von Arbeitnehmern (= Arbeiter und Angestellte) entstehen."[194] „Personalkosten bestehen aus den Kosten für Gehälter und Löhne, die als Lohnkosten bezeichnet werden, zudem aus den Kosten für soziale Aufwendungen, sowie aus den Personalnebenkosten wie zum Beispiel Entgeltfortzahlungen oder Fortbildungsmaßnahmen."[195] Ebenfalls zählt auch der Arbeitgeberanteil an der Sozialversicherung (Renten-, Kranken-, Arbeitslosen- oder Pflegeversicherung) zu den, zu berücksichtigen, Personalkosten.

Zu den Anlage- und Sachkosten zählen Kosten, die an den einzelnen betrieblichen Lernorten (Arbeitsplatz, Lehrwerkstatt und innerbetrieblicher Unterricht) anfallen, wie zum Beispiel Anschaffungskosten für die Werkzeug- und Geräteausstattung, Kosten für die Lehrwerkstatt und den innerbetrieblichen Unterricht sowie Verbrauchsmaterialien, die für Übungszwecke benötigt werden.[196]

---

[193] Vgl. http://www.private-hochschulen24.de/kontakt.html
[194] http://www.wirtschaftslexikon24.net/d/personalkosten/personalkosten.htm
[195] http://de.wikipedia.org/wiki/Personalkosten
[196] Vgl. http://www.bibb.de/de/51130.htm

Die sonstigen Kosten umfassen u.a. Kammergebühren, Kosten für Lehr- und Lernmaterialien, für externe Kurse und für die betriebliche Ausbildungsverwaltung.[197]

Als möglicher Nutzen sind direkt die erwirtschafteten Erträge durch die Auszubildenden und die schon mehrfach aufgezählten Vorteile eines Dualen Studiums sowie indirekt die möglichen Einsparungen in Bezug auf das Personalmanagement anzusehen.

Dual Studierende verursachen aber nicht nur Kosten, sondern leisten durch ihre betriebliche Arbeit auch einen Beitrag zur Produktivität des Betriebes.[198] „Diese sogenannten produktiven Leistungen senken die Kosten der Betriebe und müssen deshalb als Ausbildungserträge von den Bruttokosten abgezogen werden."[199]

Auch die schon als Vorteile aufgezählten Möglichkeiten der frühzeitigen Personalgewinnung und Personalbindung, die Hilfe bei Vermeidung von Fehlbesetzungen sowie die enge Kooperation mit den Studieneinrichtungen und die daraus resultierende Möglichkeit der Einflussnahme auf Ausbildung und Ausbildungsinhalte, kann als Nutzen für die kooperierenden Unternehmen angesehen werden. Ebenfalls müssen in diesem Kontext der praxisnah ausgebildete Nachwuchs, die Möglichkeiten der Nachfolgeplanung und der mittelfristigen Führungskräfteplanung positiv erwähnt werden. Ein weiterer wichtiger Nutzen besteht in der verkürzten Ausbildungs- und Studiendauer bei ausbildungsintegrierenden Studiengängen sowie in der Verhinderung von Personalfluktuation aufgrund der Aufnahme eines Studiums durch berufsintegrierende und berufsbegleitende Studiengänge. Bei den Einsparmöglichkeiten sind insbesondere die Verringerung der Rekrutierungs- und Einarbeitungskosten sowie die Vermeidung von Fehlbesetzungen und Personalfluktuation und damit verbundene Folgekosten zu nennen.

---

[197] Vgl. http://www.bibb.de/de/51130.htm
[198] Vgl. http://www.bibb.de/de/51166.htm
[199] http://www.bibb.de/de/51130.htm

Zusammengefasst in einer Kosten/Nutzen –Tabelle:

| Kosten | Nutzen |
|---|---|
| <ul><li>Personalkosten der dual Studierenden</li><li>Personalkosten der Ausbilder</li><li>Anlage- und Sachkosten (z.B. am Arbeitsplatz oder in der Lehrwerkstatt)</li><li>Sonstige Kosten (z.B. Lehr- und Lernmaterial oder Kammergebühren)</li><li>Hoher zeit- und kostenintensiver Planungs-, Koordinations- und Arbeitsaufwand</li><li>Unternehmen tragen i.d.R die Studiengebühren und zahlen abhängig vom Studientyp entweder ein Vollzeit- oder Teilzeitgehalt bzw. eine Ausbildungs- oder Praktikantenvergütung</li><li>hoher anfänglicher zeit- und folglich kostenintensiver Aufwand zur Personalauswahl</li></ul> | <ul><li>Erträge durch die Auszubildenden (insbesondere produktive Leistungen)</li><li>Einsparung von Rekrutierungskosten</li><li>Einsparung von Einarbeitungskosten</li><li>Einsparung von Kosten für Personalentwicklungsmaßnahmen</li><li>Einsparung aufgrund von Personalbindung</li><li>Imagegewinn</li><li>Synergien bei der Weiterbildung</li><li>Möglichkeit der frühzeitigen Personalgewinnung</li><li>Hilfe bei Vermeidung von Fehlbesetzungen</li><li>enge Kooperation mit den Studieneinrichtungen und somit Einflussnahme auf Ausbildung und Ausbildungsinhalte</li><li>praxisnah ausgebildeter Nachwuchs</li><li>Möglichkeit der Nachfolgeplanung</li><li>Möglichkeit der mittelfristigen Führungskräfteplanung</li></ul><br>bei ausbildungsintegrierenden Studiengängen:<ul><li>verkürzt die gesamte Ausbildungs- und Studiendauer</li><li>der Studierende steht dem Unternehmen somit früher zur Verfügung</li></ul><br>bei berufsintegrierenden und berufsbegleitenden Studiengängen:<ul><li>Verhinderung von Personalfluktuation (aufgrund der Aufnahme eines Studiums)</li></ul> |

*Abbildung 22: Kosten/Nutzen - Analyse* [200]

---

[200] Eigene Darstellung in Anlehnung an Präsentation des BIBB, Kosten und Nutzen der Berufsausbildung in Deutschland - Ergebnisse der BIBB-Betriebsbefragung 2007, S. 4

## 3.16 Zwischenfazit

Das Duale Studium kann, wie in Kapitel 3.12.2.1 „Vorteile für kooperierende Unternehmen" ausführlich beschrieben, für die Unternehmen als effektives, wirksames Instrument insbesondere im Bereich der Personalbeschaffung, -auswahl, -entwicklung und -bindung angesehen werden. Durch die in Abbildung 22 dargestellten Vorteile/Nutzen und Kostenvorteile/-einsparungen, kann trotz der relativ hohen anfallenden Kosten, das Duale Studium auch als effizientes Instrument des Personalmanagements angesehen werden.

Somit bleibt abschließend festzuhalten:

Die Anforderungen an Unternehmen, das beschäftigte Personal und folglich an Personalbeschaffung und Personalentwicklung ergo an das Personalmanagement sind durch den dynamischen Wandel, die erhöhte Komplexität der alltäglichen Aufgaben, die demographische Entwicklung und den Fachkräftemangel erheblich gestiegen und werden weiterhin steigen. Unternehmen können sich heutzutage und in Zukunft nur dann am Markt etablieren und behaupten, wenn sie die gestiegenen Anforderungen erfüllen bzw. übertreffen können. Dies setzt aber das „richtige" Personal voraus, welches aber nicht in ausreichender Anzahl und/oder Qualität zur Verfügung steht.

Folglich steigt die Bedeutung effektiver und effizienter Instrumente der Personalbeschaffung und -auswahl, der Personalentwicklung sowie der Personalbindung und ein mittel- bis langfristiges Personalmanagement wird unumgänglich.

Wie ausführlich aufgezeigt und beschrieben, kann bzw. muss das Duale Studium als effektives und effizientes Instrument der Personalbeschaffung und -auswahl, der Personalentwicklung sowie der Personalbindung und somit folglich eines mittel- bis langfristigen Personalmanagements angesehen werden.

Da viele Unternehmen aber den Bereich des Personalmanagements, insbesondere die Personalentwicklung und Personalbindung, immer noch vernachlässigen und somit auch nicht die Möglichkeiten eines Dualen Studiums nutzen, wird dieses effektive und effiziente Instrument für die kooperierenden/anbietenden Unternehmen zu einem nicht zu unterschätzenden Wettbewerbsvorteil.

# 4 Dualer Studiengang Betriebswirtschaft PLuS an der Fachhochschule Aachen

Nachdem in Kapitel 3 ausführlich das Duale Studium allgemein behandelt wurde, in dem Ziele und Gründe für die Einführung, die unterschiedlichen Modelltypen dualer Studiengänge sowie die verschiedenen Fachrichtungen und Studieneinrichtungen erörtert, mögliche Abschlüsse, allgemeine Informationen und Voraussetzungen sowie Vor- und Nachteile aufgezeigt wurden und eine abschließende Bewertung im Bezug auf mögliche Wettbewerbsvorteile erfolgte, behandelt das folgende Kapitel exemplarisch den dualen Studiengang „Betriebswirtschaft PLuS" im Fachbereich Wirtschaft der Fachhochschule Aachen.

Einleitend werden vorab die Fachhochschule Aachen allgemein, ihre Fachbereiche sowie die möglichen Studiengänge aufgezeigt und beschrieben. Anschließend wird der Fachbereich Wirtschaft vorgestellt und die dortigen unterschiedlichen Studiengänge aufgezählt und kurz erläutert. Im Anschluss erfolgt eine Beschreibung und Erläuterung des Studiengangs BWL PLuS, indem zuerst nochmals die Begriffe „Duales Studium" und insbesondere „ausbildungsintegrierende duale Studiengänge" definiert und erläutert sowie die Ziele und Gründe für die Einführung sowie mögliche Vorteile aufgezeigt werden. Anschließend werden mögliche Studienabschlüsse, die harmonierenden Ausbildungsberufe und der geplante parallele Ablauf des Dualen Studiums erörtert. Folgend werden die Voraussetzungen für alle an einem Dualen Studium beteiligten Parteien aufgezählt und beschrieben sowie die Bewerbung bzw. der Bewerbungsablauf für einen dualen Studienplatz dargestellt. Danach werden die möglichen Kooperationspartner und die bei der Berufsausbildung kooperierenden Schulen sowie Kammern und Verbände aufgelistet und beispielhaft beschrieben. Darauf folgend werden mögliche Vorteile und somit eventuelle Wettbewerbsvorteile für die dual Studierenden, die kooperierenden Unternehmen sowie für die Fachhochschule aufgezeigt und erläutert. Abschließend erfolgen, durch Fragebögen und persönliche Gespräche ermittelte Erfahrungsberichte der Fachhochschule, von dual Studierenden sowie der kooperierenden Unternehmen im Studiengang BWL PLuS.

Dieses Kapitel basiert auf Grundlage des 3. Kapitels „Das Duale Studium", Informationen der Internetseiten der Fachhochschule bzw. des Fachbereichs Wirtschaft der FH Aachen sowie auf persönlicher und schriftlicher Befragungen der am Studiengang BWL PLuS beteiligten Parteien.

## 4.1 Fachhochschule Aachen/Fachbereich Wirtschaft

### 4.1.1 Fachhochschule Aachen

Die Fachhochschule Aachen beschreibt sich auf ihrer Internetseite in ihrem Kurzprofil wie folgt:

„Aus dem Zusammenschluss mehrerer Fachschulen und berufsbezogener Ausbildungsstätten wurde 1971 die Fachhochschule (FH) Aachen gegründet. Sie blickt damit auf eine mehr als 100-jährige, praxisorientierte Bildungstradition zurück. Theorie und Praxis werden während des gesamten Studiums eng miteinander verknüpft. Durch den engen Bezug zur Berufspraxis der mehr als 220 Professorinnen und Professoren und etwa 450 Mitarbeitern in Lehre und Forschung ist eine berufsqualifizierende, wissenschaftlich fundierte Ausbildung gewährleistet. Davon profitieren die knapp 9.500 Studierenden. Die FH Aachen bietet ihnen eine erstklassige Ausbildung in modernen und zukunftsweisenden Berufen. Enge Kooperationen mit regionalen und internationalen Unternehmen sowie renommierten Forschungseinrichtungen wie dem Forschungszentrum Jülich (FZJ) spiegeln sich in der Qualität des Lehrangebotes wider. Neue Anforderungen der Berufspraxis werden an der FH Aachen als Chance erkannt, das Studienangebot laufend inhaltlich anzupassen und zu erweitern. Derzeit können Studieninteressierte aus 47 Bachelor- und 20 Masterstudiengängen der Ingenieurwissenschaften, der Wirtschaftswissenschaften und des Design auswählen. Zusätzlich werden einige Studiengänge als duale und berufsbegleitende Studiengänge angeboten."[201]

Laut eigenen Angaben und Bezug nehmend auf Wikipedia, gehört die Fachhochschule Aachen mit über 9.500 Studierenden und etwa 220 Professoren und Professorinnen sowie 450 Mitarbeitern in Lehre und Forschung zu den größten Fachhochschulen Deutschlands.[202] Durch die enge Verknüpfung von Theorie und Praxis während des gesamten Studiums, den engen Bezug zur Berufspraxis sowie die enge Kooperationen mit regionalen und internationalen Unternehmen sowie renommierten Forschungseinrichtungen, gewährleistet die FH Aachen

---

[201] http://www.fh-aachen.de/kurzprofil.html
[202] Vgl. http://de.wikipedia.org/wiki/FH_Aachen

eine berufsqualifizierende, wissenschaftlich fundierte Ausbildung in modernen und zukunftsweisenden Berufen. Das Lehrangebot der Fachhochschule teilt sich auf die Standorte Aachen und Jülich auf.

Fachhochschulen zeichnen sich allgemein durch eine starke Verknüpfung von Theorie und Praxis aus. „Die Fachhochschule (Abkürzung: FH) ist eine Hochschulform, die Lehre und Forschung auf wissenschaftlicher Grundlage mit anwendungsorientiertem Schwerpunkt betreibt."[203] Die Lehrinhalte der dort angebotenen Studiengänge sind folglich praxisnah und anwendungsorientiert gestaltet, also auf die Anforderungen und Bedürfnisse des späteren Berufslebens zugeschnitten. Ein erfolgreiches Studium an einer Fachhochschule wird i.d.R. mit einem akademischen Grad abgeschlossen. Im Zuge des Bologna-Prozesses wurde der Abschluss vom Diplom-Abschluss auf Bachelor- und Master-Abschlüsse umgestellt.

Die Fachhochschule Aachen bietet aktuell 47 Bachelor- und 20 Masterstudiengängen der Ingenieurwissenschaften, der Wirtschaftswissenschaften und des Design in unterschiedlichen Fachbereichen an. Einige Studiengänge werden zusätzlich als duale und berufsbegleitende Studiengänge angeboten.[204]

Die unterschiedlichen Studiengänge verteilen sich auf folgende 10 Fachbereiche innerhalb der Fachhochschule. „Ein Fachbereich ist ein Teil einer Organisation, der auf ein bestimmtes Fachgebiet spezialisiert ist."[205]

Die Fachbereiche der FH Aachen sind:

- Architektur
- Bauingenieurswesen
- Chemie und Biotechnologie
- Gestaltung
- Elektrotechnik und Informationstechnik
- Luft- und Raumfahrttechnik
- Wirtschaftswissenschaften
- Maschinenbau und Mechatronik
- Medizintechnik und Technomathematik
- Energietechnik

Innerhalb dieser Fachbereiche werden unterschiedliche Studiengänge angeboten. „Studiengang heißt die Gesamtheit der Lehrinhalte eines wissenschaftlichen Studienfaches an

---

[203] http://de.wikipedia.org/wiki/Fachhochschule
[204] Vgl. http://www.fh-aachen.de/kurzprofil.html
[205] http://de.wikipedia.org/wiki/Fachgebiet

einer Hochschule."[206] Nun folgt im Anschluss eine tabellarische Übersicht aller angebotenen Studiengänge der Fachhochschule Aachen im Jahr 2010:

| Bachelorstudiengänge | Masterstudiengänge |
|---|---|
| - Angewandte Chemie<br>- Applied Chemistry<br>- Architektur<br>- Bauingenieurwesen<br>- Dualer Studiengang Bauingenieurwesen - Netzingenieur<br>- Dualer Studiengang Prozesstechnik<br>- Betriebswirtschaft/Business Studies<br>- Betriebswirtschaft PLuS (Dualer Studiengang)<br>- Biomedizinische Technik<br>- Biomedical Engineering<br>- Biotechnologie<br>- Business Studies/Anglophone Countries<br>- Business Studies/Deutsch-Französisch<br>- Communication and Multimedia Design<br>- Electrical Engineering<br>- Elektrotechnik (Aachen)<br>- Elektrotechnik (Jülich)<br>- Elektrotechnik PLuS (Jülich) (Dualer Studiengang)<br>- European Business Studies<br>- Fahrzeugantriebstechnik<br>- Fahrzeugintegration/ Karosserietechnik<br>- Holzingenieurwesen<br>- Informatik<br>- Kommunikationsdesign<br>- Luft- und Raumfahrttechnik<br>- Luft- und Raumfahrttechnik mit Verkehrspilotenausbildung (Dualer Studiengang)<br>- Maschinenbau (Aachen)<br>- Maschinenbau (Jülich)<br>- Maschinenbau PLuS (Jülich) (Dualer Studiengang)<br>- Mechanical Engineering<br>- Mechatronik<br>- Physikingenieurwesen<br>- Physical Engineering<br>- Produktdesign<br>- Schienenfahrzeugtechnik<br>- Scientific Programming (Dualer Studiengang)<br>- Wirtschaftsingenieurwesen | - Aerospace Engineering<br>- Angewandte Polymerwissenschaften<br>- Architektur und Städtebau<br>- Automotive Vehicle Integration/Powertrain and Chassis Engineering<br>- Bauingenieurwesen<br>- Biomedical Engineering<br>- Biotechnologie<br>- Energy Systems<br>- Entrepreneurship<br>- Facility Management<br>- Industrial Engineering<br>- Information Systems Engineering<br>- International Business Management<br>- Kommunikationsdesign und Produktdesign<br>- Mechatronics<br>- Nachrichtentechnik<br>- Nuclear Applications<br>- Produktentwicklung<br>- Technomathematik<br>- Telekommunikationstechnik |

*Abbildung 23: Studiengänge an der FH Aachen 2010*[207]

Wie in Abbildung 23, farblich abgesetzt, zu erkennen, bietet auch die Fachhochschule Aachen in mehreren Fachbereichen bzw. Fachrichtungen duale Studiengänge an.

---

[206] http://de.wikipedia.org/wiki/Studiengang
[207] In Anlehnung an http://www.fh-aachen.de/2187.html

## 4.1.2 Fachbereich Wirtschaft der Fachhochschule Aachen

Der Fachbereich Wirtschaft der Fachhochschule Aachen beschreibt sich auf seiner Internetseite selber wie folgt:

„In den sechs Studiengängen des Fachbereichs Wirtschaftswissenschaften sind derzeit insgesamt 1100 Studierende eingeschrieben. Die Bachelor-Studiengänge vermitteln grundlegendes, praxisorientiertes Wissen in Betriebswirtschaftslehre (z.B. Marketing, Logistik, Organisation, Personal, Finanzen, Rechnungswesen, Steuern, Controlling) und betriebswirtschaftlich wichtigen Bereichen anderer Wissenschaften (z.B. Volkswirtschaftslehre, Recht, Informatik, Mathematik, Statistik) sowie Schlüsselkompetenzen. Das breite Grundwissen wird im Hauptstudium durch ausbaufähige Spezialkenntnisse in drei Fächern ergänzt, die nach Neigung und späterem Berufswunsch gewählt werden können. Das Studium wird durch ein Praxisprojekt mit anwendungsbezogener Bachelorarbeit abgeschlossen. Der Studiengang "Betriebswirtschaft/Business Studies" wird grundsätzlich in Aachen in deutscher Sprache absolviert. Es besteht die Möglichkeit, ein Semester an einer unserer Partnerhochschulen im Ausland zu studieren. Der duale Studiengang "Betriebswirtschaft PLuS" kombiniert die Ausbildungen zum Industriekaufmann, Kaufmann im Groß- und Außenhandel, Steuerfachangestellte, Kaufmann im Einzelhandel (IHK-Prüfung) mit dem Bachelor-Abschluss der FH Aachen. Einen besonderen Schwerpunkt bilden die Auslandsstudiengänge, bei denen der Fachbereich schon seit über 20 Jahren erfolgreich tätig ist. Inzwischen bieten drei auslandsorientierte Studiengänge und Partnerschaften mit über 50 Hochschulen in aller Welt Studentinnen und Studenten, die ein international ausgerichtetes Studium absolvieren möchten, Studiengänge mit zweisemestrigem Auslandsaufenthalt in englischsprachigen Ländern (Business Studies/Anglophone Countries) oder Frankreich (Business Studies/Deutsch-Französisch) und Doppelabschluss bis hin zum Studiengang „European Business Studies" mit einem Auslandsanteil von insgesamt drei Semestern in zwei verschiedenen Ländern, der ebenfalls einen Doppelabschluss vorsieht. Der Master-Studiengang "International Business Management" erweitert und vertieft die in einem Bachelor-Studiengang erworbenen Kompetenzen und bereitet in den beiden Fokussierungsrichtungen "Kunden- und Servicemanagement (KuS)" sowie "Finance, Auditing, Control, Taxation, Accounting (FACT-Ac)" auf Führungspositionen in grenzüberschreitend tätigen Unternehmen vor."[208]

Der Fachbereich Wirtschaft der Fachhochschule Aachen vermittelt in sechs Studiengängen, in fünf Bachelor-Studiengängen und einem Master-Studiengang, grundlegendes, praxisorientiertes Wissen in der allgemeinen Betriebswirtschaftslehre und betriebswirtschaftlich wichtigen Bereichen anderer Wissenschaften sowie Schlüsselkompetenzen für den späteren beruflichen Alltag. Das Fächerspektrum reicht hierbei von Marketing, Logistik, Organisation, Personal, Finanzen, Rechnungswesen, Steuern und Controlling im Rahmen der

---

[208] http://www.fh-aachen.de/wirtschaft.html

Betriebswirtschaftslehre bis hin zu Volkswirtschaftslehre, Recht, Informatik, Mathematik und Statistik im Rahmen betriebswirtschaftlich wichtiger Bereiche anderer Wissenschaften.[209] Derzeit sind im Fachbereich Wirtschaft, lt. Dipl.-Betriebswirt Volker Sauß von der FH Aachen, insgesamt 1376 Studierende eingeschrieben.[210]

Auch die Fachhochschule Aachen und folglich auch der dazugehörige Fachbereich Wirtschaft haben im Zuge des Bologna-Prozesses ihr Studienangebot von Diplom- auf Bachelor- und Master-Studiengänge umgestellt.

Aktuelle Bachelorstudiengänge im Fachbereich Wirtschaft:

- BA: Betriebswirtschaft/Business Studies
- BA: Betriebswirtschaft PLuS(Praxisverbund Lehre und Studium)
- BA: Business Studies/Anglophone Countries
- BA: European Business Studies
- BA: Business Studies/Deutsch-Französisch
- (BA: Wirtschaftsingenieur/Vertriebsingenieur)

Alle Bachelorstudiengänge des Fachbereichs Wirtschaft enden aufgrund des Bologna-Prozesses mit dem akademischen Abschluss der FH: Bachelor of Arts (B.A.).

Bei den drei Bachelor-Studiengängen: „Business Studies/Anglophone Countries", „Business Studies/Deutsch-Französisch" und „European Business Studies" wird zusätzlich zum Abschluss der FH der Abschluss der jeweiligen ausländischen Partnerhochschule verliehen. Der Studiengang Betriebswirtschaft PLuS, ein Praxisverbund aus Lehre und Studium, bietet den erfolgreichen Absolventen zusätzlich zum Abschluss Bachelor of Arts (B.A.), einen Abschluss in einem der folgenden, anerkannten Ausbildungsberufe:

„Industriekaufmann/Industriekauffrau (IHK)", „Kauffrau/Kaufmann für Groß- und Außenhandel (IHK)", „Einzelhandelskauffrau/-kaufmann (IHK)" oder „Steuerfachangestellte/r".

Die Regelstudiendauer im Fachbereich Wirtschaft beträgt 6 Semester, wobei beim Studiengang „Business Studies/Anglophone Countries" davon zwei an einer englischsprachigen, beim Studiengang „Business Studies/Deutsch-Französisch" zwei an einer

---

[209] Vgl. http://www.fh-aachen.de/wirtschaft.html
[210] Vgl. Sauß, V., Dipl.-Betriebswirt, DV-Abteilung, FH Aachen

französischen und beim Studiengang „European Business Studies" drei an zwei ausländischen Partnerhochschulen absolviert werden müssen.[211] Die Studiendauer des dualen Studiengangs BWL PLuS beträgt insgesamt 8 Semester und teilt sich in sechs Studiensemester und zwei Praxissemester auf.

Weitere Informationen zum Tätigkeitsfeld, zum Berufsbild, zum Studiengangsprofil sowie die entsprechenden Voraussetzungen der jeweiligen Studiengänge sind der Internetseite des Fachbereichs Wirtschaft der FH Aachen zu entnehmen.

Der Studiengang „Wirtschaftsingenieur/Vertriebsingenieur", der in Kooperation mit dem Fachbereich Maschinenbau und Mechatronik angeboten wird und die Masterstudiengänge im Fachbereich Wirtschaft „International Business Management" sowie „Industrial Engineering" werden nur der Vollständigkeit halber erwähnt.

## 4.2 Betriebswirtschaft PLuS

Nun folgend wird der duale Studiengang Betriebswirtschaft PLuS des Fachbereichs Wirtschaft der Fachhochschule Aachen genauer dargestellt und beschrieben sowie abschließend die möglichen Vor- und Nachteile und folglich mögliche Wettbewerbsvorteile herausgearbeitet.

### 4.2.1 Definition: Betriebswirtschaft PLuS

Zur Einleitung in diesen Abschnitt werden der Begriff definiert, das Tätigkeitsfeld bzw. das Berufsbild, die Besonderheiten des Studiengangs sowie die Ziele des Studiums in Bezug auf die Kompetenzen der Absolventen anhand von Zitaten der Internetseite des Fachbereichs Wirtschaft aufgezeigt.

---

[211] Vgl. http://www.fh-aachen.de/fb7_kurzdarstellung.html

Der Fachbereich Wirtschaft definiert seinen Studiengang Betriebswirtschaft PLuS wie folgt: „Der duale Studiengang "Betriebswirtschaft PLuS" kombiniert die Ausbildungen zum Industriekaufmann, Kaufmann im Groß- und Außenhandel, Steuerfachangestellte, Kaufmann im Einzelhandel (IHK-Prüfung) mit dem Bachelor-Abschluss der FH Aachen."[212]

Das Tätigkeitsfeld bzw. das Berufsbild der Absolventen wird folgendermaßen beschrieben:

„Die Absolventinnen und Absolventen des Bachelorstudiengangs Betriebswirtschaft PLuS verfügen über eine breite wissenschaftliche und praktische Grundausbildung sowie exemplarisches Spezialwissen. Diese Kombination befähigt sie unmittelbar zur Lösung operativer und strategischer Problemstellungen in einzelnen Funktionsbereichen oder Sparten. Sie bildet mittelbar eine Basis für die Entwicklung einer verantwortlichen Manager-Persönlichkeit, die fundierte Entscheidungen vorbereiten, treffen und umsetzen kann. Das Betätigungsfeld stellen insbesondere mittlere sowie größere Unternehmen sämtlicher Branchen dar, für die eine frühzeitige enge Verzahnung von wissenschaftlicher und berufspraktischer Ausbildung ein besonderes Qualifikationsmerkmal darstellt, weil zwischen den an der Hochschule gewonnenen Erkenntnissen und den Anforderungen der Praxis kontinuierlich rückgekoppelt werden kann und so der Blick für unternehmensrelevante Zusammenhänge in besonderem Maße gefördert wird."[213]

Die Besonderheiten des Studiengangs werden wie folgt angegeben:

„Der Studiengang Betriebswirtschaft PLuS führt neben dem Studienabschluss „Bachelor of Arts" zum Berufsabschluss „Industriekauffrau/Industriekaufmann". Er richtet sich an leistungsbereite junge Menschen, die auf die praktische Ausbildung zur/zum Industriekauffrau/-mann als Grundlage ihrer beruflichen Entwicklung nicht verzichten wollen, gleichzeitig aber ein betriebswirtschaftliches Studium anstreben das zur Übernahme verantwortlicher Positionen befähigt. Durch die Integration werden dabei Synergieeffekte freigesetzt, die im Vergleich zu einem sequentiellen Ablauf der beiden Qualifikationswege eine deutliche zeitliche Verkürzung der Gesamtausbildung ermöglichen. Das besondere „PLuS" des Studiengangs liegt darin, dass die Studierenden in den Ausbildungsphasen im Unternehmen immer wieder das erworbene Fachwissen in der Praxis anwenden und dessen Relevanz für den Betrieb erfahren können. Umgekehrt erkennen und formulieren sie mit fortschreitender Ausbildungsdauer die Anforderungen der Praxis an die Wissenschaft. Neben dem betriebswirtschaftlichen Grundlagenwissen wird Spezialwissen vermittelt in zwei betriebswirtschaftlichen Vertiefungsrichtungen (vgl. Rubrik Wahlpflichtkataloge, Vertiefungsrichtung Katalog 1) sowie einer weiteren Vertiefungsrichtung (vgl. Rubrik Wahlpflichtkataloge, Vertiefungsrichtung Katalog 2). Dies gibt den Studierenden die Möglichkeit, ihre Kenntnisse und Fähigkeiten nach persönlichen Neigungen und beruflichen Vorstellungen individuell auszubauen. Ferner wird den Studierenden ermöglicht, ihre

---

[212] http://www.fh-aachen.de/wirtschaft.html
[213] http://www.fh-aachen.de/10092.html

Fremdsprachenkompetenz gezielt zu erweitern und mit der Übersetzerprüfung zu dokumentieren."[214]

Die Ziele des Studiums in Bezug auf die Kompetenzen der Absolventen werden folgendermaßen dargestellt:

„Die betriebswirtschaftliche Fachkompetenz und die Vertrautheit mit wissenschaftlich fundierten Methoden werden in einem umfassenden betriebswirtschaftlichen Pflicht- und Vertiefungsprogramm verankert, welches alle wesentlichen betriebswirtschaftlichen Grundlagen und Funktionsfächer enthält. Darüber hinaus werden das Verständnis relevanter volkswirtschaftlicher Zusammenhänge, die Kenntnis unternehmensrelevanter juristischer Grundbegriffe und Falllösungen sowie grundlegender Kenntnisse der Mathematik, Statistik und Wirtschaftsinformatik gewährleistet. Die Absolventinnen und Absolventen können betriebswirtschaftliche Problemstellungen zielorientiert analysieren und strukturieren, gewonnene Erkenntnisse klar kommunizieren. Sie sind durch entsprechendes Training zu individueller und zu teambezogener Arbeit befähigt. Diesen Erfordernissen tragen sowohl die Fachlehrveranstaltungen als auch speziell darauf ausgerichtete weitere Veranstaltungen (Sprache/Sozialkompetenz 1 und 2) sowie die praktische Ausbildung Rechnung. Über die Fachkenntnisse hinaus erwerben die Studierenden ein hohes Maß an Methoden-, Sozial- und Vermittlungskompetenz sowie die Fähigkeit, sich auf Basis ihres Studiums laufend selbst weiterzubilden."[215]

Derzeit sind im Studiengang BWL PLuS des Fachbereichs Wirtschaft, lt. Dipl.-Betriebswirt Volker Sauß von der FH Aachen 21 Studierende eingeschrieben.[216]

### 4.2.2 Definition: Duales Studium/Ausbildungsintegrierende duale Studiengänge

Zum besseren Verständnis werden nun folgend nochmals kurz die Begriffe „Duales Studium" und insbesondere „Ausbildungsintegrierende duale Studiengänge" definiert und beschrieben.

„Als Duales Studium wird ein Studium an einer Hochschule oder Berufsakademie mit integrierter Berufsausbildung bzw. Praxisphasen in einem Unternehmen bezeichnet."[217] In Anlehnung an das in Deutschland vorherrschende duale Ausbildungssystem werden somit Studiengänge mit stärkerem Praxisbezug, der Möglichkeit des Studiums parallel zur

---

[214] http://www.fh-aachen.de/10091.html
[215] http://www.fh-aachen.de/10091.html
[216] Vgl. Sauß, V., Dipl.-Betriebswirt, DV-Abteilung, FH Aachen
[217] http://www.ausbildung-plus.de/html/30.php

Berufstätigkeit oder sogar der Möglichkeit der gleichzeitigen Berufsausbildung als Duales Studium bezeichnet.

Wie schon mehrfach dargestellt und erläutert gibt es mehrere unterschiedliche Formen Dualer Studiengänge, die sich hinsichtlich ihres Umfangs der praktischen Aus- und Weiterbildung unterscheiden lassen:

- Ausbildungsintegrierende duale Studiengänge
- Praxisintegrierende duale Studiengänge
- Berufsintegrierende duale Studiengänge
- Berufsbegleitende duale Studiengänge

Da es sich beim untersuchten Studiengang BWL PLuS des Fachbereichs Wirtschaft der FH Aachen um einen, wie später noch beschrieben, ausbildungintegrierenden Studiengang handelt, folgt anschließend eine ausführliche Definition dieser Studiengangsform:

„Ausbildungsintegrierende duale Studiengänge sind Studiengänge für die berufliche Erstausbildung. Zugangsvoraussetzung ist nahezu immer die Fachhochschul- oder Hochschulreife. Ausbildungsintegrierende duale Studiengänge verbinden das Studium mit einer Ausbildung in einem anerkannten Ausbildungsberuf. Dabei werden die Studienphasen und die Berufsausbildung sowohl zeitlich als auch inhaltlich miteinander verzahnt. Der Berufsschulunterricht wird entweder gestrafft oder teilweise auch komplett durch die Hochschule mit abgedeckt. Es wird also neben dem Studienabschluss, mittlerweile ist das im Regelfall der Bachelor, noch ein zweiter anerkannter Abschluss, ein Abschluss in einem Ausbildungsberuf erworben. Daher ist bei einem ausbildungsintegrierenden dualen Studiengang immer auch ein abgeschlossener Ausbildungsvertrag mit einem Unternehmen Voraussetzung."[218]

Bei ausbildungsintegrierten dualen Studiengängen wird das Studium folglich mit einer beruflichen Ausbildung verbunden. So erhält der dual Studierende zusätzlich zu seinem Studienabschluss auch parallel einen zweiten Abschluss in einem anerkannten Ausbildungsberuf.

Bei dem angebotenen Studiengang BWL PLuS handelt es sich um einen solchen, gerade beschriebenen, ausbildungsintegrierenden dualen Studiengang, also folglich um die Studienform, die das Studium mit einer beruflichen Ausbildung verbindet und bei der dual Studierende somit zusätzlich zu seinem Studienabschluss „Bachelor of Arts" der Fachhochschule auch parallel einen zweiten Abschluss in einem anerkannten

---

[218] http://www.ausbildungplus.de/html/63.php

Ausbildungsberuf, hier: „Industriekaufmann/Industriekauffrau (IHK)", „Kauffrau/Kaufmann für Groß- und Außenhandel (IHK)", „Einzelhandelskauffrau/-kaufmann (IHK)" oder „Steuerfachangestellte/r" erwerben kann.

### 4.2.3 Gründe und Ziele des dualen Studiengangs

Die Ziele und Gründe müssen für die kooperierenden Unternehmen, die dual Studierenden und die anbietende Studieneinrichtung, die Fachhochschule Aachen, differenziert betrachtet werden.

Wie schon in der Einleitung angesprochen, ist das unternehmerische Denken und Handeln sowie das unternehmerische Umfeld heutzutage durch eine Globalisierung der Märkte, die Deregulierung des Wettbewerbs, schnell wechselnde Präferenzen der Kunden und kürzere Produktlebenszyklen sowie vielfältige Vernetzungsmöglichkeiten der Kunden und Mitbewerber gekennzeichnet. Folglich ist das heutige Wirtschaftsleben dementsprechend branchenübergreifend geprägt durch stetig steigende Anforderungen an Unternehmen, das beschäftigte Personal und folglich an Personalbeschaffung und Personalentwicklung ergo an das Personalmanagement. Neben den gestiegenen Anforderungen durch den dynamischen Wandel und die erhöhte Komplexität, beeinflussen auch die demographische Entwicklung und der Fachkräftemangel das Personalmanagement erheblich. Die geänderten Rahmenbedingungen sowie die gestiegenen Anforderungen führen dazu, dass das Personal heutzutage als eine erfolgskritische Ressource des Unternehmens angesehen werden muss. Die Qualität der Mitarbeiter hat direkten Einfluss auf den Unternehmenswert. Nur mit dem „richtigen" Personal kann ein Unternehmen wettbewerbsfähig sein und bleiben. Jedoch ist aus den aufgezeigten Gründen geeignetes Personal nur schwer oder gar nicht zu bekommen.

Die mit dem Fachbereich Wirtschaft im dualen Studiengang BWL PLuS kooperierenden Unternehmen beantworteten die Frage nach den Gründen und Zielen wie folgt:

- Leoni-Kerpen GmbH: „Im Rahmen der Personalentwicklung sollen neue Mitarbeiter für das mittlere Management selbst ausgebildet werden, um somit langfristig auch der demographischen Entwicklung entgegen wirken zu können."[219]

- Die EMV Energie und Wasserversorgung GmbH gibt bei der Befragung einen konkreten Bedarf an hochqualifiziertem, jungem und mit einem breiten Fachwissen ausgestattetem Personal als Grund für die Implementierung des Dualen Studiengangs BWL PLuS an.[220]

- Andere kooperierende Unternehmen gaben die Gewinnung leistungsstarker und motivierter Auszubildender, die frühe Bindung von Talenten zur Verhinderung eines Fachkräftemangels an. Des Weiteren wurden der Zeitgewinn durch die parallele Ausbildung, das Wegfallen einer Einarbeitungsphase und allgemein das Duale Studium als Möglichkeit der mittel- bis langfristigen Personalplanung genannt.[221]

Während die Unternehmen folglich das Duale Studium als Instrument/Maßnahme eines systematischen und strategischen Personalmanagements, insbesondere der Personalbeschaffung und Personalentwicklung, implementieren und nutzen, ist die Aufnahme eines Dualen Studiums für die dual Studierenden im Doppelabschluss, der sehr guten praxisnahen Ausbildung, der Zeitersparnis und den daraus folgenden verbesserten Arbeitsmarktchancen begründet.

Die dual Studierenden im Studiengang BWL PLuS gaben bei einer Befragung nach ihren Gründen und Zielen für die Entscheidung zu einem Dualen Studium die Möglichkeit parallel zwei Abschlüsse, Bachelor und einen Berufsabschluss in einem anerkannten Ausbildungsberuf, zu erwerben, die somit verkürzte gesamte Ausbildungsdauer und die insgesamt sehr praxisnah ausgerichtete Ausbildung an. Des Weiteren wurden die mögliche Übernahme nach der Ausbildung/dem Studium, die allgemein besseren Berufs- und Karrierechancen, aber auch finanzielle Aspekte, wie z.B. Ausbildungsvergütung und Übernahme der Studiengebühren durch die kooperierenden Unternehmen genannt.[222]

Der ausschlaggebende Grund für die Einführung des dualen Studiengangs BWL PLuS für die Fachhochschule Aachen ist die Umsetzung der Vorschläge des Wissenschaftsrat mit dem allgemeinen Ziel, wie schon in Kapitel 3 angesprochen, den Studierenden einen höheren

---

[219] Eigene Befragung der kooperierenden Unternehmen im Studiengang BWL PLuS
[220] Vgl. eigene Befragung der kooperierenden Unternehmen im Studiengang BWL PLuS
[221] Vgl. eigene Befragung der kooperierenden Unternehmen im Studiengang BWL PLuS
[222] Vgl. eigene Befragung der dual Studierenden im Studiengang BWL PLuS

Praxisbezug innerhalb ihres Studiums zu bieten und so zu verhindern, dass sich Studiengänge zu theorielastig und praxisfern entwickeln.

Frau Simone Breuer von der Fachhochschule sieht das Hauptziel eines dualen Studiengangs in der Verbesserung/Optimierung der Ausbildung der Studierenden durch die stärkere Anwendungsorientierung sowie den stärkeren Praxisbezug eines Dualen Studiums und der daraus folgenden Entstehung von Wettbewerbsvorteilen der FH Aachen gegenüber anderen Studieneinrichtungen. Weiterhin nennt sie die Möglichkeit der Kontaktaufnahme mit Unternehmen sowie die durch die Zusammenarbeit/Kooperation innerhalb eines Dualen Studiums idealen Vernetzungsmöglichkeiten der Fachhochschule mit der Wirtschaft als Gründe und folglich als Triebfeder der Implementierung.[223]

Auch der extrem hohe Anteil von Studienanfängern, im Durchschnitt ca. 47%, siehe Abbildung 24, die bereits vor Beginn des Studiums eine abgeschlossene Berufsausbildung absolviert haben, zeigen einen Bedarf an ausbildungsintegrierenden dualen Studiengängen auf. Da es sich bei BWL PLuS um einen solchen dualen Studiengang handelt, können durch die Kombination des Studienabschlusses mit einem kaufmännischen Berufsabschluss Synergien freigesetzt werden, die im Vergleich zu einem sequentiellen Ablauf der beiden Qualifikationswege eine deutliche zeitliche Verkürzung der Gesamtausbildung auf vier Jahre ermöglichen.[224] Folglich kann sich die Gesamtausbildungsdauer von sechs Jahren bei Ausbildung und anschließendem Studium auf vier Jahre bei einem ausbildungsintegrierenden Dualen Studium reduzieren.

---

[223] Vgl. eigene Befragung Breuer, S., Dipl.-Kff., Fachstudienberatung, FH Aachen
[224] Vgl. Info-Broschüre Betriebswirtschaft PLuS der Fachhochschule Aachen, S. 4

| Semester | Anzahl Erstsemester - Studierende mit abgeschlossener Berufsausbildung | Anzahl Erstsemester-Studierende | Anteil |
|---|---|---|---|
| WS 08/09 | 59 | 124 | ca. 48% |
| SS 09 | 62 | 146 | ca. 42% |
| WS 09/10 | 67 | 126 | ca. 53% |
| Gesamt (über 3 Semester) | 188 | 396 | ca. 47% |

*Abbildung 24: Anteile Erstsemester mit abgeschlossener Berufsausbildung*[225]

### 4.2.4 Mögliche Abschlüsse

Wie schon mehrfach beschrieben wird bei ausbildungsintegrierten dualen Studiengängen, also folglich auch beim Studiengang BWL PLuS, das Studium mit einer beruflichen Ausbildung verbunden. So erhält der dual Studierende zusätzlich zu seinem Studienabschluss auch parallel einen zweiten Abschluss in einem anerkannten Ausbildungsberuf.

„Der duale Studiengang „Betriebswirtschaft PLuS kombiniert die Ausbildungen zum Industriekaufmann, Kaufmann im Groß- und Außenhandel, Steuerfachangestellte, Kaufmann im Einzelhandel (IHK-Prüfung) mit dem Bachelor-Abschluss der FH Aachen."[226]

#### 4.2.4.1 Abschluss der Fachhochschule

Wie schon in Kapitel 3 angesprochen, erwirbt der Absolvent bei einem erfolgreich abgeschlossenen Dualen Studium an einer Fachhochschule einen Hochschulabschluss in Form eines akademischen Grades. „Auch im Bereich der dualen Studiengänge werden die Studienabschlüsse im Rahmen des Bologna-Prozesses nach und nach auf die neuen Studiengrade Bachelor und Master umgestellt. Sie lösen damit die Diplom- und Magisterstudiengänge ab."[227]

---

[225] Eigene Darstellung in Anlehnung an Prof. Dr. Janz, Dekan Fachbereich Wirtschaft, FH Aachen
[226] http://www.fh-aachen.de/wirtschaft.html?&L=1%252Fdownlo
[227] http://www.ausbildungplus.de/html/82.php

Der „Bachelor of Arts" als Abschluss der Fachhochschule Aachen bezeichnet den untersten akademischen Grad, gilt als berufsqualifizierender Abschluss und wurde im Zusammenhang mit dem Bologna-Prozess in Deutschland und anderen europäischen Ländern eingeführt.[228]

### 4.2.4.2 Mögliche Ausbildungsberufe

Der zweite, parallel zum Hochschulabschluss zu erwerbende Abschluss in einem anerkannten Ausbildungsberuf, umfasst beim dualen Studiengang im Fachbereich Wirtschaft die Berufe „Industriekaufmann/Industriekauffrau (IHK)", „Kauffrau/Kaufmann für Groß- und Außenhandel (IHK)", „Einzelhandelskauffrau/-kaufmann (IHK)" oder „Steuerfachangestellte/r".

„Die Berufsausbildung hat die für die Ausübung einer qualifizierten beruflichen Tätigkeit in einer sich wandelnden Arbeitswelt notwendigen beruflichen Fertigkeiten, Kenntnisse und Fähigkeiten (berufliche Handlungsfähigkeit) in einem geordneten Ausbildungsgang zu vermitteln. Sie hat ferner den Erwerb der erforderlichen Berufserfahrungen zu ermöglichen."[229]

Im Folgenden werden die momentan im Studiengang BWL PLuS möglichen Ausbildungsberufe kurz, anhand von Zitaten, näher vorgestellt:

Industriekaufmann/-frau:

„In den unterschiedlichsten Unternehmen steuern Industriekaufleute betriebswirtschaftliche Abläufe. In der Materialwirtschaft vergleichen sie u.a. Angebote, verhandeln mit Lieferanten und betreuen die Warenannahme und -lagerung. In der Produktionswirtschaft planen, steuern und überwachen sie die Herstellung von Waren oder Dienstleistungen und erstellen Auftragsbegleitpapiere. Kalkulationen und Preislisten zu erarbeiten und mit den Kunden Verkaufsverhandlungen zu führen, gehört im Verkauf zu ihrem Zuständigkeitsbereich. Außerdem erarbeiten sie gezielte Marketingstrategien. Sind sie in den Bereichen Rechnungswesen bzw. Finanzwirtschaft tätig, bearbeiten, buchen und kontrollieren Industriekaufleute die im Geschäftsverkehr anfallenden Vorgänge. Im Personalwesen

---

[228] Vgl. http://wirtschaftslexikon.gabler.de/Archiv/17998/bachelor-v4.html
[229] §1(3) BBiG

ermitteln sie den Personalbedarf, wirken bei der Personalbeschaffung bzw. -auswahl mit und planen den Personaleinsatz."[230]

Kaufmann/-frau Groß- und Außenhandel:

„Kaufleute im Groß- und Außenhandel der Fachrichtung Außenhandel kaufen Waren der unterschiedlichsten Branchen bei Herstellern bzw. Lieferanten und verkaufen sie an Handel, Handwerk und Industrie weiter. Dabei sind sie überwiegend im internationalen Handel tätig und sorgen für eine kostengünstige Lagerhaltung und einen reibungslosen Warenfluss. Sie überwachen die Logistikkette, prüfen den Wareneingang sowie die Lagerbestände, bestellen Ware nach und planen die Warenauslieferung. Kaufleute im Groß- und Außenhandel der Fachrichtung Außenhandel arbeiten in Außenhandelsunternehmen sowie in Im- und Exportabteilungen von Produktionsbetrieben aller Art."[231] „Kaufleute im Groß- und Außenhandel der Fachrichtung Großhandel kaufen Waren aller Art bei Herstellern bzw. Lieferanten und verkaufen sie an Handel, Handwerk und Industrie weiter. Sie sorgen für eine kostengünstige Lagerhaltung und einen reibungslosen Warenfluss, d.h., sie überwachen die Logistikkette, prüfen den Wareneingang sowie die Lagerbestände, bestellen Ware nach und planen die Warenauslieferung. Kaufleute im Groß- und Außenhandel der Fachrichtung Großhandel arbeiten in Großhandelsunternehmen nahezu aller Wirtschaftszweige, z.B. in der Elektro-, Fahrzeug- oder Textilindustrie."[232]

Kaufmann/-frau im Einzelhandel:

„Sie verkaufen Konsumgüter wie z.B. Bekleidung, Spielwaren, Nahrungsmittel, Unterhaltungselektronik oder Einrichtungsgegenstände. Kaufleute im Einzelhandel führen Beratungsgespräche mit Kunden, verkaufen Waren und bearbeiten ggf. Reklamationen. Außerdem planen sie den Einkauf, bestellen Waren, nehmen Lieferungen entgegen, prüfen deren Qualität und sorgen für eine fachgerechte Lagerung. Sie zeichnen die Waren aus und helfen beim Auffüllen der Regale sowie bei der Gestaltung der Verkaufsräume. Auch bei der Planung und Umsetzung von werbe- und verkaufsfördernden Maßnahmen wirken Kaufleute im Einzelhandel mit. Sie beobachten den Markt, die Konkurrenz sowie den Warenfluss im eigenen Geschäft und beeinflussen dadurch die Sortimentsgestaltung."[233]

---

[230] http://berufenet.arbeitsagentur.de/berufe/berufId.do?_pgnt_pn=0&_pgnt_act=goToAnyPage&_pgnt_id=resultShort&status=T01

[231] http://berufenet.arbeitsagentur.de/berufe/resultList.do?searchString=%27+Kaufmann%2F+-frau*+%27&resultListItemsValues=6555_6548&suchweg=begriff&doNext=forwardToResultShort&duration=

[232] http://berufenet.arbeitsagentur.de/berufe/resultList.do?searchString=%27+Kaufmann%2F+-frau*+%27&resultListItemsValues=6552_6550&suchweg=begriff&doNext=forwardToResultShort&duration=

[233] http://berufenet.arbeitsagentur.de/berufe/berufId.do?_pgnt_pn=0&_pgnt_act=goToAnyPage&_pgnt_id=resultShort&status=T01

Steuerfachangestellte/r:

„Sie unterstützen u.a. Steuerberater/innen bei der steuerlichen und betriebswirtschaftlichen Beratung von Mandanten. Außerdem bearbeiten sie Steuererklärungen und prüfen Steuerbescheide. Für Unternehmen, Betriebe und Selbstständige erstellen Steuerfachangestellte die Finanzbuchführung, kontieren die einzelnen Buchungsvorgänge und führen die Lohn- und Gehaltsabrechnung durch. Auch den Jahresabschluss bereiten sie vor. Den Großteil ihrer Aufgaben erledigen sie am Computer mithilfe von spezieller Software. Sie erteilen aber auch Auskünfte an Mandanten bzw. vereinbaren mit ihnen Termine und haben Kontakt zu Finanzämtern oder Kranken- und Sozialversicherungsträgern. Bei all ihren Tätigkeiten sind Termine und Fristen strikt einzuhalten. Daneben erledigen Steuerfachangestellte allgemeine Büroarbeiten und bearbeiten z.B. Postein- und-ausgang oder bereiten Unterlagen für Gesprächstermine mit Mandanten vor."[234]

Wie schon in Kapitel 3.7.2 „Mögliche Ausbildungsabschlüsse" angesprochen, eignen sich nicht alle Ausbildungsberufe für die Kombination innerhalb eines ausbildungsintegrierenden Dualen Studiengangs. Voraussetzung ist die Möglichkeit einer organisatorischen und insbesondere inhaltlichen Verknüpfung von Berufsausbildung und Studium, d.h in Bezug auf den Fachbereich Wirtschaft kommen auch in Zukunft „nur" kaufmännische Berufsabschlüsse in Betracht.

*4.2.5   Ablauf/Zeitrahmen*

Nun folgend wird der Ablauf/Zeitrahmen des dualen Studiengangs BWL PLuS anhand Abbildung 25 sowie anhand der Info-Broschüre „Betriebswirtschaft Plus" der Fachhochschule Aachen und einer kurzen Beschreibung dargestellt und erläutert:

---

[234] http://berufenet.arbeitsagentur.de/berufe/berufld.do?_pgnt_pn=0&_pgnt_act=goToAnyPage &_pgnt_id=resultShort&status=T01

# Dualer Studiengang Betriebswirtschaft PLuS
## an der Fachhochschule Aachen

|  |  |
|---|---|
| 1. Gesamtsemester | Ausbildungsbeginn im gewählten Ausbildungsberuf (entspricht erstem Praxissemester) |
| 2. und 3. Gesamtsemester | 1. Studiensemester – Ausbildung – 2. Studiensemester – Ausbildung und Abschlussprüfung Teil 1 (IHK) |
| 4. und 5. Gesamtsemester | 3. Studiensemester – Ausbildung – 4. Studiensemester – Ausbildung |
| 6. und 7. Gesamtsemester | Ausbildung (2. Praxissemester) – Ausbildung und Abschlussprüfung Teil 2 (IHK) – 5. Studiensemester – Betriebseinsatz |
| 8. Gesamtsemester | 6. Studiensemester mit Praxisprojekt und Bachelorarbeit |

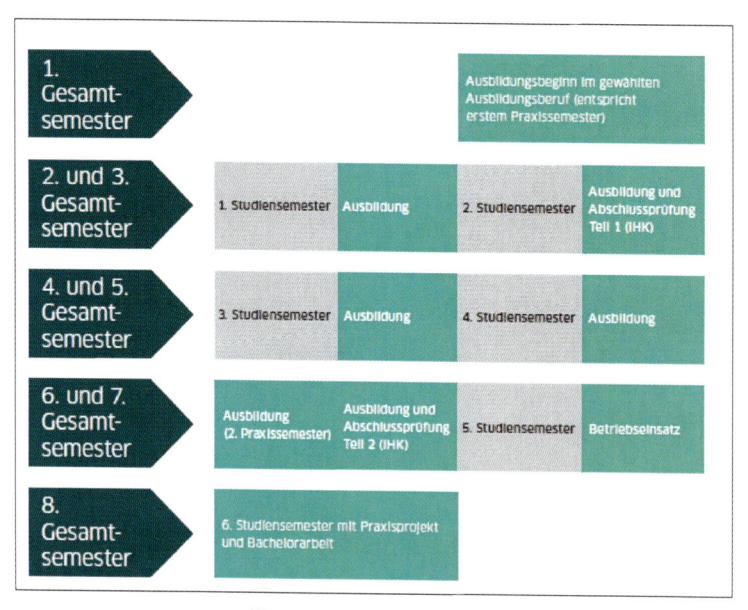

Abbildung 25: Studienablauf BWL PLuS[235]

„Das Studium beginnt im Juli oder August mit einem Praxissemester/Berufsausbildung im Unternehmen. Daran schließen sich (ab dem folgenden Sommersemester) vier Studiensemester an. Während der vorlesungsfreien Zeit setzen die Studierenden im Unternehmen ihre Berufsausbildung fort. Nach Ende des Kernstudiums an der Hochschule schließt sich ein weiteres Praxissemester im Unternehmen an und die Abschlussprüfung der Berufsausbildung an der Industrie- und Handelskammer. Das Studium endet nach zwei weiteren Studiensemestern, in denen die Studierenden sowohl im Unternehmen als auch an der Hochschule Leistungen erbringen."[236]

---

[235] Info-Broschüre Betriebswirtschaft PLuS der Fachhochschule Aachen, S. 17
[236] Info-Broschüre Betriebswirtschaft PLuS der Fachhochschule Aachen, S. 29-30

Eckpunkte des Studienablaufs:

- „Das Kooperationsunternehmen stellt den Studierenden im Bachelorstudiengang BWL PLuS einen Ausbildungsplatz im gewählten Ausbildungsberuf (zur Zeit Industriekauffrau/Industriekaufmann, Kauffrau/Kaufmann für Groß- und Außenhandel oder Steuerfachangestellte/-r) unter Berücksichtigung der betrieblichen Gegebenheiten zur Verfügung und ermöglicht die Teilnahme an Lehrveranstaltungen und Prüfungen gemäß Studienplan.
- Die FH Aachen führt die Lehrveranstaltungen und Prüfungen gemäß Studienplan durch.
- Das Kooperationsunternehmen ermöglicht den Studierenden die Teilnahme am Berufsschulunterricht und an den Prüfungen, die zum Berufsabschluss notwendig sind.
- Die FH Aachen stellt durch vertragliche Regelungen mit den für den Berufsschulunterricht zuständigen Berufskollegs sicher, dass der Berufsschulunterricht ab dem zweiten Semester auf einen Tag pro Woche konzentriert wird und dass der Berufsschulunterricht an einem Wochentag erteilt wird, an dem keine Lehrveranstaltungen der Hochschule für das entsprechende Regelsemester durchgeführt werden."[237]

Die Gesamtausbildung im dualen Studiengang BWL PLuS dauert 4 Jahre also 8 Gesamtsemester, wobei sich die Ausbildung über 3 Jahre und parallel das Studium über 6 Studiensemester, folglich 3 Jahre, erstreckt. Das Studium beginnt im Juli oder August mit der Berufsausbildung im Unternehmen. Daran schließen sich ab dem folgenden Sommersemester vier Studiensemester an. Während der vorlesungsfreien Zeit setzen die Studierenden am entsprechenden Berufskolleg und im Unternehmen ihre Berufsausbildung fort. „Zu Beginn der Ausbildung ist der Unterricht am Berufskolleg verteilt auf 2 Berufsschultage pro Woche. Ab Beginn der Teilnahme an Veranstaltungen der Hochschule wird der Berufsschulunterricht reduziert auf einen Berufsschultag pro Woche."[238] Im 3. Gesamtsemester legt der dual Studierende zusätzlich die Abschlussprüfung Teil 1 an der Industrie- und Handelskammer ab. Im 6. Gesamtsemester, einem reinen Ausbildungssemester, erfolgt dann die Abschlussprüfung der Berufsausbildung an der IHK. Im folgenden Semester schließt sich wieder ein Studiensemester, das 5., mit einem Praxiseinsatz des dual Studierenden an. Das 8. Gesamtsemester, das 6. Studiensemester, endet, und somit auch das Duale Studium, mit einem Praxisobjekt und der abschließenden Bachelorarbeit.[239]

---

[237] Info-Broschüre Betriebswirtschaft PLuS der Fachhochschule Aachen, S. 8
[238] Info-Broschüre Betriebswirtschaft PLuS der Fachhochschule Aachen, S. 30
[239] Vgl. Info-Broschüre Betriebswirtschaft PLuS der Fachhochschule Aachen, S. 17

## 4.2.6 Voraussetzungen

Im Vorfeld eines Dualen Studiums müssen wie in Kapitel 3.8 „Voraussetzungen" schon ausführlich aufgezeigt und beschrieben, Grundvoraussetzungen von den an dualen Studiengängen beteiligten Parteien, also sowohl von den möglichen Studenten, den anbietenden Studieneinrichtungen als auch von den kooperierenden Unternehmen erfüllt werden.

Im Anschluss folgt nochmals eine kurze Aufzählung und Erläuterung der wichtigsten Vorraussetzungen für die möglichen Studierenden und die kooperierenden Unternehmen im ausbildungsintegrierenden dualen Studiengang BWL PLuS sowie anschließend eine detaillierte Beschreibung des Kooperationsvertrages.

### 4.2.6.1 Voraussetzungen für Studierende

Die Voraussetzungen für die Studierenden werden nun folgend in fachliche, vertragliche und personelle Voraussetzungen unterschieden.

Die fachlichen Voraussetzungen für dual Studierende richten sich in erster Linie nach der gewählten bzw. anbietenden Studieneinrichtung, und bestehen für ein Duales Studium an einer Hochschule, wie bei BWL PLuS an der FH Aachen, im Abitur bzw. in der Fachhochschulreife.

Abhängig vom Studientyp sind auch verschiedene vertragliche Voraussetzungen zu erfüllen. So erfordert ein ausbildungsintegrierender dualer Studiengang, wie BWL PLuS, einen abgeschlossenen Ausbildungsvertrag mit einem mit der Studieneinrichtung kooperierenden Unternehmen.

Da ein Duales Studium hohe Anforderungen und eine hohe Leistungsbereitschaft der dual Studierenden erfordert, sind dementsprechend auch die Anforderungen von Seiten der anbietenden Unternehmen an die Bewerber für einen solchen Studienplatz sehr hoch. Meistens wird ein gutes bis sehr gutes Abitur bzw. eine gute bis sehr gute Fachhochschulreife mit besonderem Augenmerk auf studiumsrelevante Fächer erwartet sowie hohes Engagement, Leistungsbereitschaft und Teamfähigkeit der Bewerber vorausgesetzt. So legen die Unternehmen laut AusbildungPlus nicht nur Wert auf gute Zeugnisnoten sondern auch großen

Wert auf Sozialkompetenzen wie Engagement, Selbständigkeit, Flexibilität und Lernbereitschaft.[240]

Die Fachhochschule setzt für die Aufnahme eines Dualen Studiums im Fachbereich Wirtschaft unterschiedliche Voraussetzungen der Studienanfänger voraus und unterscheidet laut ihrer Infobroschüre bei den Studienbewerbern zwischen formalen und persönlichen Voraussetzungen:

„Formale Voraussetzungen:

- Fachhochschulreife (schulischer und praktischer Teil) oder allgemeine Hochschulreife
- Nachweis eines Ausbildungsvertrages mit einem Unternehmen, das mit der Hochschule einen Kooperationsvertrag abgeschlossen hat oder dazu bereit ist
- Zustimmung des Ausbildungsunternehmens zur Studienaufnahme
- Nachweis eines Ausbildungsvertrages im Ausbildungsberuf Industriekauffrau/ Industriekaufmann, Kaufmann im Groß- und Außenhandel oder Steuerfachangestellte/-r mit einem Unternehmen, das mit der Hochschule einen Kooperationsvertrag abgeschlossen hat oder dazu bereit ist"[241]

„Persönliche Voraussetzungen:

- Besondere Leistungsbereitschaft und Engagement
- Mobilität
- Besonderes Durchhaltevermögen und besondere Disziplin
- Besonderes vorausschauendes und verantwortungsvolles Handeln
- Besondere Fähigkeit zum Zeitmanagement
- Die ausbildenden Unternehmen erwarten hervorragende Abiturnoten"[242]

Bei einer Befragung gaben die kooperierenden Unternehmen im Studiengang BWL PLuS neben guten bis sehr guten Noten im Abitur oder der Fachhochschulreife als formale Voraussetzung auch insbesondere eine hohe Lernfähigkeit, eine hohe Belastbarkeit, ein großes Durchhaltevermögen sowie Ehrgeiz und ein hohes Maß ein Eigenmotivation als notwendige persönliche Voraussetzungen der Bewerber an. Des Weiteren wurden die

---

[240] Vgl. http://www.ausbildungplus.de/html/2230.php
[241] Info-Broschüre Betriebswirtschaft PLuS der Fachhochschule Aachen, S. 13
[242] Info-Broschüre Betriebswirtschaft PLuS der Fachhochschule Aachen, S. 14

Attribute Teamorientierung, Eigeninitiative, Leistungs- und Lernbereitschaft mehrfach erwähnt.[243]

### 4.2.6.2 Voraussetzungen der Unternehmen

Ein Duales Studium stellt nicht nur, wie schon beschrieben, hohe Anforderungen und eine hohe Leistungsbereitschaft an die dual Studierenden, sondern auch an die kooperierenden Unternehmen. So hat der Betrieb eine qualifizierte Kontaktperson zu benennen, die sowohl für die dual Studierenden als auch für die Studieneinrichtung als Ansprechpartner zur Verfügung steht. Des Weiteren muss ein reibungsloser Ablauf der Vermittlung der praktischen Studieninhalte gewährleistet werden, was eine inhaltliche und zeitliche Abstimmung zwischen Unternehmen und Studieneinrichtung erfordert. Zusätzlich ist der Betrieb bei ausbildungsintegrierenden Studiengängen auch für die Vermittlung der Ausbildungsinhalte bzw. für den betrieblichen Teil der Berufsausbildung verantwortlich. „Die kooperierenden Unternehmen ihrerseits müssen z.B. trotz der kürzeren Ausbildungszeiten eine überzeugende betriebliche Ausbildung für den Teilnehmer gewährleisten."[244]

### 4.2.6.3 Kooperationsvertrag

Grundlage bildet bei dualen Studiengängen die Kooperation von Unternehmen mit Studieneinrichtungen. „Die Kooperation zwischen Unternehmen und Hochschule bzw. Berufsakademie regelt üblicherweise ein Kooperationsvertrag. Dieser beschreibt im Wesentlichen den Gegenstand des Vertrages, die Vertragsdauer, die Durchführung des Studiums, die Pflichten des Unternehmens und des Studierenden, die Ausbildungszeit, die Vergütung und sonstige Leistungen."[245]

Die Fachhochschule Aachen schließt folglich auch mit jedem kooperierenden Unternehmen einen Kooperationsvertrag ab. Laut Info-Broschüre sind die wesentlichen Bestandteile des Vertrages hierbei:

---

[243] Vgl. eigene Befragung der kooperierenden Unternehmen im Studiengang BWL PLuS
[244] Leuthold, D., Duale Studiengänge, Schriftenreihe des BIBB, Bertelsmann, Bonn 2005, S. 153
[245] http://www.ausbildungplus.de/html/90.php

- „Das Kooperationsunternehmen entscheidet jährlich neu, ob es Bewerber zum Studiengang BWL PLuS vorschlagen möchte. Es ist nicht dazu verpflichtet.
- Wenn das Unternehmen Bewerber vorschlägt, erhält die FH Aachen bis 1.Juni des Jahres Lebenslauf, Zeugnisse und Ausbildungsvertrag der Bewerber.
- Die FH prüft die Unterlagen und schreibt die Bewerber ein.
- Die Studierenden zahlen die üblichen Beiträge und Gebühren an der FH. Für die Dauer der beiden Praxissemester verzichtet die FH Aachen auf die Zahlung der Studienbeiträge.
- Das Kooperationsunternehmen stellt den Studierenden im Bachelorstudiengang BWL PLuS einen Ausbildungsplatz im gewählten Ausbildungsberuf (zur Zeit Industriekauffrau/Industriekaufmann, Kauffrau/Kaufmann für Groß- und Außenhandel oder Steuerfachangestellte/-r) unter Berücksichtigung der betrieblichen Gegebenheiten zur Verfügung und ermöglicht die Teilnahme an Lehrveranstaltungen und Prüfungen gemäß Studienplan.
- Die FH Aachen führt die Lehrveranstaltungen und Prüfungen gemäß Studienplan durch.
- Das Kooperationsunternehmen ermöglicht den Studierenden die Teilnahme am Berufsschulunterricht und an den Prüfungen, die zum Berufsabschluss notwendig sind.
- Die FH Aachen stellt durch vertragliche Regelungen mit den für den Berufsschulunterricht zuständigen Berufskollegs sicher, dass der Berufsschulunterricht ab dem zweiten Semester auf einen Tag pro Woche konzentriert wird und dass der Berufsschulunterricht an einem Wochentag erteilt wird, an dem keine Lehrveranstaltungen der Hochschule für das entsprechende Regelsemester durchgeführt werden.
- Das Kooperationsunternehmen zahlt die übliche Ausbildungsvergütung auch in den Studienzeiten.
- Die FH Aachen stellt den Unternehmen soweit wie möglich einen Plan mit den Hochschulterminen zur Verfügung.
- Das Kooperationsunternehmen erklärt sich bereit, die Studierenden nach erfolgreichem Berufsabschluss bis zum Ende des Studiums im Rahmen eines Praktikantenvertrages oder eines vergleichbaren Vertrages weiterzubeschäftigen.
- Kooperationspartner für den schulischen Teil der Ausbildung im Ausbildungsberuf Industriekauffrau/Industriekaufmann ist das Berufskolleg Simmerath/Stolberg des Schulverbandes in der StädteRegion Aachen, Am Obersteinfeld 8, in 52222 Stolberg. Kooperationspartner für den schulischen Teil der Ausbildung im Ausbildungsberuf Kauffrau/Kaufmann im Groß- und Außenhandel ist das Paul-Julius-Reuter Berufskolleg Aachen, Beeckstraße 23. Kooperationspartner für die Ausbildungsberufe Einzelhandelskauffrau/-mann und Steuerfachangestellte/-r ist das Berufskolleg Herzogenrath.
- Bricht die Studentin/der Student den Studiengang BWL PLuS vor dessen ordnungsgemäßem Abschluss ab, so bietet die FH unbeschadet der vertraglichen Regelungen im Zusammenhang mit dem Ausbildungsverhältnis zwischen Kooperationsunternehmen und Studierenden die Möglichkeit, das Studium im Rahmen der geltenden Gesetze und Ordnungen im Studiengang Betriebswirtschaft/Business Studies unter Anrechnung der bisher erbrachten Prüfungen gemäß § 63 Hochschulgesetz fortzusetzen."[246]

---

[246] Info-Broschüre Betriebswirtschaft PLuS der Fachhochschule Aachen, S. 8-9

### 4.2.7 Bewerbung/Bewerbungsablauf/Ansprechpartner

Während die Bewerbung für ein „normales" Studium direkt über die Universität, Hochschule oder Fachhochschule läuft, stellt sich der Ablauf der Bewerbung, wie auch dem Kooperationsvertrag zu entnehmen ist, für einen dualen Studiengang komplexer dar.

„Wer sich für ein duales Studium interessiert, muss zunächst ein Unternehmen finden, dass ihn während der Praxisphasen ausbildet. Die Bewerbung für einen dualen Studienplatz erfolgt deshalb bei den Ausbildungsbetrieben, die im gewünschten Studiengang mit der Akademie oder Hochschule zusammen arbeiten."[247]

Laut der Internetseite des Fachbereichs Wirtschaft der Fachhochschule Aachen erfolgt die „Bewerbung direkt beim Fachbereich Wirtschaftswissenschaften (nur möglich mit dem Nachweis eines Ausbildungsplatzes für den Ausbildungsberuf Industriekauffrau/Industriekaufmann, Kauffrau/Kaufmann für Groß- und Außenhandel, Einzelhandelskauffrau/-kaufmann oder Steuerfachangestellte/-r bei einem Unternehmen, mit dem ein von der FH-Aachen unterzeichneter Kooperationsvertrag abgeschlossen ist)."[248]

Die/der Studieninteressierte für den dualen Studiengang BWL PLuS muss sich folglich nach Erreichen seiner fachlichen Qualifikation, allgemeine Hochschulreife (Abitur) oder Fachhochschulreife, zunächst bei einem mit der Fachhochschule Aachen kooperierenden Unternehmen bewerben. Nachdem ein Ausbildungsvertrag zwischen dem zukünftigen dual Studierenden und dem kooperierenden Betrieb zustande gekommen ist, schlägt das Unternehmen den Bewerber der Fachhochschule vor. Nach eingehender Prüfung erfolgt die Einschreibung des Bewerbers durch die FH.

Mögliche Ansprechpartner zum Thema dualer Studiengang BWL PLuS sind der Fachbereich Wirtschaftswissenschaften, die allgemeine Studienberatung und das Sekretariat für studentische Angelegenheiten:

---

[247] http://www.ausbildungplus.de/html/2230.php
[248] http://www.fh-aachen.de/10092.html?&L=1%252Findex.p

| | |
|---|---|
| **Fachbereich Wirtschaftswissenschaften**<br>Dekan Prof. Dr. Norbert Janz<br>Fachstudienberatung: Dipl.-Kff.(FH) Simone Breuer | Eupener Str. 70<br>Tel. 0241 6009 51909<br>Fax 0241 6009 52820<br>s.breuer@fh-aachen.de |
| **Allgemeine Studienberatung** | Hohenstaufenallee 10<br>52064 Aachen<br>Tel. 0241 6009 51800/51801<br>kattner@fh-aachen.de |
| **Sekretariat für studentische Angelegenheiten** | Stephanstr. 58-62<br>52064 Aachen<br>Tel. 0241 6009 51620<br>studierendensekretariat@fh-aachen.de |

*Abbildung 26: Ansprechpartner BWL PLuS* [249]

## 4.2.8 Kooperationspartner im Studiengang BWL PLuS

Im Folgenden werden die Kooperationspartner des Fachbereichs Wirtschaft der Fachhochschule Aachen im dualen Studiengang BWL PLuS, die kooperierenden Unternehmen, die kooperierenden Schulen sowie die kooperierenden Kammern/Verbände aufgezählt und kurz beschrieben.

### 4.2.8.1 Kooperierende Unternehmen

„Der Fachbereich Wirtschaftswissenschaften verfügt seit vielen Jahren über zahlreiche lokale, regionale und überregionale Unternehmenskontakte."[250]

Derzeit hat die Fachhochschule Aachen in Bezug auf den dualen Studiengang BWL PLuS folgende Kooperationspartner:

- Saint Gobain Sekurit
- LEONI Kerpen GmbH
- Grünenthal Pharma GmbH & Co.KG
- Solland Solar Cells GmbH
- Prym Consumer GmbH
- Aurubis Stolberg GmbH & Co. KG
- Dalli-Werke GmbH & Co.KG

---

[249] Eigene Darstellung in Anlehnung an http://www.fh-aachen.de/10085.html
[250] Info-Broschüre Betriebswirtschaft PLuS der Fachhochschule Aachen, S. 7

- EWV Energie- und Wasser-Versorgung GmbH
- electronic service willms GmbH & Co. KG
- Dr.-Ing. Platthaus GmbH
- Weiss-Druck GmbH & Co. KG

„Als Partner kommen Unternehmen sämtlicher Branchen in Betracht, insbesondere Industrie- und Handelsunternehmen sowie Steuerberatungspraxen."[251]

Voraussetzung für eine Kooperation innerhalb des ausbildungsintegrierenden dualen Studiengangs BWL PLuS ist die Möglichkeit einer organisatorischen und insbesondere inhaltlichen Verknüpfung von Berufsausbildung und Studium.

Im Anschluss erfolgt eine tabellarische Auflistung aller Kooperationsunternehmen inkl. Adressen und Ansprechpartner:

---

[251] Info-Broschüre Betriebswirtschaft PLuS der Fachhochschule Aachen, S. 7

| Unternehmen: | Anschrift/Ansprechpartner: |
|---|---|
| Saint Gobain Sekurit | Glasstr. 1<br>52134 Herzogenrath<br>Ansprechpartner: Frau Olga Patzke<br>olga.patzke(at)saint-gobain.com |
| LEONI Kerpen GmbH | Zweifaller Str. 275-287<br>52224 Stolberg<br>Ansprechpartner: Herr Hubert Brock<br>02402 17259<br>hubert.brock(at)leoni-kerpen.com |
| Grünenthal Pharma GmbH & Co.KG | Ziegler Str. 6<br>52078 Aachen<br>Ansprechpartner: Frau Yvonne Krippner<br>0241 569 3230<br>Yvonne.krippner(at)grunenthal.com |
| Solland Solar Cells GmbH | Bohr 12-AVANTIS<br>NL-6422 RL Heerlen |
| Prym Consumer GmbH | Zweifaller Str. 130<br>52224 Stolberg<br>Ansprechpartner: Frau Christel Desens<br>02402 14 23 95<br>Christel.Desens(at)prym.com |
| Aurubis Stolberg GmbH & Co. KG | Zweifaller Str. 150<br>52224 Stolberg<br>Ansprechpartner: Robert Spicker, Personaleiter<br>Robert.spicker(at)aurubis.com<br>Terezija Vrhovcevic, Assistentin Personal<br>Terezija.vrhovcevic(at)aurubis.com |
| Dalli-Werke GmbH & Co.KG | Zweifaller Str. 120<br>52224 Stolberg<br>Ansprechpartner: Herr Stefan Volberg<br>Stefan.volberg(at)dalli-group.com |
| EWV Energie- und Wasser-Versorgung GmbH | Willy-Brandt-Platz 2<br>52222 Stolberg<br>Ansprechpartner: Ingo Malejka<br>Abeilung Personalwirtschaft<br>Tel.: 02402 101-2136   Fax: 02402 101-522136<br>ingo.malejka(at)ewv.de<br>www.ewv.de |
| electronic service willms GmbH & Co. KG | Kastanienweg 15<br>52223 Stolberg-Breinig<br>Ansprechpartner: Franz-Josef Surges<br>Franz-Josef.Surges(at)esw-gmbh.de |
| Dr.-Ing. Platthaus GmbH -Elektrotechnische Fabrik- | Max-Planck-Str. 11-15<br>52477 Alsdorf<br>Ansprechpartner:  Herr Christian Krott<br>c.krott(at)platthaus.com |
| Weiss-Druck GmbH & Co. KG | Hans-Georg-Weiss-Straße 7<br>52156 Monschauu<br>Ansprechpartner: Peter Jakobs<br>bewerbung(at)weiss-druck.de |

*Abbildung 27: Kooperationspartner im Studiengang BWL PLuS*[252]

---

[252] Eigene Darstellung in Anlehnung an http://www.fh-aachen.de/11639.html?&L=1%252Findex.p

## 4.2.8.2 Kooperierende Schulen

Bei ausbildungsintegrierten dualen Studiengängen, folglich auch im Studiengang BWL PLuS, wird das Studium mit einer beruflichen Ausbildung verbunden.

„Die Berufsausbildung hat die für die Ausübung einer qualifizierten beruflichen Tätigkeit in einer sich wandelnden Arbeitswelt notwendigen beruflichen Fertigkeiten, Kenntnisse und Fähigkeiten (berufliche Handlungsfähigkeit) in einem geordneten Ausbildungsgang zu vermitteln. Sie hat ferner den Erwerb der erforderlichen Berufserfahrungen zu ermöglichen."[253] Die Zuständigkeit für die Berufsausbildung teilen sich gleichermaßen Betrieb und Berufsschule, weshalb diese Art der Ausbildung auch als Duales (Ausbildungs-) System bezeichnet wird.[254]

Aufgrund der Notwendigkeit der inhaltlichen und zeitlichen Abstimmung von Ausbildung und Studium werden vorab ebenfalls Kooperationen zwischen Schulen/Berufskollegs und der Fachhochschule Aachen vereinbart.

Folgende Punkte sind u.a. fest definiert:

- „Die FH Aachen stellt durch vertragliche Regelungen mit den für den Berufsschulunterricht zuständigen Berufskollegs sicher, dass der Berufsschulunterricht ab dem zweiten Semester auf einen Tag pro Woche konzentriert wird und dass der Berufsschulunterricht an einem Wochentag erteilt wird, an dem keine Lehrveranstaltungen der Hochschule für das entsprechende Regelsemester durchgeführt werden."[255]
- „Begleitend zur Berufsausbildung findet am zuständigen Berufskolleg die schulische Ausbildung statt. Zu Beginn der Ausbildung ist der Unterricht am Berufskolleg verteilt auf 2 Berufsschultage pro Woche. Ab Beginn der Teilnahme an Veranstaltungen in der Hochschule wird der Berufsschulunterricht reduziert auf einen Berufsschultag pro Woche."[256]

---

[253] §1(3) BBiG
[254] Vgl. Becker, M., Personalentwicklung, Schäffer-Poeschel Verlag, 5. Aufl., Stuttgart 2009, S. 759
[255] Info-Broschüre Betriebswirtschaft PLuS der Fachhochschule Aachen, S. 8-9
[256] Info-Broschüre Betriebswirtschaft PLuS der Fachhochschule Aachen, S. 30

Kooperationspartner hierbei sind:

- „Kooperationspartner für den schulischen Teil der Ausbildung im Ausbildungsberuf Industriekauffrau/Industriekaufmann ist das Berufskolleg Simmerath/Stolberg des Schulverbandes in der StädteRegion Aachen, Am Obersteinfeld 8, in 52222 Stolberg.
- Kooperationspartner für den schulischen Teil der Ausbildung im Ausbildungsberuf Kauffrau/Kaufmann im Groß- und Außenhandel ist das Paul-Julius-Reuter Berufskolleg Aachen, Beeckstraße 23.
- Kooperationspartner für die Ausbildungsberufe Einzelhandelskauffrau/-mann und Steuerfachangestellte/-r ist das Berufskolleg Herzogenrath."[257]

### 4.2.8.3 Kooperierende Kammern/Verbände

Die Abschlussprüfungen der parallelen Berufsausbildungen erfolgen an der Industrie- und Handelskammer.

„Die Industrie- und Handelskammern (IHK) sind berufsständische Körperschaften des öffentlichen Rechts und bestehen aus Unternehmen einer Region. Alle Gewerbetreibenden und Unternehmen mit Ausnahme reiner Handwerksunternehmen, Landwirtschaften und Freiberufler (welche nicht ins Handelsregister eingetragen sind) gehören ihnen per Gesetz an."[258]

„Die Industrie- und Handelskammer Aachen ist eine Körperschaft des Öffentlichen Rechts und vertritt die Interessen von rund 68.000 Mitgliedsunternehmen aus Industrie, Handel und Dienstleistungen des IHK-Bezirks Aachen. Die IHK Aachen ist eine Selbstverwaltungsorganisation von Unternehmen für Unternehmen. Wir helfen, wenn Unternehmen oder ein Existenzgründer Rat und Unterstützung brauchen. Wir betreuen zum Beispiel Ausbildungsbetriebe und Auszubildende in allen Fragen der Berufsbildung. Wir sind Sprachrohr der regionalen Wirtschaft gegenüber Politik, Staat und Öffentlichkeit."[259]

---

[257] Info-Broschüre Betriebswirtschaft PLuS der Fachhochschule Aachen, S. 9
[258] http://de.wikipedia.org/wiki/Industrie-_und_Handelskammer
[259] http://www.aachen.ihk.de/wir_ueber_uns/startseite.htm

Eine der Hauptaufgaben der Industrie- und Handelskammern liegt in der Überwachung und Förderung der kaufmännischen und gewerblichen Berufsbildung, insbesondere unter Beachtung des Berufsbildungsgesetzes.[260]

## 4.2.9 Kosten

Wie auch in Kapitel 3.11 „Kosten/finanzieller Aufwand" schon beschrieben, ist es sinnvoll auch bei den anfallenden Kosten zwischen den einzelnen am Dualen Studium beteiligten Parteien zu unterscheiden.

Im Anschluss werden explizit die Kosten/der finanzielle Aufwand der dual Studierenden und der kooperierenden Unternehmen im Studiengang BWL PLuS aufgezählt und angesprochen.

Für die Studierenden bietet das Duale Studium eine finanzielle Erleichterung bzw. die Möglichkeit ohne finanziellen Aufwand zu studieren, da die anfallenden Studiengebühren i.d.R. von den kooperierenden Unternehmen getragen werden.

„Eine Studiengebühr oder ein Studienbeitrag ist ein Beitrag, den Studenten regelmäßig entrichten müssen, um am Studium teilnehmen zu dürfen."[261] Die Studiengebühren betragen an der Fachhochschule Aachen derzeit 500 Euro pro Semester, wobei für die Dauer der beiden Praxissemester die FH auf die Zahlung verzichtet.

Zusätzlich zur Übernahme der Studiengebühren fallen für die kooperierenden Unternehmen im Studiengang BWL PLuS auch noch weitere Kosten an. Zum einen zahlen die Unternehmen den dual Studierenden eine Ausbildungsvergütung und zum anderen verursacht der zeit- und kostenintensive Arbeitsaufwand in Bezug auf Planung, Koordination und Durchführung nicht zu unterschätzende Kosten. Als weiterer zeitintensiver Aufwand und folglich als weiterer Kostenfaktor ist die, durch die lange Dauer und die intensive Zusammenarbeit innerhalb eines Dualen Studiums, vorab notwendige Personalauswahl anzusehen.

---

[260] Vgl. http://de.wikipedia.org/wiki/Industrie-_und_Handelskammer
[261] http://de.wikipedia.org/wiki/Studiengeb%C3%BChr

Die möglichen anfallenden Kosten für die kooperierenden Unternehmen wurden im Rahmen einer allgemeinen Kosten/Nutzen – Analyse in Kapitel 3.15 ausführlich aufgeführt und beschrieben.

## 4.2.10 Vorteile

Im folgenden Kapitel werden die Vorteile des dualen Studiengangs BWL PLuS einzeln, jeweils für die dual Studierenden, die Fachhochschule Aachen und insbesondere für die kooperierenden Unternehmen im Studiengang BWL PLuS aufgezählt. Die nachfolgend aufgeführten Vorteile basieren auf den in Kapitel 3.12 „Vor- und Nachteile des Dualen Studiums" herausgearbeiteten Resultaten, aufgrund eingehender und ausführlicher Literatur- und Onlinerecherche, der Informations-Broschüre BWL PLuS, der Internetseite des Fachbereichs Wirtschaft der FH sowie persönlicher Gespräche mit dual Studierenden und kooperierenden Unternehmen im Studiengang BWL PLuS.

### 4.2.10.1 Vorteile für die dual Studierenden

Zuerst werden die schon herausgearbeiteten allgemeinen Vorteile aufgelistet, anschließend die auf der Internetseite der Fachhochschule angegebenen Vorteile aufgezählt und abschließend die in der Befragung der im Studiengang BWL PLuS dual Studierenden genannten Vorteile aufgezeigt.

In Kapitel 3.12.1.1 wurden folgende Vorteile für die dual Studierenden herausgearbeitet:

- Doppelter Abschluss: Studienabschluss und Ausbildungsberuf
- Verkürzung von Studien- und Ausbildungsdauer
- Zeitgewinn
- inhaltliche und organisatorische Verzahnung
- Verzahnung von Theorie und Praxis
- große Praxisnähe des Studiums
- praxisnahes / praxisorientiertes Studium
- sehr gute Studienbedingungen
- kleine Lerngruppen
- intensive Betreuung
- Theorie-Praxis-Transfer
- kurze Studiendauer
- sicheres Einkommen während des Studiums
- finanzielle Absicherung

- Kontakte zu Unternehmen
- Kontakte zur Wirtschaft
- Orientierung am Bedarf der Wirtschaft
- hohe Übernahmechancen
- verbesserte Arbeitsmarkt- und Karrierechancen
- sehr gute Karrierechancen

Die Fachhochschule Aachen zeigt in ihrer Infobroschüre folgende Vorteile für die Studierenden auf:

- „Verkürzte Ausbildungszeit mit abgeschlossener Berufsausbildung und akademischer Abschluss (statt herkömmlich 5-6 Jahre als Duales Studium nur 4 Jahre insgesamt)
- Finanzierung des Studiums durch Ausbildungsvergütung
- Verknüpfung von theoretischem Lernen mit praktischer Arbeit
- Sehr häufig zusätzlich Ausbildungsinhalte aus dem Unternehmen (z.B. CAD-Kurs, Projektmanagement,...)
- Berufseinstieg schon während des Studiums
- Systematisches Training von Schlüsselqualifikationen (z.B. Teamarbeit, Organisation, Kommunikation im Unternehmen)
- Sehr gute Chancen zur Übernahme in den Ausbildungsbetrieb"[262]

Die dual Studierenden im Studiengang BWL PLuS, dem dualen Studiengang des Fachbereichs Wirtschaft der Fachhochschule Aachen, gaben bei einer Befragung, mithilfe eines Fragebogens, u.a. folgende Vorteile an:

- Direkte Verknüpfung von Praxis und Theorie
- Besserer Einblick in die berufliche Praxis
- Sammeln erster Erfahrungen im späteren Arbeitsumfeld
- Besseres Verständnis der theoretischen Grundlagen aufgrund der praktischen Erfahrung
- Sehr gute Berufsaussichten, bessere Berufschancen
- Hohe Übernahmechancen nach dem Studium
- Finanzierung durch das Unternehmen
- Paralleler Erwerb eines Hochschul- und eines Berufsabschlusses[263]

---

[262] Info-Broschüre Betriebswirtschaft PLuS der Fachhochschule Aachen, S. 11
[263] Vgl. eigene Befragung der dual Studierenden im Studiengang BWL PLuS

### 4.2.10.2 Vorteile für die Fachhochschule Aachen

Die folgend aufgelisteten Vorteile für die anbietende Fachhochschule Aachen wurden anhand von Kapitel 3.12.3.1 sowie anhand einer Befragung von Frau Breuer von der Fachstudienberatung der FH ermittelt.

In Kapitel 3.12.3.1 wurden folgende allgemeine Vorteile für die anbietende Studieneinrichtung herausgearbeitet:

- Intensive Kontakte zur Wirtschaft
- Vernetzungsmöglichkeiten mit der Wirtschaft
- Erweiterung des Studienangebots
- Angebot einer praxisnahen Ausbildung
- bietet eine Ausbildung, die den aktuellen Marktanforderungen entspricht
- Verbesserung der Ausbildungsqualität
- Imagegewinn, Profilierung
- Steigender Bekanntheitsgrad
- Steigende Attraktivität für künftige Studierende
- Wettbewerbsvorteile

Frau Breuer von der Fachschule Aachen sieht folgende positive Effekte für kooperierende Studieneinrichtungen:

- Erreichung des Ziels der optimalen Ausbildung, insbesondere von Führungskräften
- Wettbewerbsvorteile gegenüber anderen Studieneinrichtungen
- Möglichkeit der Kontaktaufnahme mit Unternehmen
- Ideale Vernetzungsmöglichkeiten der Fachhochschule mit der Wirtschaft[264]

---

[264] Vgl. eigene Befragung Breuer, S., Dipl.-Kff., Fachstudienberatung, FH Aachen

### 4.2.10.3 Vorteile für die kooperierenden Unternehmen im Studiengang BWL PLuS

Die möglichen Vorteile des dualen Studiengangs BWL PLuS für die kooperierenden Unternehmen werden anhand der in Kapitel 3.12.2.1 „Vorteile für teilnehmende Unternehmen" herausgearbeiteten Vorteile, der Info-Broschüre der Fachhochschule Aachen sowie anhand von Ergebnissen einer schriftlichen Befragung der am dualen Studiengang kooperierenden Unternehmen aufgezeigt.

In Kapitel 3.12.2.1 wurden folgende allgemeine Vorteile für die teilnehmenden/kooperierenden Unternehmen herausgearbeitet:

- Möglichkeit der frühzeitigen Personalgewinnung
- senkt die Kosten der Rekrutierung
- verkürzt die gesamte Ausbildungs- und Studiendauer, der Studierende steht dem Unternehmen somit früher zur Verfügung
- Möglichkeit der Personalbindung
- Verhinderung von Personalfluktuation
- Hilfe bei Vermeidung von Fehlbesetzungen
- enge Kooperation mit den Studieneinrichtungen
- Einflussnahme auf Ausbildung und Ausbildungsinhalte
- praxisnah ausgebildeter Nachwuchs
- keine Notwendigkeit einer Einarbeitungsphase
- Möglichkeit der Nachfolgeplanung
- Möglichkeit der mittelfristigen Führungskräfteplanung

Die Fachhochschule Aachen zeigt in ihrer Info-Broschüre folgende Vorteile für die kooperierenden Unternehmen auf:

- „Gezielte Nachwuchsakquisition und Personalplanung
- Nachwuchs wird individuell im Unternehmen ausgebildet; Einarbeitung in das firmenspezifische Wissen durch zusätzliche Ausbildungsinhalte des Unternehmens
- Hochmotivierter Nachwuchs mit sehr guten Abschlussergebnissen; eigene Eignungstests
- Einarbeitung/Probezeit schon vorweggenommen, da beiderseitiges „Kennenlernen" über 4 Jahre erfolgt
- Frühzeitige Bindung von Nachwuchs an das Unternehmen
- Dual Studierende sind das intensive Lernen (theoretisch und praktisch) gewohnt und verfügen somit über die Schlüsselqualifikation des „ständigen Lernens""[265]

---

[265] Info-Broschüre Betriebswirtschaft PLuS der Fachhochschule Aachen, S. 10

Die kooperierenden Unternehmen im Studiengang BWL PLuS, dem dualen Studiengang des Fachbereichs Wirtschaft der Fachhochschule Aachen, sehen für sich folgende Vorteile:

- Frühe Bindung von Talenten
- Gewinnung besonders leistungsstarker und motivierter Auszubildender
- Keine Notwendigkeit einer weiteren Einarbeitungsphase
- Zeitgewinn durch Parallelität
- Möglichkeit der Nachfolgeplanung
- Mittelfristige Führungskräfteplanung[266]

Für eine genauere/detaillierte Beschreibung der einzelnen Vorteile der am Studiengang BWL PLuS beteiligten Parteien siehe Kapitel 3.12 „Vor- und Nachteile des Dualen Studiums".

### 4.2.11 Wettbewerbsvorteile

Wie schon in Kapitel 3.13 „Der daraus entstehende Wettbewerbsvorteil" ausführlich beschrieben, werden bestimmte Vorteile einer Unternehmung/Organisation, die für die Leistung dieser Unternehmung/Organisation relevant sind und über die die Wettbewerber/Konkurrenten gar nicht oder in einem geringeren Maße verfügen, als Wettbewerbsvorteile angesehen.[267]

„In der Wirtschaftswissenschaft bezeichnet man mit dem Begriff Wettbewerbsvorteil den Vorsprung eines Akteurs auf dem Markt gegenüber seinen Konkurrenten im ökonomischen Wettbewerb."[268]

Wie ausführlich in Kapitel 3 „Das Duale Studium" aufgezeigt und beschrieben kann bzw. muss das Duale Studium und somit auch der duale Studiengang BWL PLuS an der Fachhochschule Aachen als effektives und effizientes Instrument der Personalbeschaffung und -auswahl, der Personalentwicklung sowie der Personalbindung und somit folglich eines mittel- bis langfristigen Personalmanagements angesehen werden.

Da viele Unternehmen aber den Bereich des Personalmanagements insbesondere die Personalentwicklung und Personalbindung immer noch vernachlässigen und somit auch nicht

---

[266] Vgl. eigene Befragung der kooperierenden Unternehmen im Studiengang BWL PLuS
[267] Vgl. http://www.wirtschaftslexikon24.net/d/wettbewerbsvorteil/wettbewerbsvorteil.htm
[268] http://de.wikipedia.org/wiki/Wettbewerbsvorteil

die Möglichkeiten eines Dualen Studiums nutzen, wird dieses effektive und effiziente Instrument für die im Studiengang BWL PLuS kooperierenden Unternehmen zum Wettbewerbsvorteil.

### 4.2.12 Erfahrungsberichte und Fazit

Einleitend erfolgt ein Zitat von Herrn Brock von der LEONI Kerpen GmbH zu Erwartungen und Erfahrungen in Bezug auf BWL PLuS zum Thema Wettbewerbsvorteile:

„Es wird für Unternehmen immer wichtiger, frühzeitig Nachwuchskräfte für die vielfältigen Aufgaben auszubilden und an das Unternehmen zu binden. Im Rahmen der demographischen Entwicklung ist eine frühzeitige Planung im Rahmen der Personalentwicklung unbedingt erforderlich. Werden die ausgebildeten Mitarbeiter dann noch entsprechend ihren Fähigkeiten eingesetzt, so stelle diese sicherlich auch einen Wettbewerbsvorteil dar."[269]

Nun folgend werden erste positive als auch negative Erfahrungen, der am Studiengang BWL PLuS an der Fachhochschule Aachen kooperierenden Unternehmen anhand von Zitaten diesbezüglich aufgelistet. Abschließend erfolgt auf Grundlage des Kapitels 3, sowie der schriftlichen Befragung und der persönlichen Gespräche mit am Studiengang BWL PLuS kooperierenden Unternehmen ein kurzes Fazit.

<u>Positive Erfahrungen:</u>

- Gewinnung besonders leistungsstarker und motivierter Auszubildender
- Durch den frühzeitigen Kontakt zu den jungen Absolventen kann bereits während der Ausbildung erkannt werden, welches Potenzial vorhanden ist und ggf. gefördert werden muss
- Es entsteht eine stärkere Bindung zu Unternehmen
- Neben dem theoretischen Wissen wird auch Praxiswissen vermittelt und fördert somit das Verständnis für das Gelernte[270]

---

[269] Eigene Befragung der kooperierenden Unternehmen im Studiengang BWL PLuS
[270] Vgl. eigene Befragung der kooperierenden Unternehmen im Studiengang BWL PLuS

Negative Erfahrungen:

- Neben den hohen Ausbildungskosten (Stipendium) ist der Absolvent nur selten im Unternehmen."
- Kurze betriebliche Einsatzzeit
- Praxiseinsätze in den Semesterferien sehr kurz
- Ausbildung zu oberflächlich
- Noch nicht genügend kooperierende Unternehmen, um eine eigene Berufsschulklasse am BK Stolberg bilden zu können[271]

Als kurzes Fazit, auf Grundlage des Kapitels 3, sowie der schriftlichen Befragung der am Studiengang BWL PLuS kooperierenden Unternehmen, bleibt festzuhalten, dass die kooperierenden Unternehmen das Duale Studium in Form des dualen Studiengangs BWL PLuS an der Fachhochschule Aachen als effektives und effizientes Instrument des Personalmanagements, insbesondere der Personalbeschaffung und -auswahl, der Personalentwicklung und der Personalbindung ansehen.

Einzige Kritikpunkte der befragten Unternehmen bestehen in der geringen Anwesenheitszeit der dual Studierenden im Betrieb und dem finanziellen Aufwand (Ausbildungsvergütung plus Studiengebühren).

Das Duale Studium wird von den kooperierenden Unternehmen durchweg positiv betracht, was sich auch in der hohen Quote (80% der untersuchten Betriebe) von Unternehmen widerspiegelt, die die Kooperation mit der Fachhochschule Aachen in Bezug auf den dualen Studiengang BWL PLuS auch in den nächsten Jahren aufrecht erhalten bzw. eventuell sogar noch ausbauen wollen.[272]

---

[271] Vgl. eigene Befragung der kooperierenden Unternehmen im Studiengang BWL PLuS
[272] Vgl. eigene Befragung der kooperierenden Unternehmen im Studiengang BWL PLuS

# 5 Das Duale Studium im textilen Einzelhandel

Im folgenden Kapitel wird exemplarisch für eine Branche das Duale Studium im textilen Einzelhandel angesprochen und der Frage nachgegangen: „Bietet ein Duales Studium kooperierenden Unternehmen im textilen Einzelhandel Vorteile bzw. Wettbewerbsvorteile?" Nach einer kurzen Definition der Begriffe „Einzelhandel" und „Textiler Einzelhandel" sowie einer Beschreibung des unternehmerischen Umfelds allgemein und speziell im textilen Einzelhandel werden die „klassischen" Ausbildungsberufe und „klassischen" Fort- und Weiterbildungsmaßnahmen im textilen Einzelhandel aufgezeigt und kurz beschrieben. Anschließend erfolgt eine exemplarische Darstellung der Aus- und Weiterbildungsmöglichkeiten der ANSON'S Herrenhaus KG. Im Anschluss wird das Duale Studium nochmals kurz definiert und auf Besonderheiten im textilen Einzelhandel hin untersucht sowie die Vorteile speziell auf die gestiegenen Anforderungen im textilen Einzelhandel hin überprüft. Danach werden ein Vergleich des Dualen Studiums mit einer klassischen Fort- bzw. Weiterbildungsmaßnahme durchgeführt sowie mögliche Wettbewerbsvorteile durch ein Duales Studium aufgezeigt. Nach einer Aufzählung einiger duale Studiengänge anbietender Unternehmen im textilen Einzelhandel erfolgt abschließend ein Kurzfazit.

## 5.1 Definitionen

Im Anschluss folgen Definitionen der Begriffe „Einzelhandel" und „textiler Einzelhandel".

### 5.1.1 Der Einzelhandel

Der Einzelhandel umfasst lt. Gablers Wirtschaftslexikon alle Unternehmen, die Handelswaren beschaffen, sie zu einem Sortiment zusammenstellen und unverändert oder nach handelsüblicher Be- bzw. Verarbeitung sowie mit Dienstleistungen verkaufsfähig machen und den Letztverbrauchern zum Kauf anbieten.[273]

In Bezug auf seine Aufgabe, insbesondere in volkswirtschaftlicher Hinsicht, ist der Einzelhandel bzw. sind die Einzelhandelsunternehmen als Marktmittler zwischen Hersteller und Verbraucher, als sogenannter Intermediär anzusehen.[274]

„Im Zuge des Transfers von Gütern (Handelsgut) vom Produzenten zum Verbraucher kommt dem Handel eine zentrale Rolle zu. Aus Sicht vieler produzierender Unternehmen (Produzent) und Kunden ist der Handel das wichtigste Distributionsorgan (Distributionspolitik), das die Aufgaben der akquisitorischen und physischen Verteilung der produzierten Güter (Distribution) übernimmt."[275] „Die Aufgaben des Einzelhandels im Überblick:

- beobachtet und erkundet die Beschaffungs- und Absatzmärkte
- erschließt neue Märkte und Zielgruppen
- findet national wie international günstige Bezugsquellen und -wege
- stellt ein kundenorientiertes Sortiment aus den vielfältigen Herstellerangeboten zusammen
- transportiert und lagert Waren
- präsentiert Waren und stellt sie verbrauchergerecht bereit
- informiert und berät Kunden
- bietet warenbezogene Service- und Dienstleistungen"[276]

Der HDE, der Handelsverband Deutschland e.V. - Der Einzelhandel, beschreibt den Einzelhandel auf seiner Internetseite wie folgt:

- „Mit 400.000 Unternehmen und einem Umsatz von knapp 400 Mrd. Euro ist der Einzelhandel drittgrößte Wirtschaftsbranche in Deutschland. 50 Millionen Kunden täglich zeugen vom Vertrauen in unsere Branche. Als Mittler zwischen Herstellern und Verbrauchern hat der Einzelhandel eine herausragende Bedeutung.
- Der Einzelhandel beschäftigt knapp drei Millionen Mitarbeiter und stellt damit in Deutschland jeden zwölften Arbeitsplatz zur Verfügung. Drei Viertel unserer Mitarbeiter sind Frauen. Als größter Anbieter flexibler Beschäftigungsverhältnisse bieten wir unseren Mitarbeiterinnen und Mitarbeiter die Möglichkeit, Beruf und Familie in Einklang zu bringen.
- Der Einzelhandel ist einer der begehrtesten Ausbilder Deutschlands. Unsere Handelsunternehmen bilden 165.000 junge Leute in mehr als 30 Berufen aus. Mit ca.

---

[273] Vgl. http://wirtschaftslexikon.gabler.de/Definition/einzelhandelsunternehmung.html
[274] Vgl. http://de.wikipedia.org/wiki/Einzelhandel
[275] http://wirtschaftslexikon.gabler.de/Definition/handel-als-mittler-zwischen-produzent-und-verbraucher.html
[276] http://www.einzelhandel.de/pb/site/hde/node/28101/Lde/index.html

acht Prozent ist die Ausbildungsquote überdurchschnittlich. Die Berufe Kaufmann/frau und Verkäufer/in führen das Ranking der beliebtesten Berufe an."[277]

„Es gab im Jahr 2008 insgesamt 78.415 bestehende Ausbildungsverträge zum/zur Kaufmann/Kauffrau im Einzelhandel. Für den Ausbildungsberuf zum/zur Verkäufer/in wurden von der Industrie- und Handelskammer im Jahr 2008 insgesamt 46.510 bestehende Ausbildungsverträge gezählt."[278] Allein im Jahr 2009 wurden 33.000 neue Ausbildungsverträge im Berufsbild Kaufmann/-frau im Einzelhandel abgeschlossen.[279]

Zusammengefasst kann man festhalten, dass der Einzelhandel mit knapp 400 Mrd. Euro als drittgrößter Wirtschaftszweig, mit knapp 3 Millionen Mitarbeitern als bedeutender Arbeitgeber und mit 165.000 Auszubildenden als begehrtester Ausbilder gesamtwirtschaftlich in Deutschland eine bedeutende Rolle einnimmt.[280]

## 5.1.2 Der textile Einzelhandel

Unter dem Begriff textiler Einzelhandel versteht man Einzelhandelsunternehmen mit Handelswaren im Bereich Textilien und Bekleidung. Dazu zählen:

- Damenbekleidung
- Herrenbekleidung
- Baby- und Kinderbekleidung
- Sonstige Textilien und Bekleidung
- Heim- und Haustextilien[281]

Um auch die gesamtwirtschaftliche Bedeutung des textilen Einzelhandels zu verdeutlichen, folgen Umsatz- und Beschäftigungszahlen aus dem Jahr 2008: Der Gesamtumsatz des deutschen Einzelhandels mit Textilien und Bekleidung betrug im Jahr 2008 knapp 60 Mrd.

---

[277] http://www.einzelhandel.de/pb/site/hde/node/1113547/Lde/index.html
[278] Klein, A., BTE, E-Mail 30.09.2010
[279] http://www.destatis.de/jetspeed/portal/cms/Sites/destatis/Internet/DE/Presse/pm/2010/09/PD10__327__212,templateId=renderPrint.psml
[280] Vgl. http://www.einzelhandel.de/pb/site/hde/node/1243/Lde/index.html
[281] Vgl. Taschenbuch der Textileinzelhandels, 2010, S. 120-121

Euro.[282] Laut BTE, dem Bundesverband des Deutschen Textileinzelhandels, waren im Jahr 2008 insgesamt 308.414 Menschen im textilen Einzelhandel beschäftigt.[283]

## 5.2 Das unternehmerische Umfeld im Einzelhandel, speziell im textilen Einzelhandel

„Wohl kein anderer Handelszweig hat in den letzten Jahren so gewaltige Veränderungen vollzogen wie der textile Einzelhandel."[284]

Wie schon in der Einleitung angesprochen ist das unternehmerische Denken und Handeln sowie das unternehmerische Umfeld heutzutage durch eine Globalisierung der Märkte, die Deregulierung des Wettbewerbs, die kürzeren Produktlebenszyklen und der vielfältigen Vernetzungsmöglichkeiten der Kunden und Mitbewerber sowie der schnell wechselnde Präferenzen der Kunden gekennzeichnet.[285] Das heutige Wirtschaftsleben ist branchenübergreifend, und gerade auch der textile Einzelhandel, geprägt durch stetig steigende Anforderungen an Unternehmen, das beschäftigte Personal und folglich an Personalbeschaffung und Personalentwicklung ergo an das Personalmanagement.

Professor Dr. Peter Mühlemeyer von der Fachhochschule Worms und Wilfried Malcher vom HDE beschrieben schon 1997 in ihrem Aufsatz: „Führungskräfte im Handel – Künftige Anforderungen aus Sicht von Führungskräften" den Wandel im Handel wie folgt:

„Mehr denn je unterliegt der Handel einem kräftigen Veränderungs- und Innovationsdruck. Intensive Konkurrenzbeziehungen, technologische Entwicklungssprünge, neue Managementansätze, weiter zunehmende Unternehmenskonzentration, Entwicklung im Multi-Media-Bereich, neue gesetzliche Rahmenbestimmungen (z.B. im Umweltschutz und bei den Ladenöffnungszeiten), Wandel im Freizeit- und Konsumentenverhalten oder die zunehmende

---

[282] Vgl. Taschenbuch der Textileinzelhandels, 2010, S. 120-121
[283] Klein, A., BTE, E-Mail 30.09.2010
[284] Ahlert, D., Große-Bölting, K., Heinemann, G., Handelsmanagement in der Textilwirtschaft, Deutscher Fachverlag, Frankfurt am Main 2009, S. 5
[285] Vgl. Osterloh, M.; Frost, J., Prozessmanagement als Kernkompetenz : Wie Sie Business Process Reengineering strategisch nutzen können, Gabler Verlag, 5. Aufl., Wiesbaden 2006, S. 17

Konkurrenz innerhalb des EU-Binnenmarktes fordern die Handelsunternehmen, ihre Führungskräfte und Mitarbeiter."[286]

Der Handelsverband des Deutschen Einzelhandels zitiert diesbezüglich ein altes Sprichwort das besagt, dass nichts so beständig ist wie der Wandel im Handel. Die sich permanent verändernden Arbeitsanforderungen begründet der HDE so:

- „Neue Waren erfordern neue Warenkenntnisse,
- die Erschließung neuer Lieferanten und Hersteller erfordert Verhandlungen mit neuen Partnern, die Beurteilung der neuen Waren durch Einkäufer und die Etablierung neuer Logistikketten,
- die Modernisierung und Rationalisierung der Geschäftsprozesse im Handel erfordert betriebswirtschaftliches und gestalterisches KnowHow,
- die Durchdringung des Handels mit Informations- und Kommunikationstechnik erfordert IT-Kompetenz,
- Kundenorientierung erfordert nicht nur Verkaufskompetenz, sondern auch die Fähigkeit, Kundenwünsche analysieren zu können,
- der Umgang mit Kunden erfordert die Fähigkeit und Bereitschaft, sich immer wieder auf neue Menschen und ihre Stimmungen einzulassen und gerne mit ihnen umzugehen."[287]

„Die Anforderungen an die Qualifikationen der Beschäftigten im Handel verändern sich laufend durch neue Formen der Arbeitsorganisation, steigende Kundenanforderungen, größere Intensität des Wettbewerbs, wachsende Anforderungen an die Qualität der erbrachten Dienstleistungen, zunehmender Einsatz von IT-Techniken im Handel, die rasant steigende Nutzung des Internet für die Gestaltung der Unternehmensprozesse und die Internationalisierung der Handelsunternehmen."[288]

Die volatilen Kundenpräferenzen, die Änderungen des Konsumverhaltens, der starke Preiskampf, die zunehmende Komplexität der Geschäftsprozesse, die Internationalisierung des Ein- und Verkaufs sowie die Durchdringung des Handels mit Informations- und Telekommunikationstechnik sind z.B. als Gründe für die Veränderung der Anforderungen anzusehen. Auch die komplexeren logistischen Prozesse, die steigenden kaufmännischen Anforderungen, die Notwendigkeit zur Innovation der Unternehmen und insbesondere der Absatzweg Internet sind als Herausforderung anzusehen und steigern folglich die

---

[286] Mühlemeyer, P., Malcher, W., Führungskräfte im Handel, Aufsatz, 1997
[287] http://www.einzelhandel.de/pb/site/hde/node/28073/Lde/index.html
[288] http://www.einzelhandel.de/pb/site/hde/node/29565/Lde/index.html

Anforderungen an Unternehmen, das beschäftigte Personal und folglich an Personalbeschaffung und Personalentwicklung ergo an das Personalmanagement im textilen Einzelhandel.

## 5.3 Klassische Ausbildungen und klassische Fort- bzw. Weiterbildungsmaßnahmen im textilen Einzelhandel

In diesem Kapitel werden folgend der Begriff „Ausbildung" definiert sowie die klassischen Ausbildungen im textilen Einzelhandel aufgezählt und beschrieben. Anschließend erfolgen Definitionen der Begriffe „Fort- bzw. Weiterbildung" und eine Beschreibung der klassischen Fort- und Weiterbildungsmaßnahmen im textilen Einzelhandel sowie der entsprechenden Bildungseinrichtungen.

### 5.3.1 Klassische Ausbildungen im textilen Einzelhandel

„Die Berufsausbildung hat die für die Ausübung einer qualifizierten beruflichen Tätigkeit in einer sich wandelnden Arbeitswelt notwendigen beruflichen Fertigkeiten, Kenntnisse und Fähigkeiten (berufliche Handlungsfähigkeit) in einem geordneten Ausbildungsgang zu vermitteln. Sie hat ferner den Erwerb der erforderlichen Berufserfahrungen zu ermöglichen."[289]

Nun folgend werden die „klassischen" Ausbildungsberufe im textilen Einzelhandel, „Fachverkäufer/in", „Kaufmann/-frau im Einzelhandel", „Gestalter/in für visuelles Marketing", anhand von Zitaten kurz vorgestellt und beschrieben:

---

[289] §1(3) BBiG

Das Duale Studium im textilen Einzelhandel 159

## Fachverkäufer/in – Textilien, Bekleidung:

„In Verkaufs- oder Beratungsgesprächen informieren Fachverkäufer/innen für Textilien und Bekleidung über die Produkte der Verkaufspalette und zeigen, wie diese beschaffen sind und wie man sie trägt bzw. verwendet. Beispielsweise geben sie Auskunft über aktuelle Kollektionen, modische Farben, Trends und Formen, weisen auf Material, Qualität, Funktion und Nutzen sowie Marken- und Preisunterschiede hin, geben Hinweise zur Pflege der Artikel und helfen so, geeignete Produkte zu finden. Um Kunden kompetent beraten zu können, halten sich die Fachverkäufer/innen über aktuelle Trends und Entwicklungen auf dem Laufenden und beobachten auch die einschlägige Konkurrenz. Die gewünschten Waren stellen sie zusammen, verpacken sie so, dass der Kunde sie gut transportieren kann, und kassieren den zu zahlenden Betrag. Daneben überwachen sie die Lagerhaltung, damit das Angebot an Textilien und Bekleidung sowohl aktuell ist als auch in ausreichendem Umfang und der Nachfrage der Kundschaft entsprechend zur Verfügung steht. Zugleich kümmern sie sich um die rechtzeitige Neubestellung. Fachverkäufer/innen für Textilien und Bekleidung bereiten Waren für den Verkauf vor, zeichnen Artikel aus und präsentieren diese im Verkaufsraum. Beispielsweise stellen sie Textilien und Kleidungsstücke nach Art oder Farben sortiert zusammen, räumen die Waren in Regale ein, hängen sie auf Kleiderständer oder statten Schaufensterpuppen damit aus. Am Ende eines Geschäftstages rechnen sie die Einnahmen ab. Die Fachverkäufer/innen bringen Werbematerial oder Dekorationen an, legen Info- oder Prospektmaterial aus und sind an der Durchführung von Werbeaktionen oder verkaufsfördernden Maßnahmen beteiligt, z.B. an Sonderaktionen. Darüber hinaus leiten sie ggf. Mitarbeiter/innen an oder übernehmen betriebswirtschaftliche Aufgaben. Sie wirken beispielsweise bei der Organisation betrieblicher Abläufe oder bei der Preiskalkulation mit, führen Inventuren durch oder erstellen bzw. prüfen Rechnungen."[290]

## Kaufmann/Kauffrau im Einzelhandel:

„Sie verkaufen Konsumgüter wie z.B. Bekleidung, Spielwaren, Nahrungsmittel, Unterhaltungselektronik oder Einrichtungsgegenstände. Kaufleute im Einzelhandel führen Beratungsgespräche mit Kunden, verkaufen Waren und bearbeiten ggf. Reklamationen. Außerdem planen sie den Einkauf, bestellen Waren, nehmen Lieferungen entgegen, prüfen deren Qualität und sorgen für eine fachgerechte Lagerung. Sie zeichnen die Waren aus und helfen beim Auffüllen der Regale sowie bei der Gestaltung der Verkaufsräume. Auch bei der Planung und Umsetzung von werbe- und verkaufsfördernden Maßnahmen wirken Kaufleute im Einzelhandel mit. Sie beobachten den Markt, die Konkurrenz sowie den Warenfluss im eigenen Geschäft und beeinflussen dadurch die Sortimentsgestaltung."[291]

---

[290] http://berufenet.arbeitsagentur.de/berufe/berufId.do?_pgnt_pn=0&_pgnt_act=goToAnyPage&_pgnt_id=resultShort&status=T01
[291] http://berufenet.arbeitsagentur.de/berufe/berufId.do?_pgnt_pn=0&_pgnt_act=goToAnyPage&_pgnt_id=resultShort&status=T01

Gestalter/in für visuelles Marketing (früher Schauwerbegestalter/in):

„Verkaufsförderung, Präsentation von Waren, Produkten und Dienstleistungen, Werbung, Events, Öffentlichkeitsarbeit sowie Promotion - all dies sind Arbeitsbereiche der Gestalter/innen für visuelles Marketing. Wenn sie Schaufenster dekorieren, Erlebnisräume gestalten und Veranstaltungen oder Verkaufsaktionen planen, soll natürlich das Interesse potenzieller Kunden geweckt werden. Bei der Entwicklung ihrer Gestaltungskonzepte nutzen sie aktuelle Trends und achten darauf, dass auch die Unternehmensphilosophie kommuniziert wird. Sie verstehen sich darauf, Licht, Formen, Farben und andere Gestaltungselemente effektvoll einzusetzen. Zudem beschaffen sie Werkstoffe oder Präsentationsmittel unter Beachtung wirtschaftlicher und ökologischer Aspekte. Sie nutzen Grafik-, Layout- und Bildbearbeitungsprogramme, führen Kalkulationen sowie Erfolgskontrollen durch."[292]

Da die Aufgaben/Tätigkeiten sehr vielschichtig sind und das Aufgabengebiet im textilen Einzelhandel sehr komplex ist, gibt es noch eine Vielzahl weiterer möglicher Ausbildungen. Vollständigkeitshalber werden noch die Ausbildungen Bürokaufmann/-frau, Kaufmann/-frau für Bürokommunikation und Fachkraft für Lagerlogistik genannt.

### 5.3.2 Klassische Fort- und Weiterbildungsmaßnahmen

„Eine Umfrage von Handelsjournal/BBE Anfang 2004 hat gezeigt, dass die Betriebe Weiterbildung der Mitarbeiter und Mitarbeiterinnen für besonders wichtig ansehen. In der Befragung sagten 41%, die Weiterbildung der Belegschaften sei sehr wichtig; weitere 41% halten sie für wichtig; nur 8% halten Weiterbildung für weniger wichtig. Und nur je 1% sagten, Weiterbildung sei eher oder sogar ganz unwichtig."[293]

Nach einer kurzen Definition der Begriffe Fort- bzw. Weiterbildung werden exemplarisch einige Maßnahmen und Institutionen zur „klassischen" Fort- bzw. Weiterbildung, speziell im textilen Einzelhandel, aufgezeigt und beschrieben.

Im beruflichen Alltag, im alltäglichen Sprachgebrauch sowie oftmals auch in der Literatur, werden die Begriffe Fortbildung und Weiterbildung synonym verwendet.

---

[292] http://berufenet.arbeitsagentur.de/berufe/berufld.do?_pgnt_pn=0&_pgnt_act=goToAnyPage&_pgnt_id=resultShort&status=T01
[293] http://www.einzelhandel.de/pb/site/hde/node/29565/Lde/index.htm

Nach Becker umfasst der Begriff Weiterbildung alle zielbezogenen, geplanten und in organisierter Form durchgeführten Maßnahmen der Qualifizierung von Personen und Gruppen, die auf eine Erstausbildung oder eine erste Tätigkeit aufbauen.[294] Alle Maßnahmen und Aktivitäten, die auf eine schon absolvierte Erstausbildung folgen und dem Zweck der Vertiefung, Erweiterung und/oder Erneuerung von Wissen, Fähigkeiten und Fertigkeiten dienen, werden dem Quartärbereich zugerechnet und mit dem Begriff Weiterbildung beschrieben.[295]

„Weiterbildung ist die Fortsetzung oder Wiederaufnahme organisierten Lernens nach Abschluss einer ersten Bildungsphase und nach Aufnahme einer Erwerbstätigkeit oder nach einer Familienphase. Weiterbildung ist der Oberbegriff für alle Lernprozesse, in denen Erwachsene ihre Fähigkeiten entfalten, ihr Wissen erweitern bzw. ihre fachlichen und beruflichen Qualifikationen verbessern oder neu ausrichten."[296]

Der HDE, der Handelsverband Deutschland – der Einzelhandel, beschreibt die Ziele der Weiterbildung wie folgt:

„Betriebliche Weiterbildung trägt dazu bei, die vom Unternehmen gesetzten wirtschaftlichen Ziele zu erreichen. Sie zielt daher vorrangig darauf ab, den Mitarbeitern Gelegenheiten und Chancen zu bieten, sich so zu qualifizieren, dass sie ihre aktuellen und künftigen Aufgaben optimal erfüllen können. Beispiele sind die systematische Einarbeitung neuer Mitarbeiter, die Qualifizierung von Mitarbeitern zur Wahrnehmung von Führungsaufgaben auf verschiedenen Ebenen, die Weiterbildung zur Verbesserung der Qualität von Arbeitsprozessen und Dienstleistungen sowie die Qualifizierung zur Bewältigung neuer Arbeitsaufgaben."[297]

Laut HDE nutzen die Unternehmen unterschiedlichste Weiterbildungsformen, am häufigsten in der Form von externen Seminaren (48%) und persönlichen Trainings (47%), gefolgt von internen Seminaren (33%) und Nutzung von Bildungseinrichtungen der Verbände (14%) sowie in Form des E-Learnings (2%).[298]

---

[294] Vgl. Becker, M., Personalentwicklung, Schäffer-Poeschel Verlag, 5. Aufl., Stuttgart 2009, S. 779
[295] Vgl. http://de.wikipedia.org/wiki/Weiterbildung
[296] http://www.step-on.de/InfosBB/Weiterbildung/Def
[297] http://www.einzelhandel.de/pb/site/hde/node/29565/Lde/index.html
[298] Vgl. http://www.einzelhandel.de/pb/site/hde/node/29565/Lde/index.html

Das Spektrum von Maßnahmen zur Fort- und Weiterbildung ist so umfangreich wie das Aufgabenspektrum im textilen Einzelhandel. Es reicht u.a. von internen und externen Schulungen über Weiterbildungen zum Handelsassistent/zur Handelsassistentin, zum Handelsfachwirt/zur Handelsfachwirtin bis hin zum Textilbetriebswirt/zur Textilbetriebswirtin. Auch die Aufnahme eines „klassischen" Studiums nach erfolgter Ausbildung kann als Fort- bzw. Weiterbildung angesehen werden. Ein Duales Studium als Maßnahme zur Weiterbildung wurde bislang im textilen Einzelhandel eher sporadisch und wenn, dann an Berufsakademien und privaten Fachhochschulen genutzt.

Im Folgenden werden die „klassischen" Weiterbildungsmaßnahmen „Handelsassistent/in", „Handelsfachwirt/-in" und „Textilbetriebswirt/in" exemplarisch aufgezeigt und beschrieben:

Handelsassistent/in:

„Handelsassistenten und -assistentinnen im Einzelhandel übernehmen mittlere und ggf. auch höhere Leitungsfunktionen in Einzelhandelsunternehmen. Sie arbeiten in erster Linie in Einzelhandelsunternehmen unterschiedlicher Wirtschaftszweige, z.B. in Textil- und Bekleidungsgeschäften, in Supermärkten oder Möbelhäusern. Handelsassistent/in im Einzelhandel ist eine bundesweit einheitlich geregelte berufliche Aus- bzw. Weiterbildung. Die Lehrgänge unterschiedlicher Dauer werden von Industrie- und Handelskammern (IHK), Bildungszentren des Einzelhandels oder anderen Bildungsstätten privater Bildungsträger durchgeführt."[299] „Die Dauer der Aus- bzw. Weiterbildung ist sehr unterschiedlich. Je nach Art der Lehrgänge (Vollzeit-, Teilzeitlehrgänge) und je nach Bildungsanbieter können Bildungsgänge 1 bis 3 Jahre dauern."[300] „Bei der Aus- bzw. Weiterbildung Handelsassistent/in im Einzelhandel handelt es sich um Lehrgänge, die in Vollzeit- oder Teilzeitform (Präsenzunterricht) stattfinden. In die Ausbildung können fachpraktische Abschnitte eingebunden sein. Die Lehrgänge sind unterschiedlich strukturiert. Beispielsweise kombiniert die duale Abiturientenausbildung eine berufliche Erstausbildung im anerkannten Ausbildungsberuf Kaufmann/-frau im Einzelhandel mit einer schulischen Weiterbildung im Bereich Betriebswirtschaft und Warenkunde, die zu einer Prüfung vor der Industrie- und Handelskammer führt."[301] „Die Aus- bzw. Weiterbildung wird mit einer Prüfung gemäß Berufsbildungsgesetz (BBiG) abgeschlossen. Die Teilnehmer/innen erhalten nach bestandener

---

[299] http://berufenet.arbeitsagentur.de/berufe/resultList.do?searchString=%27+handelsassistent*+%27&resultListItemsValues=6533 6522&suchweg=begriff&doNext=forwardToResultShort&duration=
[300] http://berufenet.arbeitsagentur.de/berufe/berufld.do?_pgnt_pn=0&_pgnt_act=goToAnyPage&_pgnt_id=resultShort&status=A06
[301] http://berufenet.arbeitsagentur.de/berufe/berufld.do?_pgnt_pn=0&_pgnt_act=goToAnyPage&_pgnt_id=resultShort&status=A07

Prüfung ein Abschlusszeugnis. Teilnehmer/innen, die keine Prüfung ablegen, erhalten ggf. eine Teilnahmebescheinigung bzw. ein Zertifikat."[302]

Handelsfachwirt/-in:

„Handelsfachwirte und Handelsfachwirtinnen übernehmen in Handelsunternehmen des Groß- und Einzelhandels qualifizierte Fach- und Führungsaufgaben der mittleren Ebene. Handelsfachwirte und -fachwirtinnen arbeiten in Einzel- und Großhandelsunternehmen aller Wirtschaftsbereiche, in Einzelhandelsgeschäften und -ketten, Filialgeschäften und Zweigstellen, in Fachmärkten, Warenhäusern, bei Vertragshändlern und -niederlassungen, bei Handels- und Werksvertretungen sowie in Versandhandelsunternehmen. Handelsfachwirt/in ist eine bundesweit geregelte berufliche Weiterbildung nach dem Berufsbildungsgesetz (BBiG). Vorbereitungslehrgänge auf die Weiterbildungsprüfung werden meist in Teilzeit durchgeführt und dauern 1-2 Jahre, bei Vollzeit 3-9 Monate. Die Weiterbildung wird auch als Fernunterricht angeboten und dauert 1-2 Jahre. Für die Zulassung zur Prüfung ist die Teilnahme an einem Lehrgang nicht verpflichtend. Daneben gibt es für Abiturienten und Abiturientinnen die Möglichkeit, im Rahmen einer kombinierten beruflichen Erstausbildung den Abschluss in einem kaufmännischen Ausbildungsberuf und den Weiterbildungsabschluss als Handelsfachwirt/in zu erwerben."[303] „Lehrgänge zur Vorbereitung auf die Weiterbildungsprüfung finden an schulischen Bildungseinrichtungen unterschiedlicher Träger (z.B. Deutsche Angestellten Akademie oder Bildungszentren der Industrie- und Handelskammern) statt. In der Regel werden sie berufsbegleitend absolviert, am Wochenende oder auch einmal bis mehrmals wöchentlich am Abend. Darüber hinaus werden auch Kurse in Vollzeit oder Fernunterrichts-Kurse mit Präsenzveranstaltungen angeboten."[304] „Die Prüfung wird auf folgender Grundlage durchgeführt: Verordnung über die Prüfung zum anerkannten Abschluss Geprüfter Handelsfachwirt/Geprüfte Handelsfachwirtin. Voraussetzung für die Zulassung zur Weiterbildungsprüfung ist, dass man die vorgeschriebene berufliche Vorbildung und Praxis nachweisen kann. Für die Zulassung zur Prüfung ist die Teilnahme an einem Lehrgang nicht verpflichtend."[305] „Die Prüfung wird bei der zuständigen Industrie- und Handelskammer abgelegt."[306]

---

[302] http://berufenet.arbeitsagentur.de/berufe/berufId.do?_pgnt_pn=0&_pgnt_act=goToAnyPage &_pgnt_id=resultShort&status=A08
[303] http://berufenet.arbeitsagentur.de/berufe/resultList.do?searchString=%27+handelsfachwirt*+%27&resultListItemsValues=6535_6529&suchweg=begriff&doNext=forwardToResultShort&duration=
[304] http://berufenet.arbeitsagentur.de/berufe/berufId.do?_pgnt_pn=0&_pgnt_act=goToAnyPage &_pgnt_id=resultShort&status=A07
[305] http://berufenet.arbeitsagentur.de/berufe/berufId.do?_pgnt_pn=0&_pgnt_act=goToAnyPage &_pgnt_id=resultShort&status=A08
[306] http://berufenet.arbeitsagentur.de/berufe/berufId.do?_pgnt_pn=0&_pgnt_act=goToAnyPage &_pgnt_id=resultShort&status=A08

Textilbetriebswirt/Textilbetriebswirtin:

„Textilbetriebswirte und -betriebswirtinnen nehmen in Industrie- oder Handelsunternehmen der Textil- und Bekleidungsindustrie kaufmännisch-betriebswirtschaftliche Fach- und Führungsaufgaben auf der mittleren Ebene wahr. Sie sind in unterschiedlichen Aufgabenbereichen tätig, beispielsweise in Vertrieb, Kundenservice, Ein- und Verkauf, Controlling, Materialwirtschaft oder Marketing. Textilbetriebswirte und -betriebswirtinnen arbeiten vorwiegend in Industrie- oder Handelsunternehmen der Textil- und Bekleidungsindustrie. Textilbetriebswirt/in ist eine landesrechtlich geregelte Weiterbildung an Fachschulen. Die Weiterbildung wird in der Regel in Vollzeit durchgeführt und dauert 2 Jahre. Daneben gibt es für Abiturienten und Abiturientinnen die Möglichkeit, im Rahmen einer kombinierten beruflichen Erstausbildung den Abschluss in einem kaufmännischen Ausbildungsberuf und den Weiterbildungsabschluss als Textilbetriebswirt/in zu erwerben."[307]
„Diese Weiterbildung findet an Fachschulen statt. Die einzelnen Bundesländer regeln die Weiterbildung zum Textilbetriebswirt bzw. zur Textilbetriebswirtin in ihren Schul- bzw. Fachschulordnungen auf der Grundlage der Rahmenvereinbarung der Kultusministerkonferenz über Fachschulen."[308] „Die staatliche Prüfung wird auf folgenden Grundlagen durchgeführt: Rahmenvereinbarung über Fachschulen und Weiterbildungs- und Prüfungsordnungen der Fachschulen des jeweiligen Bundeslandes. Die Prüfung wird durch einen Prüfungsausschuss der zuständigen Schulaufsichtsbehörde oder von einem internen Prüfungsausschuss abgenommen."[309]

Das breite Spektrum von Maßnahmen zur Fort- und Weiterbildung im textilen Einzelhandel spiegelt sich auch im breiten Spektrum an möglichen Bildungseinrichtungen/Bildungsträger wieder. Als Träger für externe Weiterbildungen kommen staatliche, private aber auch Bildungseinrichtungen der Verbände in Frage.

Als Bildungsträger/Bildungseinrichtungen der Fort- bzw. Weiterbildung kommen u.a. Fachschulen, Volkshochschulen, die IHK, die DAA, das Bildungszentrum des Einzelhandels, die LDT Nagold sowie private Anbieter, etc. in Betracht.

Im Folgenden werden einige „klassische" Bildungseinrichtungen des Einzelhandels und speziell des textilen Einzelhandels exemplarisch aufgezeigt und beschrieben:

---

[307] http://berufenet.arbeitsagentur.de/berufe/resultList.do?searchString=%27+betriebswirt*+%27&resultListItemsValues=6539_6530&suchweg=begriff&doNext=forwardToResultShort&duration=
[308] http://berufenet.arbeitsagentur.de/berufe/berufId.do?_pgnt_pn=0&_pgnt_act=goToAnyPage&_pgnt_id=resultShort&status=A07
[309] http://berufenet.arbeitsagentur.de/berufe/berufId.do?_pgnt_pn=0&_pgnt_act=goToAnyPage&_pgnt_id=resultShort&status=A08

Fachschulen:

„Fachschulen sind Schulen, die den Abschluss einer einschlägigen Berufsausbildung oder entsprechende Berufspraxis voraussetzen. In der Regel wird auch eine zusätzliche Berufsausübung gefordert. Sie führen zu vertiefter beruflicher Fachbildung und fördern die Allgemeinbildung. Bildungsgänge in Vollzeitform dauern in der Regel mindestens 1 Jahr, Bildungsgänge in Teilzeitform entsprechend länger. Zum Teil besteht die Möglichkeit, die Fachschulreife und/oder die Fachhochschulreife zu erwerben. In Nordrhein-Westfalen sind die Fachschulen (zusammen mit den Schularten Berufsschule, Berufsfachschule und Fachoberschule) unter dem Oberbegriff "Berufskolleg" zusammengefasst. An Berufskollegs können alle allgemeinbildenden Abschlüsse erworben werden. Sie vermitteln auch berufliche Qualifikationen (z.B. Berufsabschlüsse oder eine berufliche Grundbildung) entweder allein oder in Kombination mit einem Allgemeinbildungsabschluss."[310]

Bildungszentren des Einzelhandels:

„Bildungszentren des deutschen Einzelhandels sind Einrichtungen der Regional- und Landesverbände. Sie führen überall dort in ihrem Verbandsgebiet Seminare und Lehrgänge durch, wo die Unternehmen und die Mitarbeiter des Einzelhandels zusätzliche Qualifikationen brauchen. Durch ihre vielen Zweigniederlassungen und die verschiedensten Lehrgänge erreichen sie ein nahezu flächendeckendes Angebot. Über das breite Seminarangebot können sich Unternehmer, Führungskräfte und Mitarbeiter zu allen für ihre Branche wichtigen und aktuellen Themen informieren. Dazu gehören zum Beispiel betriebswirtschaftliche Fragen oder Verkäuferqualifizierung. Im Angebot sind auch Fortbildungsmöglichkeiten (etwa zum/zur Handelsfachwirt/in oder zum/zur Handelsassistent/in) für den Führungsnachwuchs."[311]

IHK:

„Die Industrie- und Handelskammern (IHK) sind berufsständische Körperschaften des öffentlichen Rechts und bestehen aus Unternehmen einer Region. Alle Gewerbetreibenden und Unternehmen mit Ausnahme reiner Handwerksunternehmen, Landwirtschaften und Freiberufler (welche nicht ins Handelsregister eingetragen sind) gehören ihnen per Gesetz an."[312] Eine der Hauptaufgaben der Industrie- und Handelskammern liegt in der Überwachung und Förderung der kaufmännischen und gewerblichen Berufsbildung, insbesondere unter Beachtung des Berufsbildungsgesetzes.[313] Mit einer breiten Palette von öffentlich-rechtlichen

---

[310] http://berufenet.arbeitsagentur.de/berufe/result/short/addfw.jsp?addRefId... addRefType=fachwort
[311] http://www.einzelhandel.de/pb/site/hde/node/10301/Lde/index.html
[312] http://de.wikipedia.org/wiki/Industrie-_und_Handelskammer
[313] Vgl. http://de.wikipedia.org/wiki/Industrie-_und_Handelskammer

Fortbildungsprüfungen helfen die Industrie- und Handelskammern beim Ausbau von Karrierechancen."[314]

LDT Nagold

„Die LDT ist die Fachschule des deutschen Textil-, Schuh- und Modehandels."[315] „Die LDT Fachakademie für Textil & Schuhe gemeinnützige GmbH agiert unter der ideellen Trägerschaft des Bundesverband des Deutschen Textileinzelhandels e.V. (BTE) sowie des Bundesverband des Deutschen Schuheinzelhandels e.V. (BDSE)."[316] „Diese Studiengänge qualifizieren für gehobene Positionen in der Modebranche (Handel u. Industrie), das Führen, die Übernahme bzw. die Neugründung eines Unternehmens. Die Studiengänge schließen mit dem in der Branche anerkannten Titel „Textilbetriebswirt BTE" ab und sind Voraussetzung für den Aufbaustudiengang an der LDT Nagold (internationale Ausrichtung). Die Studiengänge werden in verschiedenen Organisationsformen (Vollzeit- u. Duales Studium) angeboten."[317]

Weitere private und auch öffentliche Fort- bzw. Weiterbildungsmaßnahmen sowie entsprechende Bildungseinrichtungen sind u.a. den Internetseiten der Bundesagentur für Arbeit (z.B. Berufenet), der Kammern und Verbände sowie der entsprechenden privaten Anbietern zu entnehmen.

## 5.4 Exemplarisch: ANSON'S Herrenhaus KG

Im folgenden Kapitel werden nach einer kurzen Unternehmensvorstellung die derzeitig angebotenen Ausbildungen sowie die Fort- bzw. Weiterbildungsmaßnahmen der ANSON'S Herrenhaus KG aufgezeigt und kurz beschrieben.

Die ANSON'S Herrenhaus KG, ein Einzelhandelsunternehmen mit Sitz in Düsseldorf, hat sich zu Deutschlands größtem Spezialisten für Herrenbekleidung entwickelt und bietet seinen Kunden in 21 Häusern an 17 Standorten in Deutschland und mit über 1000 Mitarbeitern eine

---

[314] Vgl.http://www.dihk.de/themenfelder/aus-und-weiterbildung/weiterbildung/weiterbildungsprofile/meister-bis-betriebswirt

[315] http://www.bte.de/bte/der-bte/LDT.php

[316] http://www.ldt.de/Modules/Documents/Document.aspx?DocumentId=2040&NavigationItemId=3814

[317] http://www.ldt.de/Modules/Documents/Document.aspx?DocumentId=2078&NavigationItemId=4246

große Kompetenz im Sortiment von Mode bis Klassik mit einer vielfältigen Auswahl an internationalen Marken und Designern.[318] Mit einem geschätzten Umsatz im Jahr 2009 von 198 Millionen Euro liegt das Unternehmen laut Textilwirtschaft auf Platz 37 der größten Textileinzelhändler Deutschlands im Jahr 2009.[319]

„Unser Plan heißt weiteres Wachstum. Dabei glauben wir fest an die Kraft unserer motivierten wie qualifizierten Mitarbeiter. Um das auch morgen sagen zu können, betreiben wir eine aktive Personalpolitik."[320]

Das betrachtete Unternehmen bietet Schulabsolventen und Studierenden eine Vielzahl an Aus- und Weiterbildungen an. ANSON'S teilt die unterschiedlichen Möglichkeiten auf seiner Internetseite in „nach der Schule", „während des Studiums" und „nach dem Studium ein":

„nach der Schule":

Für Bewerber mit der Voraussetzung „Mittlere Reife oder höher" bietet die ANSON'S Herrenhaus KG die Ausbildungen „Kaufleute im Einzelhandel (m/w) sowie Gestalter für visuelles Marketing (m/w) an (siehe Kapitel 5.3.1 „Klassische Ausbildungen im textilen Einzelhandel").

Für Bewerber mit der Voraussetzung „Abitur" bietet das Unternehmen ein Ausbildungsprogramm zum Handelsfachwirt (m/w) in Kooperation mit dem „Bildungszentrum des Einzelhandels" in Springe/Hannover an:

„Das Ausbildungsprogramm zum Handelsfachwirt (m/w) ist eine ideale Mischung aus praktischer Ausbildung im Verkauf und fundierter theoretischer Ausbildung in unseren Ausbildungsstätten. Die duale Aus- und Weiterbildung besteht aus zwei Stufen über eine Dauer von insgesamt drei Jahren. In den ersten beiden Jahren werden Sie in festgelegten Praxis- und Theoriephasen auf Ihre Prüfung zum Kaufmann im Einzelhandel (m/w) IHK vorbereitet. Nach erfolgreicher Prüfung geht es im letzten Jahr mit der Vertiefung der betriebswirtschaftlichen Bereiche weiter Richtung Ziel. Am Ende zu Ihrer Abschlussprüfung zum Handelsfachwirt (m/w) erwerben Sie parallel noch das ANSON'S interne Substituten-

---

[318] Vgl. http://www.ansons.de/unternehmen/ueber-uns/
[319] Vgl. http://www.textilwirtschaft.de/business/markt/marktfakten/pdfs/67_org.pdf
[320] http://www.ansons.de/fileadmin/files/PDFs_neu_final/Kaufleute_im_Einzelhandel_Schu__ler_.pdf

Diplom über verschiedene Seminare – und befinden sich somit schon auf direktem Weg zum Abteilungsleiter."[321]

Nach dem erfolgreichen Abschluss zum Handelsfachwirt bietet das Unternehmen optional die Möglichkeit eines Vollzeitstudiums oder eines berufsbegleitenden Fern- bzw. Präsenzstudiums:

„Und wenn Ihnen das nicht genug ist — können Sie nach erfolgreichem Abschluss der Prüfung zum Kaufmann im Einzelhandel (m/w) noch mehr daraus machen: mit einem Vollzeitstudium zum Mode- und Designmanager an der Akademie für Mode und Design in Düsseldorf oder einem berufsbegleitenden Fern- bzw. Präsenzstudium an der Fachhochschule Riedlingen zum Bachelor of Arts."[322]

Des Weitern bietet die ANSON'S Herrenhaus KG Bewerbern mit der Voraussetzung „Abitur" die Möglichkeit eines Dualen Studiums im Studiengang Business Administration in Kooperation mit der Hochschule für Ökonomie & Management (FOM) in Essen, einer privaten, staatlich anerkannte Hochschule der Wirtschaft, an:

„Ihr Einstieg für Ihren persönlichen Aufstieg – für alle, die mit hohem Einsatz das Doppelte erreichen wollen. Direkt nach dem Abitur beginnt Ihr duales Studium im Studiengang Business Administration in Kooperation mit der Hochschule für Ökonomie & Management (FOM) in Essen. Nach sieben Semestern erlangen Sie an der FOM den akademischen Grad „Bachelor of Arts" und starten als Führungsnachwuchskraft bei ANSON'S."[323]

„während des Studiums":

Für Studierende bietet das betrachtete Unternehmen die Möglichkeit eines Junior Trainee Programms an:

„Das Junior Trainee Programm ist ein Förderprogramm für Studierende. Damit bietet ANSON'S die Chance, frühzeitig Praxiserfahrungen als studentische Aushilfe in einem der Verkaufshäuser zu sammeln."[324]

---

[321] http://www.ansons.de/unternehmen/karriere/
[322] http://www.ansons.de/unternehmen/karriere/
[323] http://www.ansons.de/fileadmin/files/PDFs_neu_final/Duales_Bachelor-Studium__Abiturient_.pdf
[324] http://www.ansons.de/unternehmen/karriere/

"nach dem Studium":

Nach erfolgreichem Abschluss eines Studiums bietet die ANSON'S Herrenhaus KG den Absolventen Fort- bzw. Weiterbildungsmaßnahmen in Form eines Fashion Management Programms sowie eines General Management Programms:

„Das Fashion Management Programm ist ein in drei Phasen aufgebautes Management-Training."[325] „Das General Management Programm wurde von uns für die gezielte Ausbildung und Förderung von Hochschulabsolventen und -absolventinnen entwickelt, die schnell bei uns in Führungspositionen Verantwortung übernehmen wollen."[326]

Das exemplarisch betrachtete Unternehmen, die ANSON'S Herrenhaus KG, bietet folglich unterschiedliche Ausbildungen sowie Fort- bzw. Weiterbildungsmaßnahmen an. Diese reichen von den klassischen Ausbildungen „Kaufmann/-frau im Einzelhandel" und „Gestalter/in für visuelles Marketing" über ein „duales Ausbildungsprogramm zum Handelsfachwirt" und der anschließenden optionalen Möglichkeit eines „Vollzeit- oder eines berufsbegleitenden Fern- bzw. Präsenzstudiums" bis hin zu einem „Dualen Studium im Studiengang Business Administration".

## 5.5 Das Duale Studium (im textilen Einzelhandel)

Nun folgend wird das Duale Studium in Bezug auf den textilen Einzelhandel hin untersucht.

Da in Kapitel 3 ausführlich und umfassend das Duale Studium allgemein behandelt wurde, Ziele und Gründe für die Einführung, die unterschiedlichen Modelltypen dualer Studiengänge sowie die verschiedenen Fachrichtungen und Studieneinrichtungen erörtert, mögliche Abschlüsse, allgemeine Informationen und Voraussetzungen sowie Vor- und Nachteile aufgezeigt wurden und eine abschließende Bewertung im Bezug auf mögliche Wettbewerbsvorteile erfolgte, werden diese Themen nicht nochmals behandelt, sondern auf Kapitel 3 „Das Duale Studium" verwiesen.

---

[325] http://www.ansons.de/unternehmen/karriere/
[326] http://www.ansons.de/unternehmen/karriere/

Nach einer kurzen einleitenden Definition wird überprüft, welche Fachrichtungen für den textilen Einzelhandel in Bezug auf das Aufgaben- und Tätigkeitsfeld in Frage kommen, welche „klassischen" Ausbildungsberufe mit einem ausbildungsintegrierenden Dualen Studium harmonieren und welcher Studientyp sich besonders für den textilen Einzelhandel eignet. Abschließend werden mögliche Vorteile in Bezug auf die gestiegenen Anforderungen im textilen Einzelhandel hin überprüft.

### 5.5.1 Definition

„Als Duales Studium wird ein Studium an einer Hochschule oder Berufsakademie mit integrierter Berufsausbildung bzw. Praxisphasen in einem Unternehmen bezeichnet."[327] In Anlehnung an das in Deutschland vorherrschende duale Ausbildungssystem werden Studiengänge mit stärkerem Praxisbezug, der Möglichkeit des Studiums parallel zur Berufstätigkeit oder sogar der Möglichkeit der gleichzeitigen Berufsausbildung als Duales Studium bezeichnet. Je nach Studiengang reicht der Umfang der praktischen Aus- und Weiterbildung, wie schon angesprochen, von Praxisphasen im Unternehmen über eine Fest- bzw. Teilzeitanstellung bis hin zu einer klassischen Berufsausbildung mit abschließender IHK-Prüfung.

### 5.5.2 Speziell im textilen Einzelhandel

Welche Fachrichtungen kommen für den textilen Einzelhandel in Bezug auf das Aufgaben- und Tätigkeitsfeld in Frage?

Wie schon in Kapitel 3.6 „Fachrichtungen" beschrieben, werden duale Studiengänge in verschiedenen Fachrichtungen angeboten. Folgend wird untersucht, welche Fachrichtungen für ein Duales Studium in Bezug auf das Anforderungs-/Tätigkeitsprofil im textilen Einzelhandel in Frage kommen.

---

[327] http://www.ausbildung-plus.de/html/30.php

„Unter Handel wird die wirtschaftliche Tätigkeit des Austauschs von Gütern zwischen Wirtschaftssubjekten auf dem Weg der Güter von der Produktion bis zum Konsum bzw. der Güterverwendung verstanden."[328]

Bezug nehmend auf die in Kapitel 5.1.1 „Der Einzelhandel" und Kapitel 5.2 „Das unternehmerische Umfeld" beschriebenen Aufgaben kommt grundsätzlich die Fachrichtung Wirtschaftswissenschaften in Betracht. Denn Studiengänge im Fachbereich der Wirtschaftswissenschaften vermitteln grundlegendes, praxisorientiertes Wissen der Betriebswirtschaftslehre (z.B. Marketing, Logistik, Organisation, Personal, Finanzen, Rechnungswesen, Steuern, Controlling) und betriebswirtschaftlich wichtigen Bereichen anderer Wissenschaften (z.B. Volkswirtschaftslehre, Recht, Informatik, Mathematik und Statistik) und decken folglich das Anforderungsprofil des textilen Einzelhandels ab.[329] Da die Aufgaben/Tätigkeiten jedoch sehr vielschichtig sind und das Aufgabengebiet im textilen Einzelhandel sehr komplex ist, kommen noch weitere mögliche Fachrichtungen, wie z.B. Textil- und Bekleidungstechnik, Design, Jura, etc. in Betracht.

Welche „klassischen" Ausbildungsberufe harmonieren mit einem ausbildungsintegrierenden Dualen Studium?

Bei ausbildungsintegrierten dualen Studiengängen wird das Studium mit einer beruflichen Ausbildung verbunden. Der dual Studierende erwirbt zusätzlich zu seinem Studienabschluss auch parallel einen zweiten Abschluss in einem anerkannten Ausbildungsberuf. Aber nicht alle Ausbildungsberufe eignen sich für die Kombination innerhalb eines ausbildungsintegrierenden dualen Studiengangs. Voraussetzung ist die Möglichkeit einer organisatorischen und insbesondere inhaltlichen Verknüpfung von Berufsausbildung und Studium.

Von den in Kapitel 5.3 beschriebenen „klassischen" Ausbildungsberufen im textilen Einzelhandel: „Fachverkäufer/in", „Kaufmann/-frau im Einzelhandel", „Gestalter/in für visuelles Marketing" eignet sich für die Fachrichtung Wirtschaft nur die Ausbildung zum/zur „Kaufmann/-frau im Einzelhandel". Denn hierbei ist eine inhaltliche Verknüpfung der beiden

---

[328] http://de.wikipedia.org/wiki/Handel
[329] Vgl. http://www.fh-aachen.de/wirtschaft.html

parallelen Ausbildungen aufgrund der Überschneidung der Aufgaben- und Tätigkeitsbeschreibung der Ausbildung sowie des Studiengangsprofils sinnvoll und möglich.

Welcher Studientyp eignet sich besonders für den textilen Einzelhandel?

Die Frage nach der Art/dem Typ des Studiengangs hängt allgemein, wie auch im textilen Einzelhandel, vom anvisierten Ziel der Unternehmung ab. Besteht die Zielsetzung in einer Verkürzung der gesamten Ausbildungsdauer, durch die Parallelität von Ausbildung und Studium, mit dem Ergebnis, dass die Absolventen den Unternehmen früher voll einsatzfähig zur Verfügung stehen, ist dementsprechend ein ausbildungsintegrierender dualer Studiengang die richtige Alternative. Sollen aber schon im Unternehmen Beschäftige gehalten/gebunden werden, also die Personalfluktuation aufgrund der Aufnahme eines Studiums verhindert werden, sollte die Wahl auf berufsintegrierende und berufsbegleitende Studiengänge fallen.

Aufgrund der eingehenden Recherche haben sich zwei Gründe für ausbildungsintegrierende duale Studiengänge im textilen Einzelhandel herauskristallisiert:

Zum einen bietet der ausbildunsintegrierende duale Studiengang eine effektive Möglichkeit um Abiturienten und Studieninteressierte für den Einzelhandel zu begeistern und somit dem demographischen Wandel und Führungskräftemangel entgegenzuwirken. „Denn vor allem Abiturienten lassen sich heute kaum noch für eine klassische Lehre im Textileinzelhandel gewinnen. Ausbildungsbetriebe müssen hier schon einen besonderen Anreiz bieten."[330] Zweitens wird eine praktische Berufserfahrung und insbesondere eine Berufsausbildung für eine Karriere im Handel und speziell im textilen Einzelhandel als Basis, als sehr wertvoll bis notwendig angesehen: „Grundlage für jede Karriere im Einzelhandel ist eine gute Ausbildung - entweder in einem der Ausbildungsberufe des dualen Ausbildungssystems oder in einem handelsorientierten Studiengang. Auch wenn aufgrund der zunehmenden Komplexität der Handelsprozesse und der wachsenden Internationalisierung vieler Handelsunternehmen der Akademikeranteil im Handel steigt, gilt nach wie vor, dass die praktische Berufserfahrung, die fundierte Kenntnis der Aufgaben am Point of Sale unerlässlich sind, um eine Karriere im Handel zu starten."[331]

---

[330] http://www.textilwirtschaft.de/service/archiv/pages/show.php?id=760836&a=0
[331] http://www.einzelhandel.de/pb/site/hde/node/28081/Lde/index.html

### 5.5.3 Vorteile des Dualen Studiums für kooperierende Unternehmen aus dem textilen Einzelhandel

Allgemeine Vor- und Nachteile sowie die Vorteile in Bezug auf das Personalmanagement für kooperierende Unternehmen sind ausführlich und umfassend in Kapitel 3 beschrieben und dort zu entnehmen.

Nun folgend werden die Vorteile eines Dualen Studiums in Bezug auf die veränderten/gestiegenen Anforderung im textilen Einzelhandel hin aufgezeigt und erläutert.

Wie in Kapitel 5.2 „Das unternehmerische Umfeld im Einzelhandel, speziell im textilen Einzelhandel" beschrieben, sind die Anforderungen an die Unternehmen und folglich das Personal allgemein durch die Globalisierung der Märkte, die Deregulierung des Wettbewerbs, die kürzeren Produktlebenszyklen und der vielfältigen Vernetzungsmöglichkeiten der Kunden und Mitbewerber sowie der schnell wechselnde Präferenzen der Kunden usw. erheblich gestiegen.

Speziell für den Handel und den textilen Einzelhandel schrauben die volatilen Kundenpräferenzen, die Änderungen des Konsumverhaltens, der starke Preiskampf, die zunehmende Komplexität der Geschäftsprozesse, die Internationalisierung des Ein- und Verkaufs sowie die Durchdringung des Handels mit Informations- und Telekommunikationstechnik die Anforderungen an die textilen Einzelhandelsunternehmen und folglich an das Personal im textilen Einzelhandel nach oben. Auch die komplexeren logistischen Prozesse, die steigenden kaufmännischen Anforderungen, die Notwendigkeit zur Innovation der Unternehmen und insbesondere der Absatzweg Internet sind z.B. als Gründe für die Veränderung der Anforderungen im Handel anzusehen. Der Einzelhandelsverband beschreibt auf seiner Internetseite, dass die Modernisierung und Rationalisierung der Geschäftsprozesse im Handel betriebswirtschaftliches und gestalterisches KnowHow, die Durchdringung des Handels mit Informations- und Kommunikationstechnik IT-Kompetenz und die Kundenorientierung nicht nur Verkaufskompetenz sondern auch die Fähigkeit, Kundenwünsche analysieren zu können, erfordert.[332] Des Weiteren sind heutzutage u.a. eine hohe Sozialkompetenz, sehr gute Fremdsprachenkenntnisse und Grundwissen in den Rechtswissenschaften unabdingbar.

---

[332] Vgl. http://www.einzelhandel.de/pb/site/hde/node/28073/Lde/index.html

Folglich reichen die klassischen Ausbildungen und die klassischen Fort- bzw. Weiterbildungsmaßnahmen nicht mehr aus um die derart gestiegenen Anforderungen am Markt zu erfüllen.

Ein Duales Studium bietet hingegen eine praxisorientierte, den heutigen Anforderungen gerechte und anwendungsorientierte Ausbildung. Durch die duale also zweigleisige Ausbildung, sowohl praktisch im anbietenden Unternehmen als auch theoretisch an einer Universität, Hochschule bzw. Fachhochschule oder an für duale Studiengänge spezialisierten Berufsakademien, wird der dual Studierende optimal auf die veränderten/gestiegenen Anforderungen im Handel ausgebildet und vorbereitet.

Die Fachhochschule Aachen gibt die Ziele ihres dualen Studiengangs BWL PLuS in Bezug auf die Kompetenzen der Absolventen wie folgt an:

„Die betriebswirtschaftliche Fachkompetenz und die Vertrautheit mit wissenschaftlich fundierten Methoden werden in einem umfassenden betriebswirtschaftlichen Pflicht- und Vertiefungsprogramm verankert, welches alle wesentlichen betriebswirtschaftlichen Grundlagen und Funktionsfächer enthält. Darüber hinaus werden das Verständnis relevanter volkswirtschaftlicher Zusammenhänge, die Kenntnis unternehmensrelevanter juristischer Grundbegriffe und Falllösungen sowie grundlegender Kenntnisse der Mathematik, Statistik und Wirtschaftsinformatik gewährleistet. Die Absolventinnen und Absolventen können betriebswirtschaftliche Problemstellungen zielorientiert analysieren und strukturieren, gewonnene Erkenntnisse klar kommunizieren. Sie sind durch entsprechendes Training zu individueller und zu teambezogener Arbeit befähigt. Diesen Erfordernissen tragen sowohl die Fachlehrveranstaltungen als auch speziell darauf ausgerichtete weitere Veranstaltungen (Sprache/Sozialkompetenz 1 und 2) sowie die praktische Ausbildung Rechnung. Über die Fachkenntnisse hinaus erwerben die Studierenden ein hohes Maß an Methoden-, Sozial- und Vermittlungskompetenz sowie die Fähigkeit, sich auf Basis ihres Studiums laufend selbst weiterzubilden."[333]

Dieses Zitat zeigt eindrucksvoll sowohl die Breite als auch die Tiefe des vermittelten Wissens eines Dualen Studiums auf um somit den Ansprüchen nach einer anwendungs- und praxisorientierten Ausbildung gerecht zu werden.

Zur Veranschaulichung werden folgend einige Anforderungen exemplarisch mit dem Fächerkatalog der Fachhochschule Aachen verglichen:

---

[333] http://www.fh-aachen.de/10091.html

| Anforderungen | Fächerkatalog FH AC WS 2010/11 |
|---|---|
| Logistisches Know-How | - Einführung Beschafung/Produktion/Logistik<br>- Logistik<br>- Consulting<br>- Prozess- und Supply-Chain-Management<br>- etc. |
| IT-Kompetenz | - Betriebliche Informationssysteme<br>- Internetbasierte Anwendungen im Unternehmen<br>- eCommerce<br>- etc. |
| Recht | - Wirtschaftsprivatrecht<br>- Unternehmensrecht<br>- Arbeitsrecht<br>- etc. |
| Fremdsprachen-Kenntnisse | - Chinesisch<br>- Französisch<br>- Italienisch<br>- Niederländisch<br>- Spanisch<br>- Wirtschaftsenglisch<br>- Wirtschaftsfranzösisch<br>- Wirtschaftsspanisch<br>- etc. |

*Abbildung 28: Abgleich der Anforderungen mit dem Fächerkatalog der FH AC Fachbereich Wirtschaftswissenschaften*[334]

Wie in Abbildung 28 anschaulich dargestellt, können viele der neuen bzw. der gestiegenen Anforderungen an den Handel und folglich an das Personal im Handel mit einem (Dualen) Studium (hier exemplarisch an der Fachhochschule Aachen) dem Personal vermittelt werden. Auch weitere, hier nicht aufgeführte, Aufgaben in Bezug auf Steuerrecht, Bilanzierung, Controlling, Personalwesen und allgemeines betriebswirtschaftliches KnowHow u.a. werden durch ein Duales Studium abgedeckt.

---

[334] Vgl. http://www.fh-aachen.de/uploads/media/WS_10-11_Stand_11_Oktober_2010.pdf

## 5.5.4 Der daraus entstehende Wettbewerbsvorteil

„In der Wirtschaftswissenschaft bezeichnet man mit dem Begriff Wettbewerbsvorteil den Vorsprung eines Akteurs auf dem Markt gegenüber seinen Konkurrenten im ökonomischen Wettbewerb."[335] Folglich wird ein bestimmter Vorteil einer Unternehmung/Organisation, der für die Leistung dieser Unternehmung/Organisation relevant ist und über den die Wettbewerber/Konkurrenten gar nicht oder in einem geringeren Maße verfügen, als Wettbewerbsvorteil angesehen.[336]

Die gestiegenen Anforderungen und das breite Aufgabenspektrum im textilen Einzelhandel erfordern eine optimierte, den neuen Anforderungen angepasste, Berufsausbildung und Personalweiterbildung und folglich eine effektive Personalentwicklung.

Wie ausführlich in Kapitel 3 „Das Duale Studium" und hier in Kapitel 5 „Das Duale Studium im textilen Einzelhandel" aufgezeigt und beschrieben, kann bzw. muss das Duale Studium als effektives und effizientes Instrument der Personalbeschaffung und -auswahl, der Personalentwicklung sowie der Personalbindung und somit folglich eines mittel- bis langfristigen Personalmanagements angesehen werden. Da viele Unternehmen, insbesondere im textilen Einzelhandel, aber den Bereich des Personalmanagements insbesondere die Personalentwicklung immer noch vernachlässigen und somit auch nicht die Möglichkeiten eines Dualen Studiums nutzen, wird dieses effektive und effiziente Instrument für die kooperierenden/anbietenden Unternehmen mittel- bis langfristig zum Wettbewerbsvorteil am Markt.

## 5.5.5 Anbietende Unternehmen

Mittlerweile wird das Duale Studium als Instrument des Personalmanagements auch im Einzelhandel und speziell im textilen Einzelhandel häufiger angeboten. Nun folgend werden einige anbietende Unternehmen, die entsprechenden Fachrichtungen sowie die kooperierenden Studieneinrichtungen exemplarisch in Tabellenform aufgezeigt:

---

[335] http://de.wikipedia.org/wiki/Wettbewerbsvorteil
[336] Vgl. http://www.wirtschaftslexikon24.net/d/wettbewerbsvorteil/wettbewerbsvorteil.htm

| Unternehmen | Fachrichtung | Studieneinrichtung |
|---|---|---|
| ANSON'S [337] | Business Administration | Hochschule für Ökonomie & Management (FOM) in Essen |
| P&C [338] | Business Administration | Hochschule für Oekonomie & Management (FOM) in Essen |
| Galeria Kaufhof [339] | Bachelor of Arts (B.A.), Fachrichtung Handel. | staatlich anerkannte Berufsakademien in Berlin oder Mannheim |
| ALDI [340] | Wirtschaftsinformatik | DHBW Mannheim |
| | International Business | DHBW Bad Mergentheim |
| | Internationales Handelsmanagement | FH Ingolstadt |
| KARSTADT [341] | Bachelor or Arts (B.A.) Handel | Hochschule für Wirtschaft und Recht Berlin, Fachbereich Berufsakademie, Schwerpunkt Handel |
| Metro [342] | BWL/Handel" | Fachhochschule für Wirtschaft Berlin - Fachbereich Berufsakademie |
| | Bachelor-Studiengang Handelsmanagement | Fachhochschule Worms |

*Abbildung 29: Anbietende Unternehmen* [343]

Abbildung 29 veranschaulicht nochmals, wie in Kapitel 5.5.2 „Speziell im textilen Einzelhandel" beschrieben, dass bei einem Dualen Studium im textilen Einzelhandel die Fachrichtung Wirtschaftswissenschaften (Handel) überwiegt. Des Weiteren wird auch noch mal das breite Spektrum an möglichen kooperierenden Studieneinrichtungen deutlich. Die exemplarisch aufgezeigten Unternehmen kooperieren z.B. mit staatlichen Hochschulen, privaten Hochschulen, Berufsakademien sowie mit der Dualen Hochschule Baden-Württemberg.

---

[337] http://www.ansons.de/unternehmen/karriere/
[338] http://karriere.peek-cloppenburg.de/einstiegsmoeglichkeiten/schuelerabiturienten-mw/informationen/duales-bachelor-studium/
[339] http://www.galeria-kaufhof.de/sales/unternehmen/jobs/bachelor-of-arts.asp?FLEXID=0
[340] http://karriere.aldi-sued.de/karriere2/html/duales-studium/hochschulen.php
[341] http://www.karstadt.de/redmedia/unternehmen/de/jobs/164.htm
[342] http://www.metro24.de/pages/DE/Jobs_Karriere/Schueler/Studium
[343] Eigene Darstellung

## 5.6 Vergleich Duales Studium mit einer klassischen Fort- bzw. Weiterbildungsmaßnahme

Exemplarisch für die große Anzahl an „klassischen" Weiterbildungsmaßnahmen im textilen Einzelhandel wird folgend der Firmenlehrgang - Duales Studium „Textilbetriebswirt/in BTE" an der LDT Nagold mit dem dualen Studiengang BWL PLuS an der Fachhochschule Aachen verglichen. Der Vergleich erfolgt in Abbildung 30 anhand der Kriterien Studieneinrichtung, Bildungsangebot, Dauer, Voraussetzungen, Inhalte und Kosten. Alle Angaben der folgenden Abbildung sind den Internetseiten der LDT Nagold und der Fachhochschule Aachen entnommen.

| Abschluss | Textil-Betriebswirt/in | Bachelor |
|---|---|---|
| Studieneinrichtung | LDT Nagold | FH Aachen |
| Bildungsangebot | Firmenlehrgang Duales Studium | BWL PLuS - Duales Studium |
| Dauer | 2,5 Jahre (12 Monate an der LDT, 18 Monate im Unternehmen) | 4 Jahre (6 Studiensemester + 2 Praxissemester) |
| Zusatz | Parallele Berufsausbildung | Parallele Berufsausbildung |
| Voraussetzungen | Abitur, Fachgebundene Hochschulreife, Fachhochschulreife<br><br>abgeschlossener Trainee-Vertrag mit einem Unternehmen aus der Textil- oder Schuhbranche | Fachhochschulreife oder eine als gleichwertig anerkannte Qualifikation<br><br>Nachweis eines Ausbildungsplatzes für den Ausbildungsberuf Industriekauffrau/-mann, Kauffrau/-mann für Groß- und Außenhandel, Einzelhandelskauffrau/-kaufmann oder Steuerfachangestellte/r bei einem mit der FH Aachen kooperierenden Unternehmen |
| Inhalt | Die LDT vernetzt konsequent und sinnvoll betriebswirtschaftliche Inhalte mit warenkundlichen Themen. Theoretische Inhalte werden auf das Wesentliche beschränkt- praktische Anwendbarkeit des vermittelten Stoffs steht bei der LDT immer im Vordergrund. | Die FH Aachen vermittelt grundlegendes, praxisorientiertes Wissen in Betriebswirtschaftslehre und betriebswirtschaftlich wichtigen Bereichen anderer Wissenschaften sowie Schlüsselkompetenzen. Das breite Grundwissen wird im Hauptstudium durch ausbaufähige Spezialkenntnisse in drei wählbaren Fächern ergänzt |
| Kosten | Studiengebühr: **10740,- Euro** (gesamt) | Studiengebühren: **3000,- Euro** (500,- Euro pro Studiensemester) |

*Abbildung 30: Vergleich: Textilbetriebswirt/in (Nagold) mit BWL PLuS (FH AC)*[344]

---

[344] Eigene Darstellung

Bei den Kosten wurden nur die direkten Studiengebühren bewertet, Einschreibegebühren, Sozialbeiträge, Bücher- bzw. Skriptkosten sowie indirekte Kosten, wie Fahrt- und Unterbringungskosten, etc. wurden nicht berücksichtigt, ebenfalls wurden die für die Unternehmen noch anfallenden Personalkosten (Ausbildungs- und Trainee- Vergütung) nicht mit bewertet.

Nun folgend werden die in Abbildung 30 aufgeführten Weiterbildungsmaßnahmen nochmals kurz in schriftlicher Form miteinander verglichen und bestehende Unterschiede bzw. Vor- und Nachteile aufgezeigt.

Die LDT Nagold ist die Lehranstalt des Deutschen Textileinzelhandels in Form einer privatwirtschaftlichen Bildungseinrichtung als Fachakademie für Textil & Schuhe und vergibt bei erfolgreichem Abschluss des betrachteten Studiengangs den in der Branche anerkannten Titel „Textilbetriebswirt BTE". Im Gegensatz dazu ist die Fachhochschule Aachen eine staatliche Hochschule und verleiht bei erfolgreichem Abschluss des untersuchten Studiengangs einen akademischen Grad in Form des „Bachelor".

Die Dauer der Bildungsmaßnahme beträgt an der LDT Nagold 2,5 Jahre, die sich in 12 Monate an der LDT und 18 Monate im Partnerunternehmen aufteilen. Der Zeitraum des Studiengangs BWL PLuS erstreckt sich auf insgesamt 4 Jahre, die sich in 6 Studiensemester und 2 Praxissemester aufteilen.

Beide betrachteten Studiengänge ermöglichen eine parallele Berufsausbildung und folglich den parallelen Erwerb eines Abschlusses in einem anerkannten Ausbildungsberuf.

Die Voraussetzungen für einen Studienbeginn sind mit der Fachhochschulreife oder einer als gleichwertig anerkannten Qualifikation sowie eines Ausbildungs- bzw. Traineevertrages bei beiden Maßnahmen als gleich anzusehen.

Während die FH Aachen in ihrem dualen Bachelor-Studiengang BWL PLus grundlegendes, praxisorientiertes Wissen in Betriebswirtschaftslehre (z.B. Marketing, Logistik, Organisation, Personal, Finanzen, Rechnungswesen, Steuern, Controlling) und betriebswirtschaftlich wichtigen Bereichen anderer Wissenschaften (z.B. Volkswirtschaftslehre, Recht, Informatik, Mathematik, Statistik) sowie Schlüsselkompetenzen und im Hauptstudium ausbaufähige Spezialkenntnisse je nach Neigung und späterem Berufswunsch vermittelt, vernetzt die LDT konsequent und sinnvoll betriebswirtschaftliche Inhalte mit warenkundlichen Themen.

Theoretische Inhalte werden hierbei auf das Wesentliche beschränkt, denn die praktische Anwendbarkeit des vermittelten Stoffs steht bei der LDT immer im Vordergrund.

Hier besteht folglich ein großer Unterschied zwischen den betrachteten Maßnahmen. Während die LDT speziell auf die Anforderungen im Handel und speziell des textilen Einzelhandels hin ausbildet, ist das Duale Studium an der FH Aachen breitgefächerter und branchenübergreifend angelegt.

Der Hauptunterschied zwischen den untersuchten Studiengängen ist aber in den zu entrichtenden Kosten festzumachen. Während der Firmenlehrgang „Textil-Betriebswirt/in - Duales Studium" insgesamt Kosten in Höhe von 10740,- Euro verursacht, fallen die zu entrichtenden Studiengebühren für den dualen Studiengang BWL PLuS mit insgesamt 3000,- Euro vergleichsweise niedrig aus.

Somit bleibt festzuhalten, dass beide im Verglich betrachteten dualen Studienformen den Studierenden eine sehr gute und praxisorientierte Aus- und Weiterbildung bieten und folglich beide als wirksames und somit effektives Instrument der Personalentwicklung angesehen werden können.

Wie schon in Kapitel 2.6 „Definition: Effektivität und Effizienz" beschrieben, liegt der Hauptaugenmerk bei der Effizienz darin, wirkungsvoll zu arbeiten ohne u.a. unnötige Kosten zu verursachen. Folglich kann das Duale Studium im Fachbereich Wirtschaft der Fachhochschule Aachen in diesem Vergleich für den textilen Einzelhandel auch als effizientes und folglich als effektives und effizientes Instrument der Aus- und Weiterbildung und somit der Personalentwicklung angesehen werden.

## 5.7 Kurzfazit

Die eingangs dieses Kapitels gestellte Frage lautete: Bietet ein Duales Studium kooperierenden Unternehmen im textilen Einzelhandel Vorteile bzw. Wettbewerbsvorteile?

Die gestiegenen Anforderungen und das immer komplexere Aufgaben- und Tätigkeitsfeld im textilen Einzelhandel steigern die Anforderungen an Unternehmen, das beschäftigte Personal und folglich an Personalbeschaffung und Personalentwicklung ergo an das Personalmanagement des Unternehmens.

Unternehmen, gerade im hart umkämpften textilen Einzelhandel, können sich heutzutage und in Zukunft nur dann am Markt etablieren und behaupten, wenn sie die gestiegenen Anforderungen erfüllen bzw. übertreffen können. Dies setzt aber das „richtige" Personal voraus, welches jedoch aufgrund der demographischen Entwicklung und des schon bestehenden Fachkräftemangels nicht in ausreichender Anzahl und/oder Qualität zur Verfügung steht. Folglich steigt die Bedeutung effektiver und effizienter Instrumente der Personalbeschaffung und -auswahl, der Personalentwicklung sowie der Personalbindung und ein mittel- bis langfristiges Personalmanagement wird unumgänglich.

Wie ausführlich aufgezeigt und beschrieben, kann bzw. muss das Duale Studium branchenübergreifend und folglich auch im Handel und speziell im textilen Einzelhandel als effektives und effizientes Instrument der Personalbeschaffung und -auswahl, der Personalentwicklung sowie der Personalbindung und somit folglich eines mittel- bis langfristigen Personalmanagements angesehen werden.

Da viele Unternehmen gerade im Handel und im textilen Einzelhandel aber den Bereich des Personalmanagements, insbesondere die Personalentwicklung immer noch vernachlässigen, kann das Duale Studium als effektives und effizientes Instrument des Personalmanagements, für die anbietenden Unternehmen zu einem nicht zu unterschätzenden Wettbewerbsvorteil am Markt werden.

# 6 Fazit

Das heutige Wirtschaftsleben ist branchenübergreifend geprägt durch stetig steigende Anforderungen an Unternehmen, das beschäftigte Personal und folglich an Personalbeschaffung und Personalentwicklung ergo an das Personalmanagement. Unternehmen können sich nur dann am Markt behaupten, wenn sie die gestiegenen Anforderungen erfüllen bzw. überbieten können. Dies ist aber nur mit Hilfe des „richtigen" Personals möglich. Folglich muss das Personal heutzutage als eine erfolgskritische Ressource des Unternehmens angesehen werden. Die Qualität der Mitarbeiter hat direkten Einfluss auf den Unternehmenswert. Nur mit dem „richtigen" Personal kann ein Unternehmen wettbewerbsfähig sein und bleiben.

Das Duale Studium, die Kombination von Ausbildung oder Praxis verbunden mit einem Hochschulstudium, soll den Unternehmen dabei helfen, ihren zukünftigen Bedarf an Fach- und Führungskräften zu decken. Die Betriebe erhalten so hochqualifizierte und akademisch ausgebildete Beschäftigte, die direkt auf die Ansprüche des Unternehmens hin, praxisnah, ausgebildet worden sind und sparen zusätzlich die kosten- und zeitintensive Einarbeitung von qualifizierten, externen Mitarbeiterinnen und Mitarbeitern.

„Als Duales Studium wird ein Studium an einer Hochschule oder Berufsakademie mit integrierter Berufsausbildung bzw. Praxisphasen in einem Unternehmen bezeichnet."[345] In Anlehnung an das in Deutschland vorherrschende duale Ausbildungssystem, werden somit Studiengänge mit stärkerem Praxisbezug, der Möglichkeit des Studiums parallel zur Berufstätigkeit oder sogar der Möglichkeit der gleichzeitigen Berufsausbildung, als Duales Studium bezeichnet.

Ein Duales Studium verbindet die umfassende wissenschaftliche Lehre der Hochschule mit der frühen Praxiserfahrung oder gar einer Ausbildung in einem Betrieb und „macht aus einem „normalen Studenten" einen jungen, praxiserfahrenen und dynamischen Studenten."[346]

Ziel eines Dualen Studiums ist ein stark anwendungsorientiertes und extrem praxisbezogenes Studium sowie bei einem ausbildungsintegrierenden Studiengang die Kombination von Ausbildung und Studium zur Sicherung von qualifiziertem Nachwuchs. Dies wird durch eine

---

[345] http://www.ausbildung-plus.de/html/30.php
[346] http://www.duales-studium.de/allgemein/das-duale-studium/

organisatorische und inhaltliche Abstimmung zwischen Unternehmen und Studieneinrichtung und bei ausbildungsintegrierenden Studiengängen durch die Verbindung einer berufspraktischen Ausbildung mit einem theoretischen Studium gewährleistet. Der Grund für die Einführung bestand und besteht in der Gefahr, dass sich Studiengänge zu theorielastig und folglich zu praxisfern entwickeln.

Im Allgemeinen lassen sich die dualen Studiengänge, je nach Umfang der praktischen Bildung, in vier verschiedene Grundtypen differenzieren:

- Ausbildungsintegrierende duale Studiengänge
- Praxisintegrierende duale Studiengänge
- Berufsintegrierende duale Studiengänge
- Berufsbegleitende duale Studiengänge

Bei ausbildungsintegrierten dualen Studiengängen wird das Studium mit einer beruflichen Ausbildung verbunden. So erhält der dual Studierende zusätzlich zu seinem Studienabschluss auch parallel einen zweiten Abschluss in einem anerkannten Ausbildungsberuf. Praxisintegrierte duale Studiengänge weisen einen hohen Anteil berufspraktischer Phasen auf, sie verbinden ein Studium an einer Hochschule mit längeren Praxisphasen oder sogar einer Teilzeittätigkeit in einem kooperierenden Unternehmen. Berufsintegrierende und berufsbegleitende duale Studiengänge sind Studiengänge für die berufliche Weiterbildung. Sie richten sich an Studieninteressenten/-innen mit abgeschlossener Berufsausbildung und Berufserfahrung. Das berufsintegrierende wird mit einer beruflichen Teilzeittätigkeit kombiniert, während das Studium bei einem berufsbegleitenden Dualen Studium neben einer beruflichen Vollzeittätigkeit absolviert wird.[347]

Die Wahl des Studiengangstyps hängt somit vom anvisierten Ziel der Unternehmung ab. Besteht die Zielsetzung in einer Verkürzung der gesamten Ausbildungsdauer, durch die Parallelität von Ausbildung und Studium, mit dem Ergebnis, dass die Absolventen den Unternehmen früher voll einsatzfähig zur Verfügung stehen, ist dementsprechend ein ausbildungsintegrierender dualer Studiengang die richtige Alternative. Sollen aber schon im Unternehmen Beschäftige gehalten/gebunden werden, also die Personalfluktuation aufgrund der Aufnahme eines Studiums verhindert werden, sollte die Wahl auf berufsintegrierende und berufsbegleitende Studiengänge fallen.

---

[347] Vgl. http://www.ausbildungplus.de/html/63.php

Duale Studiengänge werden sowohl an Fachhochschulen, Berufsakademien, Universitäten, der Dualen Hochschule Baden-Württemberg sowie von Verwaltungs- und Wirtschaftsakademien angeboten.

Die Wahl der Studieneinrichtung ist zum einen in den angebotenen Fachrichtungen begründet, fällt aber danach überwiegend aus geographischen Gesichtspunkten. Da die Aus-/ Weiterbildung bei einem Dualen Studium parallel an zwei Lernorten durchgeführt wird, ist eine räumliche Nähe von Unternehmen und Studieneinrichtung unabdingbar.

Wie „herkömmliche" Studiengänge werden auch duale Studiengänge in unterschiedlichen Fachrichtungen angeboten. Das Angebot an Fachrichtungen ist in den letzten Jahren, genau wie das Angebot an anbietenden Studieneinrichtungen für duale Studiengänge, stetig gestiegen.

Die Vielzahl an möglichen Studieneinrichtungen für duale Studiengänge hat auch eine Vielzahl von möglichen Studienabschlüssen zur Folge. Die möglichen Abschlüsse sind abhängig von der besuchten Studieneinrichtung, während ein Duales Studium an einer Universität, einer Fachhochschule oder der Dualen Fachhochschule Baden-Württemberg mit einem akademischen Grad in Form eines Bachelor-Abschluss abschließt, erwerben dual Studierende an einer Berufsakademie die gleichgestellte staatliche Abschlussbezeichnung Bachelor (BA). Wohingegen es sich bei Abschlüssen einer Verwaltungs- und Wirtschaftsakademie wie z.B.: Betriebswirt/-in (VWA) und Verwaltungs-Betriebswirt/-in (VWA) nicht um akademische Grade oder ihnen gleichgestellte Abschlüsse sondern „lediglich" um Weiterbildungsabschlüsse handelt.

Wie schon erläutert, wird das Studium bei ausbildungsintegrierten dualen Studiengängen mit einer beruflichen Ausbildung verbunden. So erhält der dual Studierende bei erfolgreichem Abschluss, zusätzlich zu seinem Studienabschluss, auch parallel einen zweiten Abschluss in einem anerkannten Ausbildungsberuf. Jedoch eignen sich nicht alle Ausbildungsberufe für die Kombination innerhalb eines ausbildungsintegrierenden dualen Studiengangs. Voraussetzung ist die Möglichkeit einer organisatorischen und insbesondere inhaltlichen Verknüpfung von Berufsausbildung und Studium.

Die Voraussetzungen für Bewerber eines Dualen Studiums richten sich in erster Linie nach der gewählten bzw. anbietenden Studieneinrichtung. Während für ein Duales Studium an einer Universität oder Hochschule die allgemeine bzw. fachgebundene Hochschulreife, das

Abitur als generelle Voraussetzung gilt, genügt für ein duales Studium an einer Fachhochschule auch die Fachhochschulreife. Bei einem dualen Studiengang an einer Berufsakademie gelten die gleichen Zugangsvoraussetzungen wie im Hochschulbereich.[348] Die dualen Studiengänge an Verwaltungs- und Wirtschaftsakademien richten sich an Berufstätige mit und ohne Abitur, die parallel zur Berufstätigkeit ein Studium absolvieren wollen. Weitere Voraussetzungen sind speziell von der jeweiligen Studieneinrichtung abhängig.

Eine weitere Grundvoraussetzung besteht in einem Vertrag zwischen Bewerber und einem kooperierenden Unternehmen. Die Vertragsarten variieren je nach gewähltem dualen Studiengangstyp. Ein ausbildungsintegrierender dualer Studiengang erfordert einen abgeschlossenen Ausbildungsvertrag mit einem kooperierenden Unternehmen. Bei praxisintegrierenden dualen Studiengängen ist eine vertragliche Bindung an ein Unternehmen in Form eines Arbeits- oder Praktikantenvertrages Voraussetzung. Berufsintegrierende und berufsbegleitende duale Studiengänge haben per Definition einen Teilzeit- bzw. Vollzeitarbeitsvertrag als Grundlage. Die Basis/ Grundlage bildet bei allen dualen Studiengängen die Kooperation von Unternehmen mit Studieneinrichtungen, mit dem Ziel, die Studierenden praxisnah und berufsorientiert auszubilden. „Die Kooperation zwischen Unternehmen und Hochschule bzw. Berufsakademie regelt üblicherweise ein Kooperationsvertrag. Dieser beschreibt im Wesentlichen den Gegenstand des Vertrages, die Vertragsdauer, die Durchführung des Studiums, die Pflichten des Unternehmens und des Studierenden, die Ausbildungszeit, die Vergütung und sonstige Leistungen."[349]

Daraus ergibt sich auch folgender Ablauf bzw. Bewerbungsablauf. „Wer sich für ein duales Studium interessiert, muss zunächst ein Unternehmen finden, dass ihn während der Praxisphasen ausbildet. Die Bewerbung für einen dualen Studienplatz erfolgt deshalb bei den Ausbildungsbetrieben, die im gewünschten Studiengang mit der Akademie oder Hochschule zusammen arbeiten."[350] Der Studienanwärter für einen dualen Studiengang bewirbt sich nach dem Erreichen seiner fachlichen Qualifikation zunächst bei einem Unternehmen, das duale Studiengänge in Kooperation mit einer entsprechenden Studieneinrichtung anbietet. Nachdem ein Ausbildungs- oder Praktikantenvertrag zwischen dem zukünftig dual Studierenden und

---

[348] Vgl. Wissenschaftsrat, Duale Studiengänge an Fachhochschulen, 1997, S. 25f
[349] http://www.ausbildungplus.de/html/90.php
[350] http://www.ausbildungplus.de/html/2230.php

dem kooperierenden Betrieb zustande gekommen ist, kann die Einschreibung/ Immatrikulation an einer Hochschule oder Berufsakademie und somit der Start eines Dualen Studiums erfolgen.

Während der Recherche war auffällig, dass es noch keine einheitliche Definition bzw. keine einheitliche Verwendung des Begriffs „Duales Studium" gibt.

Laut Hochschul-Informationszentrum (HIS) erfolgt heutzutage zwar eine weithin akzeptierte Unterteilung, in vier Grundtypen dualer Studiengänge, aber sehr oft, sowohl in Veröffentlichungen, im Internet als auch in der Praxis, wird der Begriff ausschließlich für die ausbildungsintegrierenden dualen Studiengänge verwendet und folglich die anderen Studientypen nicht berücksichtigt.

Des Weiteren ist der allgemeine Umgang mit dem Begriff „Duales Studium" nicht eindeutig. Sowohl duale Studiengänge an Fachhochschulen, Universitäten und der Dualen Hochschule Baden-Württemberg als auch an Berufakademien, Verwaltungs- und Wirtschaftsakademien und selbst an Fachakademien werden mit dem Begriff „Duales Studium" versehen. Zwar ist die Grundidee bei allen dualen Studiengängen der verschiedenen Studieneinrichtungen, in der Verknüpfung von Theorie und Praxis und meist auch mit dem parallelen Erwerb einer Berufsausbildung identisch, jedoch bestehen in der Qualität der Lehre sowie bei den zu erwerbenden Abschlüssen gravierende Unterschiede. Diese möglichen Abschlüsse, wie beschrieben abhängig von der besuchten Studieneinrichtung, reichen von einem akademischen Grad in Form eines international anerkannten Bachelor-Abschlusses über die gleichgestellte staatliche Abschlussbezeichnung Bachelor (BA) bis hin zu „klassischen" Weiterbildungsabschlüssen.

Diese uneinheitliche Nutzung des Begriffs „Duales Studium" kann zu Irritationen bei Ablauf, Kosten, Abschlüssen und insbesondere in der Qualität der Absolventen führen.

Abhilfe würden folglich eine klare und einheitliche Definition des Begriffs, eine klare Festlegung auf die erwähnten vier dualen Studientypen sowie eine klare Abgrenzung der Studieneinrichtungen schaffen. Als Vorschlag für eine solche Abgrenzung käme, analog zu Hochschulabschlüssen, die Bezeichnungen „Duales Studium (FH)", „Duales Studium (Berufakademie)" oder „Duales Studium (Fachakademie)" in Frage.

Fazit

Trotz aller genannten Probleme in der Begriffsdefinition ergeben sich durch ein Duales Studium viele Vorteile für alle beteiligten Parteien. Im Folgenden werden exemplarisch nochmals die Vorteile für die kooperierenden/anbietenden Unternehmen aufgezeigt:

Allgemein sind Vorteile eines Dualen Studiums für die kooperierenden Unternehmen in der Möglichkeit der frühzeitigen Personalgewinnung, der Möglichkeit das „zukünftige" Personal frühzeitig im Unternehmen zu integrieren sowie das „zukünftige" Personal intensiv kennen zu lernen und somit Fehlbesetzungen zu vermeiden, erkennbar. Des Weiteren erhalten die Unternehmen durch die enge Kooperation mit den Studieneinrichtungen und der möglichen Einflussnahmen auf Ausbildung und Ausbildungsinhalte praxisnah ausgebildeten Nachwuchs, bei dem nicht die Notwendigkeit einer zeit- und kostenintensiven Einarbeitungsphase besteht. Ein Duales Studium senkt folglich die Rekrutierungskosten und bietet den Unternehmen die Option für ein mittel- bis langfristiges Personalmanagement inkl. der Möglichkeit der Nachfolge bzw. mittelfristigen Führungskräfteplanung. Als weiterer wichtiger Vorteil ist auch die, durch das Duale Studium bedingte Mitarbeitermotivation und die damit einhergehende Personalbindung, anzusehen, denn aufgrund der demographischen Entwicklung und des bestehenden Fachkräftemangels müssen Unternehmen der Fluktuation, insbesondere von Fach- und Führungskräften, entgegen wirken. Bei ausbildungsintegrierenden Studiengängen muss nochmals die Möglichkeit der frühzeitigen Personalgewinnung und insbesondere die Verkürzung der gesamten Ausbildungsdauer durch die Parallelität von Ausbildung und Studium mit dem Ergebnis, dass die Absolventen den Unternehmen früher voll einsatzfähig zur Verfügung stehen, erwähnt werden. Speziell bei den berufsintegrierenden und berufsbegleitenden Studiengängen kann die Verhinderung von Personalfluktuation aufgrund der Aufnahme eines Studiums als großer Vorteil angesehen werden.

Der Vollständigkeit halber seien auch noch mal die Nachteile eines Dualen Studiums in Form des zeit- und kostenintensiven Planungs-, Koordinations- und Arbeitsaufwands für die Unternehmen erwähnt.

Jedoch überwiegen nach der durchgeführten Kosten/Nutzen-Analyse die Vorteile/der Nutzen dualer Studiengänge und folglich kann das Duale Studium als effektives und effizientes Instrument des Personalmanagements angesehen werden.

Abschließend bleibt in Bezug auf das Personalmanagement und der demographischen Entwicklung sowie des Fachkräftemangels festzuhalten:

Jeder gut ausgebildete Mitarbeiter wird zu einem Wettbewerbsvorteil für ein Unternehmen, wenn die Konkurrenz bzw. die Konkurrenzunternehmen weniger gut ausgebildete Mitarbeiter zur Verfügung haben.

Wie umfassend aufgezeigt und beschrieben, kann bzw. muss das Duale Studium branchenübergreifend als effektives und effizientes Instrument der Personalbeschaffung und -auswahl, der Personalentwicklung sowie der Personalbindung und somit folglich eines mittel- bis langfristigen Personalmanagements angesehen werden.

Das Duale Studium ist kein Allheilmittel, kann aber als ein Instrument einer guten Personalwirtschaft/eines guten Personalmanagements dazu beitragen, dem Fachkräftemangel aufgrund der demographischen Entwicklung entgegenzuwirken.

Da viele Unternehmen aber den Bereich des Personalmanagements, insbesondere die Personalbeschaffung und -entwicklung immer noch vernachlässigen, kann das Duale Studium für die anbietenden Unternehmen zu einem nicht zu unterschätzenden Wettbewerbsvorteil am Markt werden.

# Literaturverzeichnis

*Ahlert, D., Große-Bölting, K., Heinemann, G.*, Handelsmanagement in der Textilwirtschaft. Einzelhandel und Wertschöpfungspartnerschaften, Frankfurt am Main 2009

*Becker, M.*, Personalentwicklung. Bildung, Förderung und Organisationsentwicklung in Theorie und Praxis, 3. überarbeitete und erweiterte Aufl., Stuttgart 2002

*Becker, M.*, Personalentwicklung. Bildung, Förderung und Organisationsentwicklung in Theorie und Praxis, 5.Aufl., Stuttgart 2009

*Becker, M.*, Systematische Personalentwicklung. Planung, Steuerung und Kontrolle im Funktionszyklus, Stuttgart 2005

*Bund-Länder-Komission*, Duales Studium. Fachtagung der BLK „Duales Studium – Erfahrungen, Erfolge, Perspektiven" am 2./3. November 1999 in Wolfsburg, 2000

*Bund-Länder-Komission*, Weiterentwicklung duales Studienangebote im tertiären Bereich. Auftaktveranstaltung zum BLK-Programm am 23./24. Juni 2005 in Fulda, 2005

*Jablonski, D.*, Sicherung der Wettbewerbsfähigkeit durch Nutzung der Mitarbeiterpotentiale, Hamburg Juni 2007

*Jung, H.*, Personalwirtschaft, 8.Aufl., München 2008

*Klimecki, R., Gmür, M.*, Personalmanagement. Ein entwicklungsorientierter Ansatz, Stuttgart 1998

*Leuthold, D.*, Duale Studiengänge. Ein Modell für die Hochschule, Festschrift für Prof. Dr. Helmut Pütz, Wir brauchen hier jeden, hoffnungslose Fälle können wir und nicht erlauben! Schriftenreihe des Bundesinstituts für Berufsbildung, Bonn 2005

*Mentzel, W.*, Unternehmenssicherung durch Personalentwicklung. Mitarbeiter motivieren, fördern und weiterbilden, 7. Aufl., Freiburg et al. 1997

*Olfert, K.*, Personalwirtschaft, 10. Aufl., Leipzig 2003

*Osterloh, M.; Frost, J.*, Prozessmanagement als Kernkompetenz. Wie Sie Business Process Reengineering strategisch nutzen können, 5.Aufl., Wiesbaden 2006

*Tschumi, M.*, Praxisratgeber zur Personalentwicklung, 1. Aufl., Zürich 2005

*Wissenschaftsrat*, Duale Studiengänge an Fachhochschulen. Empfehlungen zur Differenzierung des Tertiären Bereichs, Bielefeld 1997

*Wissenschaftsrat*, Empfehlungen zur Entwicklung der Fachhochschulen, 2002

*Wissenschaftsrat*, Thesen zur künftigen Entwicklung des Wissenschaftssystems in Deutschland, 2000

*Wissenschaftsrat*, 10 Thesen zur Hochschulpolitik, 1993


## Broschüren

*BTE*, Taschenbuch des Textileinzelhandels 2010

*FH Aachen*, Info-Broschüre Betriebswirtschaft Plus der Fachhochschule Aachen

*LDT Nagold*, Info-Broschüre Akademie für Mode Business, Management & Marketing der LDT Nagold


## Online-Medien

*Möhl, W.*, Dipl.-Kfm., Röttenbach, Instrumente der Personalentwicklung, HaufeIndex 583294

*Möhl, W.*, Dipl.-Kfm., Röttenbach, Instrumente der Personalentwicklung, HaufeIndex 583311

*Möhl, W.*, Dipl.-Kfm., Röttenbach, Instrumente der Personalentwicklung, HaufeIndex 583305

*Rahn, H.-J.*, Dipl.-Kfm., Dipl.-Betrw., Grünstadt, Personalentwicklung, HaufeIndex 952942

*Rahn, H.-J.*, Dipl.-Kfm., Dipl.-Betrw., Grünstadt, Personalentwicklung, HaufeIndex 952952

# Internetadressen

http://www.aachen.ihk.de

http://www.abi.de

http://www.aldi-sued.de

http://www.ansons.de

http://www.arbeitsagentur.de

http://www.ausbildungplus.de

http://www.berufenet.arbeitsagentur.de

http://www.bibb.de

http://www.bildungsatlas-mainz.de

http://www.bildungsserver.de

http://www.bmbf.de/de/1366.php

http://www.bte.de

http://www.bpb.de

http://www.business-wissen.de

http://www.destatis.de

http://www.dhbw.de

http://www.dihk.de

http://www.duales-studium.de

http://www.einstieg.de

http://www.einzelhandel.de

http://www.fh-aachen.de

http://www.fhwt.de

http://www.galeria-kaufhof.de

http://www.haufe.de

http://www.hochschulkompass.de

http://www.karstadt.de

http://www.ldt.de

http://www.metro24.de

http://www.peek-cloppenburg.de

http://www.personalwissen.de

http://www.private-hochschule24.de

http://www.step-on.de

http://www.studienrichtung.de

http://www.studienwahl.de

http://www.studieren.de

http://www.studium-ratgeber.de

http://www.studis-online.de

http://www.textilwirtschaft.de

http://www.vwa.de

http://www.vwa-gruppe-bcw.de

http://www.wikipedia.de

http://www.wirtschaftslexikon.gabler.de

http://www.wirtschaftslexikon24.de

# Abbildungsverzeichnis

Abbildung 1: Bildungsgänge im deutschen Bildungssystem ............ 10
Abbildung 2: Hauptaufgaben der Personalwirtschaft ............ 20
Abbildung 3: Personalbeschaffung ............ 21
Abbildung 4: Vor- und Nachteile interner und externer Personalbeschaffung ............ 23
Abbildung 5: Inhalte der Personalentwicklung ............ 26
Abbildung 6: Dual studieren ............ 35
Abbildung 7: Ziele/Ideen/Gründe ............ 36
Abbildung 8: Modelle dualer Studiengänge ............ 38
Abbildung 9: Berufsabschluss plus Hochschulabschluss ............ 39
Abbildung 10: Verteilung an Fachhochschulen ............ 43
Abbildung 11: Fachrichtungen ............ 50
Abbildung 12: Anteil der Fachrichtung Wirtschaftswissenschaften ............ 51
Abbildung 13: Bachelor- und Masterabschlüsse ............ 53
Abbildung 14: Beispiel für kombinierbare Ausbildungsberufe ............ 55
Abbildung 15: Grafische Darstellung der Kooperation ............ 61
Abbildung 16: Ablauf ............ 63
Abbildung 17: Vor- und Nachteile dual Studierender ............ 78
Abbildung 18: Vor- und Nachteile für die kooperierenden Unternehmen ............ 87
Abbildung 19: Vor- und Nachteile der Studieneinrichtungen ............ 93
Abbildung 20: Vorteile für kooperierende Unternehmen ............ 103
Abbildung 21: Vorteile nach Bereichen gegliedert ............ 104
Abbildung 22: Kosten/Nutzen - Analyse ............ 114
Abbildung 23: Studiengänge an der FH Aachen 2010 ............ 119
Abbildung 24: Anteile Erstsemester mit abgeschlossener Berufsausbildung ............ 129
Abbildung 25: Studienablauf BWL PLuS ............ 133
Abbildung 26: Ansprechpartner BWL PLuS ............ 140
Abbildung 27: Kooperationspartner im Studiengang BWL PLuS ............ 143
Abbildung 28: Abgleich der Anforderungen mit dem Fächerkatalog der FH AC
                Fachbereich Wirtschaftswissenschaften ............ 175
Abbildung 29: Anbietende Unternehmen ............ 177
Abbildung 30: Vergleich: Textilbetriebswirt/in (Nagold) mit BWL PLuS (FH AC) ............ 178

# Abkürzungsverzeichnis

| | |
|---|---|
| Aufl. | Auflage |
| BA | Berufsakademie |
| BTE | Bundesverband des Deutschen Textileinzelhandels |
| bzgl. | bezüglich |
| bzw. | beziehungsweise |
| ca. | circa |
| d.h. | das heißt |
| DHBW | Duale Hochschule Baden-Württemberg |
| etc. | et cetera |
| f. | folgende |
| ff. | fort folgende |
| FH | Fachhochschule |
| HDE | Handelsverband Deutschland - Einzelhandel |
| Hrsg. | Herausgeber |
| i.d.R. | in der Regel |
| IHK | Industrie- und Handelskammer |
| inkl. | inklusive |
| PE | Personalentwicklung |
| S. | Seite |
| staatl. gepr. | staatlich geprüft/e |
| u.U. | unter Umständen |
| u.a. | unter anderem |
| usw. | und so weiter |
| vgl. | vergleiche |
| VWA | Verwaltungs- und Wirtschaftsakademien |
| z.B. | zum Beispiel |

# Informationen zu den Autoren:

## Dirk Bachem

Neben seiner nunmehr 23-jährigen Tätigkeit (inklusive kaufmännischer Berufsausbildung) im textilen Einzelhandel in einem der führenden Bekleidungsunternehmen Deutschlands absolvierte Dirk Bachem zuerst eine Ausbildung zum staatlich geprüften Betriebswirt (Fachrichtung Absatzwirtschaft) an der Rheinischen Akademie Köln und anschließend ein Studium der Wirtschaftswissenschaften an der Fachhochschule Aachen mit den Schwerpunkten Beschaffungs-, Produktions- und Logistikmanagement sowie Personalmanagement.

Kontakt: dirk.bachem@gmx.de

## Bernd P. Pietschmann

Nach dem Studium der Wirtschaftswissenschaften an der RWTH Aachen und dem Studium der Psychologie an der Fernuniversität Hagen (Weiterbildung im Nebenstudium), war Bernd Pietschmann anschließend in verschiedenen Funktionen in der Industrie, zuletzt als Führungskraft in der Daimler-Benz AG (heute DaimlerChrysler AG) tätig. Tätigkeiten als Interimsmanager runden seine Unternehmensführungserfahrung ab.

Neben seiner Managertätigkeit promovierte er an der Universität Hohenheim auf einem organisationspsychologischen Thema und war Lehrbeauftragter für Unternehmensführung und Kommunikationsverhalten an der FHTW Reutlingen. 1996 übernahm er eine Professur an der FHTW Reutlingen für Unternehmensführung und Managementtechniken. Seit 1998 ist er Professor für Personalmanagement an der FH Aachen, einer der größten Fachhochschulen in Deutschland.

Zahlreiche Veröffentlichungen in Buch- und Aufsatzform, sowie die (Mit-) Herausgeberschaft der renommierten Lehrbuchreihe 'Praxisnahes Wirtschaftsstudium' im Schäffer-Poeschel Verlag zeichnen seine wissenschaftliche Tätigkeit aus.

Prof. Pietschmann ist zudem als Berater und Coach auf den Gebieten Konfliktmanagement, Kommunikationsmanagement, Führungsverhalten, Strategieentwicklung und als Interims-Manager tätig. Er ist darüber hinaus anerkannter Vorstands- und Management-Coach.